我们一起解决问题

品质管理实操从入门到精通

滕宝红　吉鑫丽◎著

人民邮电出版社

北　京

图书在版编目（CIP）数据

品质管理实操从入门到精通 / 滕宝红，吉鑫丽著
. -- 北京 ：人民邮电出版社，2019.8
ISBN 978-7-115-51195-9

Ⅰ．①品… Ⅱ．①滕… ②吉… Ⅲ．①质量管理－基
本知识 Ⅳ．①F273.2

中国版本图书馆CIP数据核字(2019)第096730号

内 容 提 要

　　品质管理是企业管理的重要组成部分，提高品质管理人员的工作能力是提升品质管理水平的重要手段之一。

　　《品质管理实操从入门到精通》以图文结合的形式，把品质管理人员需要掌握的各项知识与技能分解到365天当中，形成了365个知识点。品质管理人员可以每天学习一个知识点，并将其应用到实际工作中。本书从管理者的角度详细介绍了品质管理工作所涉及的各项技能，内容包括品质管理规划、进料品质管理、制程品质控制、成品与出货品质管理、工序品质管理、品质成本控制等多个方面。书中内容可以有效帮助品质经理提高管理效率和工作业绩，增强团队的凝聚力。

　　本书不仅适合企业品质管理部门的管理人员和希望从事或即将走向品质管理工作岗位的人员阅读，也可作为品质控制人员、企业培训师、咨询师的参考读物。

◆　　著　　滕宝红　吉鑫丽
　　　责任编辑　陈　宏
　　　责任印制　彭志环

◆　人民邮电出版社出版发行　　　北京市丰台区成寿寺路11号
　　邮编　100164　电子邮件　315@ptpress.com.cn
　　网址　http://www.ptpress.com.cn
　　北京九州迅驰传媒文化有限公司印刷

◆　开本：800×1000　1/16
　　印张：18.5　　　　　　2019年8月第1版
　　字数：300千字　　　　2025年10月北京第27次印刷

定　价：69.00元

读者服务热线：(010) 81055656　印装质量热线：(010) 81055316
反盗版热线：(010) 81055315

前 言

　　品质管理在企业管理体系中的地位非常重要，因为它涉及与产品品质有关的各项事务，如品质管理规划、进料品质管理等。作为企业品质管理工作的主要负责人，品质经理只有充分掌握与品质管理相关的各项技能，才能带领本部门人员做好品质管理工作。

　　本书内容分为以下三个部分。

　　(1) 第一部分"岗位职责"主要介绍了品质经理的岗位职责，具体内容包括品质部的职责权限以及品质经理的职责和日常工作内容。

　　(2) 第二部分"管理技能"详细介绍了品质经理需要掌握的各项管理技能，如制订工作计划、汇报与下达指示、进行有效授权等，这部分内容特别指出品质经理应积极进行形象自检，确保拥有良好的个人形象，同时要经常进行自我反思，以便不断取得进步。

　　(3) 第三部分"专业技能"重点介绍了品质经理在日常工作中需要掌握的各项实操技能。这部分内容是本书的重点，涵盖了夯实品质管理基础、品质管理规划、进料品质管理、制程品质控制、成品与出货品质管理、工序品质管理、日常产品管理、品质成本控制、QCC活动运作、品质管理提升等方面。

　　通过对本书的认真学习，品质经理可以全面地掌握与品质管理相关的各项技能，更好地开展品质管理工作。

　　本书具有以下五个特点。

　　(1) 模块清晰。全书分为三个部分，即岗位职责、管理技能和专业技能。通过学习岗位职责部分，品质经理可以了解品质部的职责权限以及自身的工作内容；通过学习管理技能部分，品质经理可以掌握品质管理工作需要用到的各项管理技能；通过学习专业技能部分，品质经理可以掌握本岗位的各项专业技能和方法。

　　(2) 365天，每天学习一个知识点。本书的最大亮点就是把品质经理需要掌握的知识和技能分解到365天当中，形成了365个知识点。品质经理可以每天学习一个知识点，并将其应用到实际工作中，直至彻底掌握所有知识点。

（3）精心设计了生动、活泼的对话。本书每一章的前面都设计了一段A经理与Q先生的对话，这些对话十分生动、活泼，简要归纳了每一章的知识要点。这个设计极大地方便了读者的阅读与学习。

（4）提供了大量图表。本书提供了大量的图表，以最直观的形式展示相关知识点，便于读者阅读和学习。此外，书中还设置了"经典范本""实用案例"等栏目，对相关知识点进行了补充和拓展，为读者提供了非常有价值的信息。

（5）实操性强。由于现代人工作节奏快、学习时间有限，本书尽量做到去理论化、注重实操性，以精确、简洁的方式描述所有知识点，最大化地满足读者希望快速掌握品质管理技能的需求。

本书不仅可以作为品质经理自我充电、自我提升的学习手册和日常管理工作的"小百科"，还可以作为相关培训机构开展岗位培训、团队学习的参考资料。

本书由浙江智盛文化传媒有限公司、深圳市中经智库文化传播有限公司策划。

由于编者水平有限，书中难免会出现疏漏与缺憾之处，敬请读者批评指正。

目　录

第一部分　岗位职责

第一章　品质部的职责权限............2

品质经理要想有效地开展工作，就必须了解品质部在企业中所处的位置及其职责权限、日常工作流程，同时还要明确一年的工作安排。

第二章　品质经理岗位须知............9

品质经理岗位须知主要包括两个方面的内容，即岗位要求和工作内容。岗位要求是品质经理的任职条件，只有具备这些条件，品质经理才能胜任品质部门的管理工作；工作内容是指品质经理的具体工作事项，这是品质经理必须了解和掌握的内容。

第二部分　管理技能

第三章　基本管理技能............16

基本管理技能是指品质经理在日常管理工作中需要用到的一系列技能，如制订工作计划、进行有效授权、开展沟通等。品质经理只有掌握了这些基本管理技能，才能高效地开展工作。

第四章　自我管理技能 32

品质经理除了要掌握基本管理技能，还要做好自我管理工作，主要包括个人形象自检和反思。通过形象自检，品质经理能树立更好的个人形象。通过反思，品质经理可以剖析个人失误，及早改进，取得更大的进步。

第三部分　专业技能

第五章　夯实品质管理基础 38

为了有效实施品质管理，企业一定要夯实品质管理基础——建立质量保证体系，提供一个能够保证品质的生产环境，推行品质标准化，营造持续改善的氛围，使全员都能参与到品质管理工作中。

第六章　品质管理规划 60

品质管理规划是品质管理工作的开端。没有良好的品质管理规划，品质管理工作将很难开展下去。品质经理应当协助企业管理者做好品质管理规划，确保企业的品质管理工作有章可循。

　　进料品质管理是企业品质控制的第一关。如果收到了不符合要求的物料，必然会给后续的生产带来麻烦。因此，品质经理要严格控制进料品质。

第八章 制程品质控制......149

制程品质控制就是对生产过程进行的品质控制，这是品质经理的一项重要工作。要想做好这项工作就要与生产部门进行有效的协作。

第九章 成品与出货品质管理 180

实施成品品质管理的目的是防止有缺陷的产品入库或出厂。品质经理要对成品进行严格的检验，因为这是控制产品品质的最后一关。

工序是产品制造的基本环节，一般包括加工、检验、搬运和停留。工序品质控制是指为了把工序品质的波动限制在要求范围内所进行的品质控制活动。

第十三章　QCC活动运作 246

QCC是英文Quality Control Circles的缩写，意为品管圈，也称"质量控制圈""质量小组"等。QCC活动有助于解决工作中遇到的各种问题，可以提高产品质量和工作效率。

第十四章　品质管理提升 270

品质经理要增强员工的品质意识，有效管理各类品质信息，组织开展QCC活动，以提升品质管理水平。

第一部分

岗位职责

第一章　品质部的职责权限

导读 >>>

品质经理要想有效地开展工作，就必须了解品质部在企业中所处的位置及其职责权限、日常工作流程，同时还要明确一年的工作安排。

Q先生：A经理，作为品质经理，我该怎样开展本部门的管理工作呢？

A经理：你要了解品质部在整个企业中的位置，它的职责权限、日常工作流程以及它与其他部门的关系，这些是你在开展管理工作时必须掌握的知识。在日常管理工作中，你要时刻牢记品质部的职责权限，避免做出超越职责权限的事情。

Q先生：那么，我应该怎样安排我的日常工作呢？

A经理：根据我的经验，你可以将日常工作按日、周、月、季度和年来安排。时间不同，要做的事情也有所不同。只有做好安排，才能有条不紊、循序渐进地开展工作，而不至于出现手忙脚乱、不知所措的情况。

说明：A经理是一名拥有多年工作经验的品质经理，Q先生是一名刚上任的品质经理。

第一节　品质部的职责权限

001　品质部所处的位置

在生产型企业中，品质部主要负责品质管理规划、进料品质检验、制程品质检验、成品品质检验等工作，是管理企业品质事务的部门。

品质部要协助高层管理人员（如总经理、副总经理）制定企业的品质方针、品质目标等，还要做好各项品质管理工作，如品质检验、品质管理体系认证等。

由于各类生产型企业的组织架构各不相同，品质部在其中所处的位置也不尽相同，但通常而言，品质部在企业中的位置如图1-1所示。

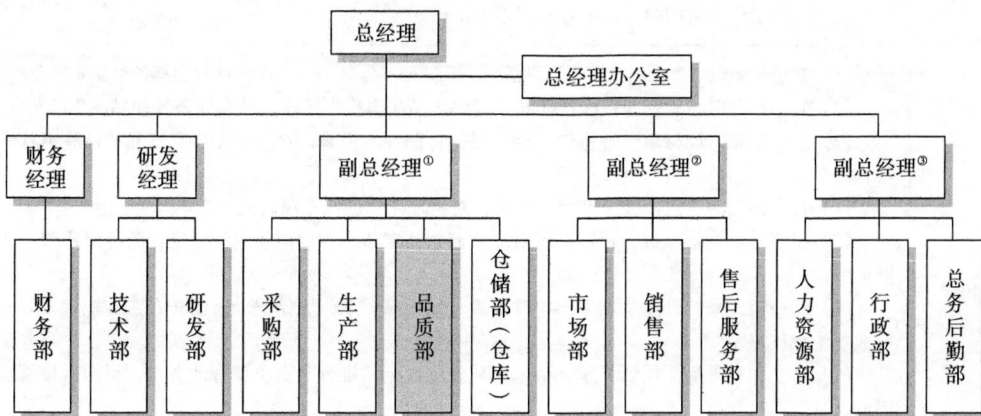

备注：① 该副总经理在生产型企业中分管采购部、生产部、品质部和仓储部（仓库）。
　　　② 该副总经理在生产型企业中分管市场部、销售部和售后服务部。
　　　③ 该副总经理在生产型企业中分管人力资源部、行政部和总务后勤部。

图1-1　生产型企业组织架构

002　品质部的职责权限

某企业品质部的职责权限如表1-1所示，供读者参考。

表 1-1   某企业品质部的职责权限

类别	具体内容
职能	(1) 组织管理职能。做好品质部的组织结构设计工作，建立品质管理工作团队，明确各岗位的职责 (2) 建立品质管理制度。制定企业品质管理方针，确定品质管理目标，拟定品质控制、品质检验标准等管理制度 (3) 制订、落实品质工作计划。制订年、季、月度的品质工作计划，把工作计划落实到具体的执行人员身上，并组织实施、检查、考核工作 (4) 负责本企业的品质检验工作。按相关产品的检验标准和检验规范，组织实施全公司范围内的品质检验工作，并参加对供应商的评审工作 (5) 检查和试验设备。负责计量仪器的定期检查工作，确保产品品质符合相关要求 (6) 健全品质管理体系。建立和完善品质管理体系，组织品质管理体系的策划、实施、监督和评审工作 (7) 负责品质信息管理工作。汲取国内外先进的品质管理经验，向所有员工传递品质信息 (8) 配合制订品质管理教育计划。配合人力资源部制订品质管理教育计划，并开展培训工作 (9) 其他工作。定期向上级主管部门汇报工作
职责	(1) 制定与实施本企业各项品质管理制度，组织5S、零缺陷、全面质量管理等各种品质管理活动 (2) 制定和完善品质管理目标责任制，确保产品品质稳步提高，及时处理各种品质事故与纠纷 (3) 组织实施对原材料、外协件、外购品、自制件的检验，对产品工序、成品的检验出具检测报告，对出厂产品的品质负全部责任 (4) 负责制程的巡回检验、管理与分析，对制程品质进行专项研究并提出改善、预防措施 (5) 组织对不合格品进行评审，针对品质问题制定纠正、预防和改进措施，并加以跟踪调查和验证 (6) 编写年、季、月度品质工作统计报表，做好品质工作原始记录、制作台账、统计报表、品质成本统计核算 (7) 建立和完善品质保证体系，依据品质管理规定，推行全面质量管理工作，组织质量管理体系的认证工作 (8) 分析客户关于产品品质方面的投诉及退货事件并提出改善措施 (9) 配合人力资源部做好品质管理教育培训工作 (10) 其他与品质管理相关的责任
权限	(1) 制定、实施和控制品质管理方针的权力 (2) 对制订品质计划、处理品质问题的审批权 (3) 对品质事故以及在检查中发现的问题依程序和制度提请处罚的权力 (4) 对不合格品进行管制的权力 (5) 在部门内部开展工作的自主权 (6) 遇到重大、紧急品质事故时有权越级指挥 (7) 遇到重大、紧急品质事故时有权越级汇报 (8) 制定和控制品质管理经费预算

（续表）

类别	具体内容
权限	（9）对部门内部员工予以聘任、解聘、考核、处罚的建议权 （10）其他与品质管理工作相关的权力

003　品质部的工作流程

品质部的工作目标是保证产品的品质符合相关要求。为了实现此目标，企业除了要设计品质部的组织架构，还要建立品质管理工作流程。图 1-2 是某企业品质管理部门的工作流程，供读者参考。

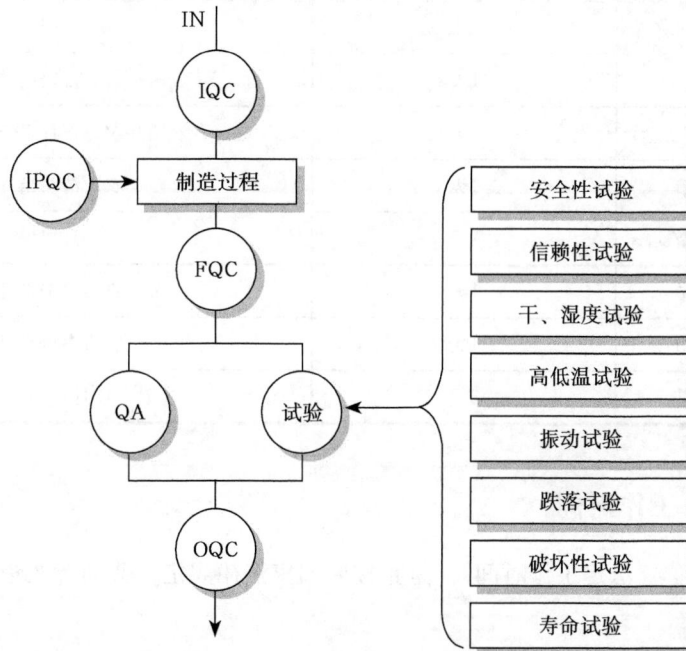

图 1-2　某企业品质管理部门的工作流程

说明：

IQC：Income Quality Control，进料品质管理；

IPQC：In Process Quality Control，制程品质管理；

FQC：Final Quality Control，最终（成品）品质管理；

QA：Quality Audit，品质稽核；

OQC：Out Quality Control，出货品质管理。

第二节　365天的工作安排

004　了解国家法定节假日

品质经理要想合理分配时间，就必须了解一年中的国家法定节假日。品质经理可以将一年中的国家法定节假日列出来，如表1-2所示。

表1-2　国家法定节假日

序号	节假日名称	放假天数	日期
1	新年	1天	1月1日
2	春节	3天	农历除夕，正月初一、初二
3	清明节	1天	农历清明当日
4	劳动节	1天	5月1日
5	端午节	1天	农历端午当日
6	中秋节	1天	农历中秋当日
7	国庆节	3天	10月1~3日

005　计算工作时间

工作时间又称"法定工作时间"，是指按照国家法律规定，劳动者在企业从事相关工作或者生产的时间。

1．工作时间的计算

年工作日：365天 − 104天（休息日）− 11天（法定节假日）=250（天）。

季工作日：250天 ÷4季 =62.5（天）。

月工作日：250天 ÷12月 =20.83（天）。

2．有效工作时间

有效工作时间是指员工完成一项工作所需花费的时间。如果上班时间为8小时，在通常情况下，扣除必要的处理个人私事所花费的时间，有效工作时间往往达不到8小时。

006　采用阶段工作法

品质经理可以采用阶段工作法，对一年的工作进行具体安排。这里所说的"阶段"是指天、周、月、季度和年度这五个不同的阶段。

品质经理应以天、周、月、季度和年度为周期做好时间及工作事项安排，具体安排如表1-3所示。

表1-3　品质经理在不同阶段的工作安排

阶段	工作事项	备注
天	(1) 制订当日工作计划 (2) 每日形象自检 (3) 进料品质检验 (4) 处理线上进料品质问题 (5) 工序检验 (6) 半成品检验 (7) 成品入库检验 (8) 整理文件	
周	(1) 制订本周工作计划 (2) 主持与参加会议 (3) 不良品标示与不良品隔离 (4) 成品出货检验 (5) 采购量具 (6) 处理进料后段重大品质问题 (7) 质量成本分析	
月	(1) 制订本月工作计划 (2) 编写质量手册 (3) 编写程序文件 (4) 配合认证机构的监督性检查 (5) 量具管理 (6) 处理进料品质投诉 (7) 任用品质管理员 (8) 培训品质管理员 (9) 对下属进行绩效考核	
季度	(1) 制订本季度工作计划 (2) 对供应商进行质量指导 (3) 设计抽样方案	

（续表）

阶段	工作事项	备注
季度	（4）制作检验流程图 （5）选择质量认证机构并与其签订合同 （6）编写作业指导书 （7）检查量具	
年度	（1）编写年度工作总结与制订下一年度工作计划 （2）组织年度内审 （3）组织年度管理评审 （4）实现年度质量目标 （5）质量管理体系的认证与审核 （6）编制质量记录表格	

第二章　品质经理岗位须知

导读 >>>

品质经理岗位须知主要包括两个方面的内容，即岗位要求和工作内容。岗位要求是品质经理的任职条件，只有具备这些条件，品质经理才能胜任品质部门的管理工作；工作内容是指品质经理的具体工作事项，这是品质经理必须了解和掌握的内容。

Q先生：A经理，我对自己能否胜任品质经理的工作不是很有信心。请问您，要想成为一名合格的品质经理，应该达到怎样的要求？

A经理：品质经理是企业品质管理事务的主要负责人，必须具备良好的个人形象、心理素质、丰富的专业知识以及很强的个人能力，同时还要具备良好的职业道德，只有这样才能胜任这份工作。

Q先生：我刚刚入职，还不清楚品质经理应该做哪些事，您能给我提一些建议吗？

A经理：品质经理的工作分为两部分，即日常管理和专业管理。前者主要包括制订工作计划、汇报与下达指示等，后者主要包括品质管理规划、进料品质管理等。

第一节　品质经理岗位要求

007　形象要求

品质经理的形象要求包括穿着服饰、言谈举止、神态等方面，如表 2-1 所示。

表 2-1　品质经理的形象要求

序号	形象素质	具体说明
1	穿着服饰	朴素、大方、整洁是企业对品质经理在穿着方面的基本要求。无论穿什么款式的服装，佩戴什么样的饰品，都要做到美观、整洁
2	言谈举止	言谈举止是一个人的文化水平、性格特征、人生经历的直接表现，品质经理要做到举止有礼、谈吐文雅
3	神态	(1) 品质经理的眼神应该是自然、温和、稳重的，要让人感到亲切、可以信赖 (2) 面对下属时，目光要柔和一些，这样下属才会觉得你平易近人

008　心理素质要求

品质经理应该具备极强的心理素质，具体要求如图 2-1 所示。

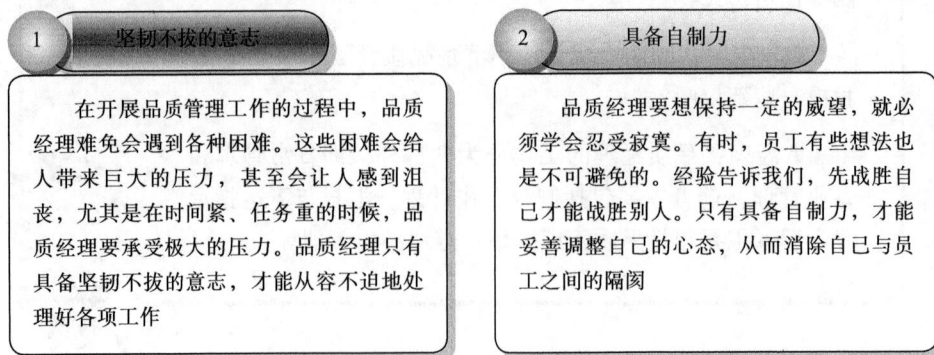

1　坚韧不拔的意志	2　具备自制力
在开展品质管理工作的过程中，品质经理难免会遇到各种困难。这些困难会给人带来巨大的压力，甚至会让人感到沮丧，尤其是在时间紧、任务重的时候，品质经理要承受极大的压力。品质经理只有具备坚韧不拔的意志，才能从容不迫地处理好各项工作	品质经理要想保持一定的威望，就必须学会忍受寂寞。有时，员工有些想法也是不可避免的。经验告诉我们，先战胜自己才能战胜别人。只有具备自制力，才能妥善调整自己的心态，从而消除自己与员工之间的隔阂

图 2-1　品质经理的心理素质要求

009 能力要求

品质管理工作涉及面广，既复杂又琐碎，品质经理必须具备表 2-2 所示的几个方面的能力。

表 2-2 品质经理的个人能力要求

序号	能力	具体要求
1	计划能力	只有制订合理的工作计划，工作效率才能大幅提升。品质经理的计划能力包括： （1）制定工作方针，拟订实施方案； （2）决定工作的方法； （3）改善工作的安排及方法等。 品质经理必须具备为本部门制订工作计划的能力，掌握制订工作计划的方法、一般流程以及品质部门工作计划的制订要求
2	组织能力	品质经理必须建立一个科学合理的组织结构，完善部门设置，明确员工的工作职责。品质经理要为每个岗位整理一份完整、准确的岗位说明书，将具体工作交给适当的人员，并在日常的管理工作中根据实际情况做出调整。组织能力具体包括： （1）明确品质部的职责，建立组织，适当授权； （2）明确品质部各岗位的工作范围及任务； （3）合理配置与利用品质管理资源； （4）与其他部门协作等
3	人事管理能力	人事管理包括选聘员工、了解员工、与员工沟通、激励员工等。品质经理必须了解如何指挥员工开展工作，如何下达命令，如何监督工作，如何汇报工作，如何主持会议等。另外，品质经理还要掌握激励员工的方法，充分调动员工的工作积极性
4	领导能力	管理就是通过他人来完成任务。管理人员不可能独自处理所有事务，必须通过带领和协助员工来完成工作。但是，指挥和管理员工并不等于发号施令，还要对员工进行适当的训练及激励，具体内容包括： （1）带领员工为公司的利益而工作； （2）评价员工表现； （3）维持工作纪律； （4）处理员工的不满情绪
5	控制能力	控制能力主要是指引导员工按照事先制订的计划及指示开展工作的能力。如果发现存在偏差，应立即采取适当的修正行动（如监督员工工作，控制生产成本，纠正错误，评判员工的工作成绩，向上司反映工作中的困难以求得支持与帮助等），确保目标顺利达成

（续表）

序号	能力	具体要求
5	控制能力	品质经理要想将工作控制好，就要具备设计和运用工作流程的能力。品质经理要知道自己需要解决的是什么问题，需要建立哪些工作流程，还要推动这些流程运转起来，并检查流程是否得到了落实，对流程进行适时的调整，让流程为品质管理工作服务

010　职业道德要求

企业对品质经理职业道德的要求不仅高于一般的社会道德要求，而且高于对一般岗位的职业道德要求。凡是要求下属遵守的制度，品质经理应自己先严格遵守；凡是要求下属不能做的事，品质经理首先自己就不能做；要求下属不以权谋私，品质经理自己要先做到。

品质经理在职业道德方面必须严格要求自己，只有这样才能言传身教，促使大家为实现团队目标而齐心协力地工作。

第二节　品质经理的工作内容

011　日常管理工作内容

品质经理的日常管理工作包括制订工作计划、汇报与下达指示、有效授权、团队管理、负责日常沟通、自检个人形象以及自我反思等，如表 2-3 所示。

表 2-3　品质经理的日常管理工作内容

序号	工作	具体内容
1	制订工作计划	在品质经理的个人能力要求中，第一项便是计划能力。工作计划贯穿于品质经理管理工作的全过程。品质经理的首要任务是制订清晰、有效的工作计划，包括长期的战略规划、年度培训计划、人员招聘计划和年度预算等
2	汇报与下达指示	汇报与下达指示是品质经理日常管理工作的一个重要组成部分，也是其必须掌握的基本管理技能。品质经理要掌握并熟练运用汇报与下达指示的各种方法

（续表）

序号	工作	具体内容
3	有效授权	品质经理的许多工作都是可以通过授权来完成的，品质经理只需关心企业最核心的品质管理工作即可。品质经理在授权时，必须对自己的岗位职责有明确的定位，按照责任大小对工作进行分类排序，选择重要的部分进行监控，对于其他工作可采取授权的方式来完成，但要注意随时督导
4	团队管理	品质经理要想提高各岗位人员的工作效率，使他们融洽相处，就要具备良好的团队管理技能。品质经理在团队中扮演着领导的角色，担负着领导整个团队的责任。品质经理的主要任务和职责就是实现团队目标，与员工一起制订计划，召开团队会议，改进工作流程
5	日常沟通	沟通是开展一切工作的前提。没有沟通，品质经理将很难有效开展日常工作
6	个人形象自检	没有良好的个人形象，品质经理很难树立个人威信，提高工作绩效
7	自我反思	品质经理应该定期或不定期进行自我反思，并如实记录反思结果，以便及时改进

012　专业管理工作内容

　　品质经理的专业管理工作内容涉及品质管理的具体事项，如品质管理规划、品质成本控制等，具体如表 2-4 所示。

表 2-4　品质经理的专业管理工作内容

序号	工作	内容
1	夯实品质管理基础	·建立品质保证体系 ·创造保证品质的环境 ·实现品质标准化 ·建造持续改善的基石
2	品质管理规划	·确定品质方针 ·制定精益品质目标 ·设计品质制度 ·管理品管文件与印证 ·管理品质检测场所与设备 ·设计抽样检验方案

（续表）

序号	工作	内容
3	IQC进料品质管理	· 监控供应商品质 · 安排 IQC 作业 · 监控进料检验作业 · 处理进料检验问题
4	制程品质控制	· 做好制程品质管理规划 · 实施制程检验 · 控制制程检验误差
5	成品与出货品质管理	· 做好成品与出货管理规划 · 成品入库检验 · 成品出货检验
6	工序品质管理	· 日常工序管理 · 设置品质控制点 · 工序改善管理
7	日常产品管理	· 企业样品管理 · 不合格品管理 · 做好产品防护
8	品质成本控制	· 品质成本管理 · 控制现场品质成本
9	QCC活动运作	· 组织 QCC 活动 · 开展 QCC 活动 · 解决 QCC 活动中的常见问题
10	品质管理提升	· 开展品质培训 · 有效利用品质信息 · 做好质量管理体系认证 · 申请产品认证

第二部分

管理技能

第三章　基本管理技能

导读 ＞＞＞

　　基本管理技能是指品质经理在日常管理工作中需要用到的一系列技能，如制订工作计划、进行有效授权、开展沟通等。品质经理只有掌握了这些基本管理技能，才能高效地开展工作。

　　Q先生：A经理，我不知道应该怎样向下属下达指示。

　　A经理：首先，你要摆正心态，不要表现得居高临下，否则会令下属非常反感。其次，你要掌握一些下达指示的技巧，如明确指示的内容，把奖励和处罚说清楚等。

　　Q先生：A经理，您能教我一些授权和沟通的技巧吗？

　　A经理：授权不是一项简单的工作，你要掌握必要的方法，避免陷入误区，同时要做好团队管理工作。沟通分很多种，如向上沟通、向下沟通、水平沟通等。作为品质经理，你要根据不同的情况，采用合适的技巧。

第一节 制订工作计划

013 工作计划的格式

工作计划的格式包含下列几个要素。

(1) 计划的名称，包括计划的名称和计划期限这两个要素，如"××公司品质部××××年××月的工作计划"。

(2) 计划的具体要求，一般包括工作的目的和要求，工作的项目和指标，实施的步骤和措施等。

(3) 订立计划的日期。

014 工作计划的内容

品质经理如果能制订一个周密的计划，对要做什么和如何做都能做到了然于胸，计划的达成率就会大大提高。

品质经理要想提高企业品质管理工作的效率，就必须做好工作计划，其内容可用5W1H"来概括，如图3-1所示。

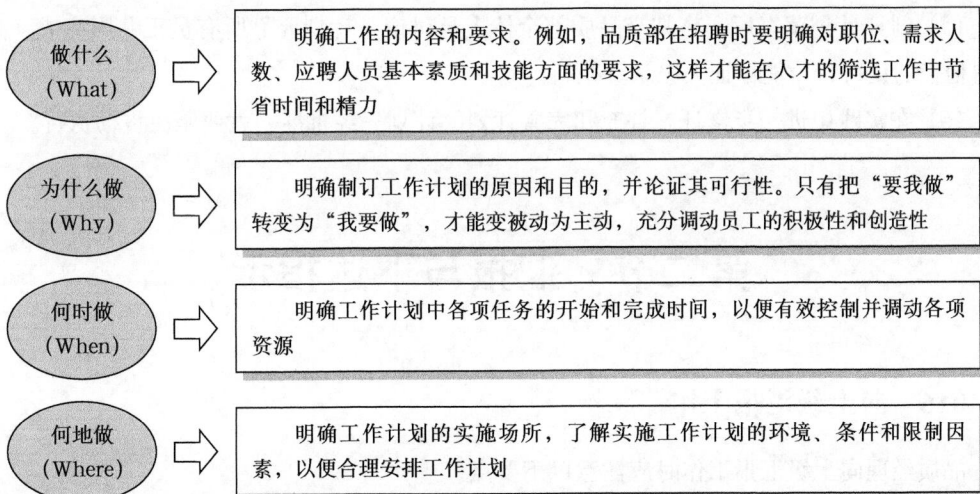

做什么 (What)	明确工作的内容和要求。例如，品质部在招聘时要明确对职位、需求人数、应聘人员基本素质和技能方面的要求，这样才能在人才的筛选工作中节省时间和精力
为什么做 (Why)	明确制订工作计划的原因和目的，并论证其可行性。只有把"要我做"转变为"我要做"，才能变被动为主动，充分调动员工的积极性和创造性
何时做 (When)	明确工作计划中各项任务的开始和完成时间，以便有效控制并调动各项资源
何地做 (Where)	明确工作计划的实施场所，了解实施工作计划的环境、条件和限制因素，以便合理安排工作计划

| 谁去做（Who） | ⇨ | 明确由哪些部门和人员实施工作计划。例如，要想组织消防演习，品质经理就要安排好消防组织机构，并明确每个步骤的执行人，如灭火组、疏散组等。品质经理在工作计划中要明确规定每个阶段工作的责任部门和协助配合部门、责任人和协作人，还要规定由哪个部门和哪些人员参与鉴定和审核等 |
| 如何做（How） | ⇨ | 明确工作计划的措施、流程以及相应的政策支持，对企业资源进行合理调配，对各种派生计划进行综合平衡等。实际上，一个完整的工作计划还应该包括各项控制标准和考核指标等内容，也就是说，品质经理要告诉计划执行部门和人员，将工作做到什么程度才算是成功地完成了工作计划 |

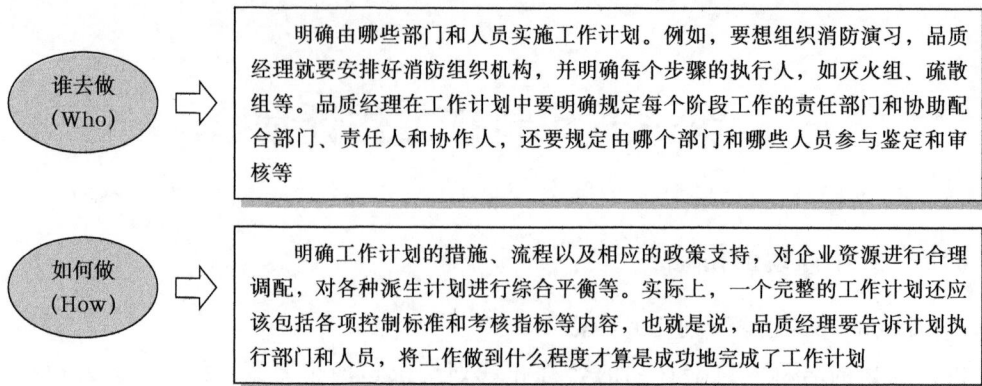

图 3-1　工作计划的内容（5W1H）

015　工作计划的制订步骤

工作计划的制订步骤如下。

（1）认真分析企业的具体情况，这是制订计划的根据和基础。

（2）确定工作方针、工作任务和工作要求，据此确定工作的具体实施办法和措施，确定工作的实施步骤。

（3）预判工作中可能出现的偏差、缺点、障碍和困难等，制定相应的办法和措施，以免发生问题时工作陷入被动。

（4）根据工作需要组织并分配力量，明确分工。

（5）制订计划草案后，将其交品质部全体人员讨论。计划要靠所有员工共同完成，只有获得他们的认可，才能保证大家认真执行。

（6）在实践中进一步修订、补充和完善计划。计划一经批准，就要坚决贯彻执行。

第二节　汇报与下达指示

016　向上级汇报工作

品质经理向上级汇报工作时应注意以下要点。

（1）遵守时间。品质经理应树立守时的观念，不必过早抵达，但也不能迟到。

（2）轻轻敲门，获得允许后才能进门。即使门开着，也要用适当的方式告诉上级有人来了，以便上级有所准备。

（3）汇报时，品质经理要注意自己的仪表和姿态，做到站有站相、坐有坐相、文雅大方、彬彬有礼。

（4）汇报时要实事求是，吐字清晰，语调、音量恰当。语言精练，条理清晰，不可一味投上级所好，歪曲或隐瞒事实真相。

（5）汇报结束后，上级如果谈兴犹在，品质经理不可表现得不耐烦，应等上级表示谈话结束时方可告辞。

（6）告辞时，品质经理要整理好自己的材料、衣着与茶具、座椅，当上级送别时要主动说"谢谢"或"请留步"。

017　听下级汇报工作

品质经理在听下级汇报工作时要注意以下几点。

（1）守时。若已约定时间，则品质经理应准时等候。如有可能，应稍微提前一点，做好相关准备。

（2）招呼汇报者进门入座。品质经理不能表现出居高临下、盛气凌人的态度。

（3）善于倾听。当下级开始汇报时，品质经理可与之进行目光交流，做出点头等表示自己在认真倾听的体态动作。

（4）品质经理对汇报中不清楚的问题要及时提出来，要求汇报者解释，也可以适当提问，但要注意不要让所提的问题打消对方汇报的兴致，更不要随意批评，要先思而后言。

（5）听取汇报时不要做出频繁看表或打哈欠等不礼貌的行为。希望下级结束汇报时，品质经理可以通过合适的体态语或委婉的语气告知对方，不要粗暴打断。

（6）当下级告辞时，品质经理应站起来送别。

018　正确地下达指示

品质经理经常需要对下属下达指示。有些品质经理对下达指示不以为然，认为"不就是下个命令吗，那还不简单"。品质经理应反思一下自己是否曾这样下达过指示："把文件整理好以后拿给我看一下！""给我找出工序品质控制点！"

现在请你从执行者的角度想想：收到这样的指示后，你真的会按照指示去执行吗？执行的结果真的能符合要求吗？答案显然是否定的。为什么呢？因为你并没有听懂指示的真正含义。

在下达指示时，品质经理须注意以下几个问题。

（1）下达指示可采用面谈、打电话、书面通知、托人传达等方式，但能面谈就不要打电话，能打电话就不要书面通知（规定文书除外），能书面通知就不要托人传达。

（2）发出指示、命令之前，品质经理可以先向下属询问一些相关的小问题，通过下属的回答判断其对该话题的感兴趣程度、理解程度，然后再把真实想法表达出来。

（3）除了绝对机密信息，品质经理应对下属说明发出该指示的原因，而且要确保自己是在理解该指示之后才发出指示的，不要做传话筒，如"这是上面的指示，我也不知道为什么，你照办吧"。否则，下属的第一反应可能是："你都不知道该怎么做，叫我怎么做？"

（4）有时不得已要对已下达的指示、命令做一些更正，若改来改去，致使下属疲于奔命，还不加以任何说明，则极容易引发下属的不满情绪，甚至导致其不予执行。

（5）尽量当面下达指示，必要的时候要亲自示范，并让下属当面复述，确定下属是否真正听清了、理解了，同时检查自己下达的指示是否正确。

另外，品质经理最好将自己向下属发出的指示、命令记在工作日记本上，并告诉下属把收到的指示、命令也记在工作日记本上，这样既能督促下属按时完成工作，也便于品质经理随时检查。

第三节　进行有效授权

019　明确授权的三个要素

授权是指将自己分内的一些工作交给员工完成。授权有三个要素，分别是工作指派、权力授予和责任担当，如表3-1所示。

表3-1　授权的三个要素

序号	要素	具体内容
1	工作指派	（1）不少品质经理在指派工作时，只做到了让员工知晓工作性质与工作范围，却没有做到让员工了解工作绩效要求

（续表）

序号	要素	具体内容
1	工作指派	（2）品质经理不能将所有工作都指派给员工完成。例如，目标的确立、政策的制定、员工的考核与奖惩等工作都须由品质经理亲自完成
2	权力授予	品质经理授予下属的权力应以刚好能够完成指派的工作为限度。倘若授予员工的权力不及执行工作所需，则指派的工作将无法完成；反之，倘若授予员工的权力超过执行工作所需，则会产生权力失衡的问题。所以，品质经理必须对授予员工的权力进行必要的追踪、修正乃至收回
3	责任担当	品质经理向员工授权，就意味着员工承担了一份与权力对等的责任。另外，品质经理对该员工也有责任，当该员工无法执行或错误地执行了工作指令时，品质经理要承担责任

020　避免陷入授权误区

授权是一种可以让员工边做边学的在职训练，它可以增强员工的归属感与满足感。但许多品质经理即使了解授权的好处，也不愿轻易授权，其原因如表3-2所示。

表3-2　不愿轻易授权的原因

序号	原因	具体内容
1	担心员工做错事	担心员工做错事的品质经理往往对员工缺乏信心。员工难免做错事，若品质经理能给予其适当的培养，员工做错事的可能性必然会降低
2	担心员工表现太好	有些品质经理担心员工锋芒毕露或"功高震主"而不愿向其授权，但是从另一个角度看，员工良好的工作表现可以反映出品质经理的知人善任与领导有方
3	担心丧失对员工的控制	只有领导力弱的品质经理才会在授权之后丧失对员工的控制。倘若品质经理在授权的时候能明确授权范围，注意权责相称，并建立追踪调查制度，就不用担心这个问题
4	不愿将得心应手的工作交给他人	基于惯性或惰性，许多品质经理往往不愿将得心应手的工作交给员工去做。另外，许多品质经理以"自己做比费唇舌去教导员工做更省事"为借口拒绝授权给员工
5	找不到合适的员工授权	"找不到合适的员工授权"经常被一些品质经理当作不愿授权的借口。任何员工都具有某一方面的可塑性，因此均可通过授权予以塑造。如果真的找不到一位可以授权的员工，那么品质经理就要好好反思了。倘若员工的招聘、培训与考核工作做得很好，就不会出现这种情况

21

021　掌握必要的授权方法

1．学会授权

授权的步骤包括做出授权的决定、简明交代情况和跟踪了解情况。品质经理要准确预测每个步骤可能发生的情况，具体内容如表3-3所示。

表3-3　授权情况预测

序号	类别	具体内容
1	决定	强迫自己把一些工作授权给员工来做。授权是有回报的，下属一旦学会了完成某种任务的技能，日后他们就能很好地完成这些工作
2	交代	要确保已向员工交代清楚且员工已经完全明白了你的意思——做什么、什么时候完成以及完成到什么程度，在员工工作的过程中提供支持和指导
3	跟踪	在工作的过程中，要随时检查工作的完成质量，积极提供反馈意见。有效监督与过分干预只有一线之隔，因此，品质经理应准备一张核查表，以便跟踪已授权工作的进展情况

2．全面了解授权

品质经理向员工授权时，除了要清楚地交代工作，还要提供顺利完成任务所需的全部信息。为了避免产生误解，品质经理要向员工详细解释任务的目的，以及该任务将会如何影响自己的工作，与员工讨论可能出现的困难以及应对措施，并积极回答员工的疑问。

022　强化被授权者的职责

授权给他人不仅意味着把项目的控制权交给了别人，还意味着交付了对这项任务的职责。品质经理要鼓励被授权者以自己的方式开展工作，这样才能促使被授权者运用自己的专业知识和技能完成任务。

第四节　品质部会议管理

023　每日例会

每日例会的召开要求如表3-4所示。

表 3-4　每日例会的召开要求

会议时间	早上 8：00～8：05 或 8：00～8：10
会议频次	每个工作日一次
会议地点	工作现场适当的地方
主　持　人	班、组长
参加人员	班、组全体成员
会议主题	(1) 上一个工作日工作情况的回顾 (2) 本工作日的工作任务和注意事项 (3) 班组成员的意见
会议方式	全体人员站立，面对面进行

024　部门每周例会

部门每周例会的召开要求如表 3-5 所示。

表 3-5　部门每周例会的召开要求

会议时间	早上 8：00～8：15 或 8：00～8：20
会议频次	每周召开一次，尽量选择在周一
会议地点	工作现场适当的地方
主　持　人	主管
参加人员	部门全体成员
会议主题	(1) 上周工作情况的回顾 (2) 本周的工作任务和注意事项 (3) 部门成员的意见 (4) 其他部门的投诉意见
会议方式	全体人员站立，面对面进行
会议记录	记录会议的主要事项

025　事务性会议

品质经理在召开事务性会议时要关注事务的类别与召开会议的及时性。

1．事务的类别

事务的类别如图 3-2 所示。

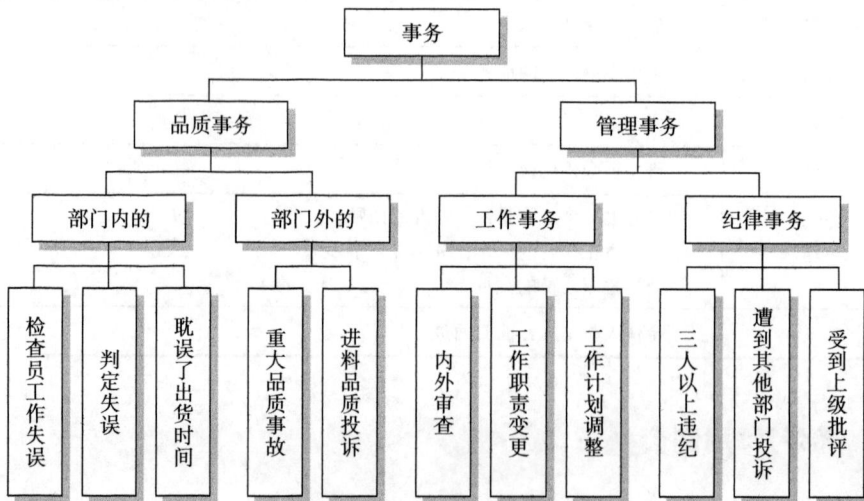

图 3-2　事务类别展开图

2．召开会议的及时性

事务性会议要及时召开，决定会议的及时性的因素如图 3-3 所示。

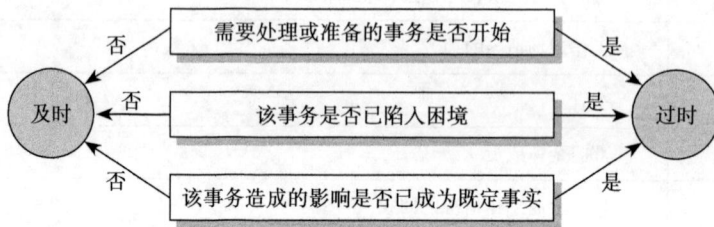

图 3-3　决定会议的及时性的因素

026　协调性会议

协调性会议强调的是工作协调，关键在于找准开会时机。遇到处于"三不管"地带的问题和实在不好解决的问题时，必须召集相关部门开协调会。开这种会时，要把握好开会时机，因为开得太早，相关部门准备不足，会议的效果有限；开得太晚，又可能会影响后续工作的落实。图 3-4 是协调性会议的一般流程。

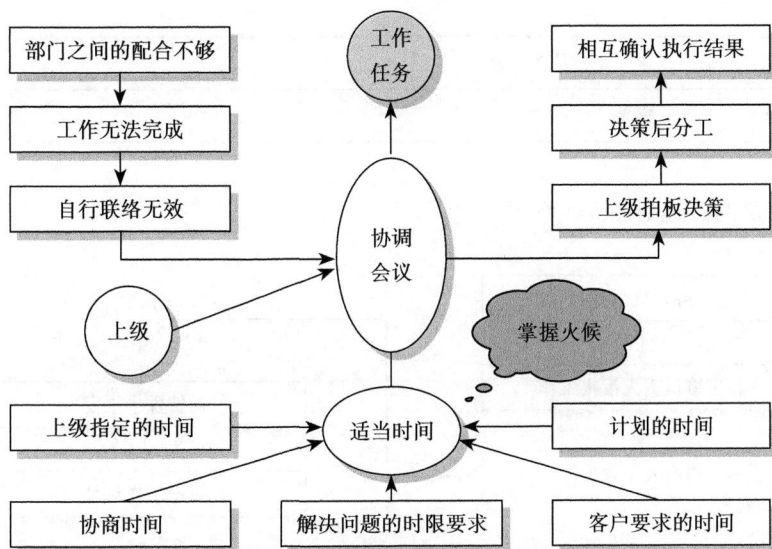

图 3-4　协调性会议的一般流程

027　总结性会议

总结性会议强调的是结果，即总结工作成绩，发现不足之处，为开展下一步工作打好基础。总结性会议的召开要求如表 3-6 所示。

表 3-6　总结性会议的召开要求

会议时间	14：30~17：30
会议频次	每个季度一次，尽量选择在该季度的最后一个周末
会议地点	办公室或会议室
主 持 人	主管
参加人员	部门全体干部
会议主题	(1) 本季度工作重大事件的回顾 (2) 本季度工作计划的执行情况 (3) 部门主要领导的意见 (4) 部门整体的运作情况 (5) 部门资源配置情况 (6) 讨论下一季度工作计划安排 (7) 持续改进事项

（续表）

会议方式	坐下来，从头说起
会议记录	需要

总结性会议的流程如图 3-5 所示。

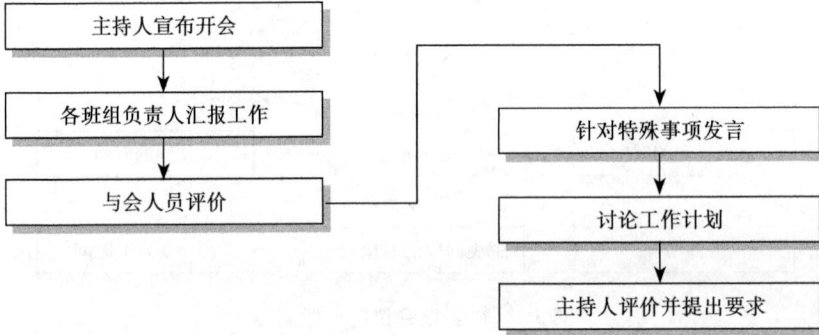

```
┌─────────────────┐
│   主持人宣布开会   │
└─────────────────┘
        │
        ▼
┌─────────────────┐                    ┌─────────────────┐
│  各班组负责人汇报工作 │                    │   针对特殊事项发言   │
└─────────────────┘                    └─────────────────┘
        │                                      │
        ▼                                      ▼
┌─────────────────┐                    ┌─────────────────┐
│   与会人员评价      │───────────────────▶│   讨论工作计划      │
└─────────────────┘                    └─────────────────┘
                                               │
                                               ▼
                                       ┌─────────────────┐
                                       │ 主持人评价并提出要求  │
                                       └─────────────────┘
```

图 3-5　总结性会议的流程

第五节　日常沟通管理

028　了解常见的沟通方式

常见的沟通方式如表 3-7 所示。

表 3-7　常见的沟通方式

序号	沟通方式	具体内容
1	文字形式	即以报告、备忘录、信函等文字形式进行沟通。以文字形式进行沟通时应遵循以下原则： （1）文字要简洁，尽可能使用简单的用语； （2）如果文件较长，应在文件之前加目录或摘要； （3）合理组织内容，将最重要的信息放在最前面； （4）起一个清楚、明确的标题

序号	沟通方式	具体内容
2	口语形式	即面对面地沟通。这种沟通方式需要沟通者知识丰富、自信、发音清晰、语调和善、诚恳、逻辑性强、有同情心、诚实、幽默、机智、友善
3	非口语形式	包括眼神、面部表情、手势和其他身体语言等

029　了解常见的沟通障碍

有些人会为自己不善辞令、不会讲话而烦恼，他们常常认为自己不善沟通。其实，健谈的人未必都是沟通高手。如果说起话来喋喋不休，那么只会引起别人的反感，从而引发沟通障碍。常见的沟通障碍一般来自传送方、传送渠道和接收方这三个方面，如表3-8所示。

表3-8　常见的沟通障碍

障碍来源	传送方	传送渠道	接收方
主要障碍	·用词错误，词不达意 ·咬文嚼字，过于啰唆 ·口齿不清 ·要求别人只听自己说 ·态度不正确 ·对接收方反应不灵敏	·经他人传达而产生误会 ·环境不当 ·沟通时机不当 ·有人蓄意破坏	·听不清楚 ·只听自己喜欢的部分 ·偏见 ·光环效应 ·情绪不佳 ·没有听出言外之意

030　沟通的注意事项

品质经理与他人沟通时要做到以下几点。

（1）欢迎别人提出不同意见。

（2）感谢别人提出建议。只要员工愿意说出对企业的建议，不论建议是正面的还是负面的，都是好事。一来品质经理可以听到员工内心真正的声音，二来即使员工对企业政策有所不满，只要他们愿意说出来，就给了企业和品质经理一个改进的机会，品质经理可以与他们进行深入沟通。

（3）先听后说。

（4）中间不做出基于情绪的直接反应。

（5）态度诚恳。

另外，沟通时要遵循这样一个原则：沟通无共识，应予协调；协调未解决，应行谈判；谈判无结果，应申诉裁决。

031　掌握向上沟通的要点

为了做好与上司之间的沟通工作，品质经理需要掌握以下三个要点。

(1)不卑不亢。"不卑不亢"是指品质经理在与上司沟通时,如果上司与自己有不同的意见,品质经理应坦率地阐述自己的意见,而不是一味地附和上司。但是,不能因为过于坚持己见而与上司产生不必要的冲突,应当始终保持友好的态度。

(2)提前做好准备。业务出现问题，需要品质经理与上司共同商议解决时，品质经理应提前构思一些初步的解决方案。与上司沟通时，品质经理可以将这些解决方案提出来，供上司参考，这样既能减轻上司的决策压力，也能给上司留下认真负责的好印象。

(3)始终以企业的利益为重。作为一个部门的负责人，品质经理往往关注的是品质部门的利益，而其上司（如总经理）则要全盘考虑企业的整体利益。当双方发生冲突时，品质经理必须与上司做好沟通。如果沟通无果，品质经理应以企业的整体利益为重，支持上司的决定，不能只顾本部门利益。

032　掌握水平沟通的要点

水平沟通是指平级部门或员工之间的沟通。为了消除水平沟通的障碍，品质经理要做到如图3-6所示的几点。

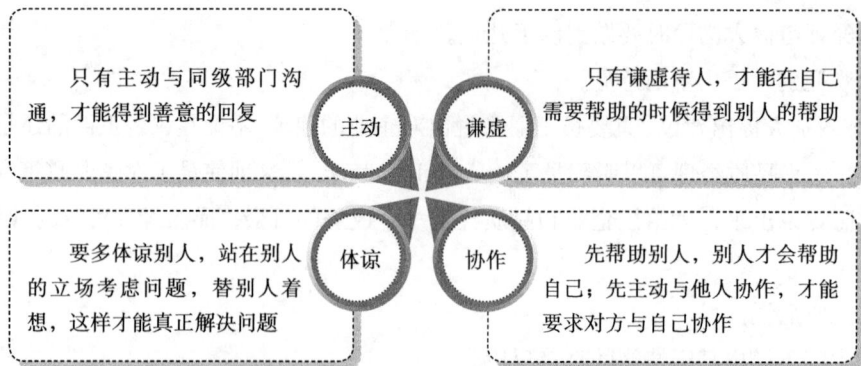

只有主动与同级部门沟通，才能得到善意的回复　主动　谦虚　只有谦虚待人，才能在自己需要帮助的时候得到别人的帮助

要多体谅别人，站在别人的立场考虑问题，替别人着想，这样才能真正解决问题　体谅　协作　先帮助别人，别人才会帮助自己；先主动与他人协作，才能要求对方与自己协作

图3-6　水平沟通的注意事项

033 掌握向下沟通的要点

要想使向下沟通更有效，品质经理至少要做到以下三点。

（1）多了解状况。跟下属沟通时，要多学习，多了解，多询问，多做功课。对状况了然于胸后再与下属面对面地谈，这样才能言之有物，下属也才会心甘情愿地接受领导。

（2）不要一味责骂。很多领导无法忍受员工犯任何错，也不愿让下属进行任何尝试，这样做看起来很安全，但这样的领导风格不利于下属的成长。

（3）提供方法，紧盯过程。品质经理要将执行任务的方法传授给下属，并紧盯执行过程，及时改正下属犯的错误。

034 需要立即沟通的情况

当工作中出现表 3-9 所示的情况时，品质经理一定要立即与员工进行沟通。

表 3-9 需要立即沟通的情况

序号	情况	具体说明
1	阶段性绩效考评结束之前	绩效沟通十分重要
2	员工工作职责、内容发生变化时	品质经理要向员工解释变化的具体内容和原因，这种变化对企业有什么好处，同时征求员工对这种变化的看法，最后对变化后的工作职责、内容进行确认
3	员工在工作中出现重大问题或某个具体工作目标未完成时	注意沟通时的语气，以帮助员工发现原因或认识错误为目标，向员工说明沟通的目的是解决问题和帮助其在工作上有所进步，而不是为了追究责任，希望员工能认真分析原因
4	员工表现出明显变化，如表现异常优秀或非常差时	（1）对表现优秀的员工要及时提出表扬，并了解和分析对方出现变化的原因，鼓励对方保持下去 （2）对表现非常差的员工，要询问对方遇到了什么问题，帮助对方找出原因和制定改进措施，并在日常工作中不断给予其指导和帮助
5	员工工资、福利或其他利益发生重大变化时	必须说明变化的原因，不管是增加还是减少，尤其是减少时。要阐述清楚企业对该调整的慎重态度，并说明调整的时间以及调整的依据
6	员工提出合理化建议或看法时	（1）如建议被采纳，应及时告诉员工并给予奖励，明确指出其建议对企业发展的帮助，对员工提出优质建议表示感谢 （2）如建议未被采纳，也应告诉员工原因，表明企业和自己对其建议的重视，肯定其对企业的关心和支持，希望其继续提出合理化建议

（续表）

序号	情况	具体说明
7	员工之间出现矛盾或冲突时	了解和分析出现矛盾的原因，然后进行调解，主要从双方的出发点、对方的优点、对工作的影响、矛盾的本质等方面进行沟通。涉及其他部门人员时，可以请其他部门经理协助一起进行调解
8	员工对自己有误会时	合格的品质经理首先要检讨自己，看自身有无不妥或错误，如有则向员工道歉并说明自己改进的决心和措施，以获得员工的谅解
9	新员工到岗、老员工离开公司时	（1）新员工到岗时，品质经理要确定其工作职责和工作内容，明确工作要求；通过沟通，了解新员工的情况，帮助其制订学习和培训计划，使其尽快融入团队 （2）员工辞职时，品质经理也要与其进行充分沟通，对其为企业做出的贡献表示感谢，了解其辞职的真实原因和对企业的看法，便于今后更好地开展工作
10	员工生病或家庭发生重大变故时	品质经理应关心员工的生活，了解和体谅其生活中的困难，提供力所能及的帮助

035 掌握倾听的方法

倾听对品质经理来说至关重要。倾听的方法如表 3-10 所示。

表 3-10 倾听的方法

序号	方法	运用要点
1	主动	只有主动倾听、认真理解，才能增强倾听效果
2	目光接触	通过与员工进行目光接触来集中注意力，降低分神的可能性，这样做也可以鼓励员工
3	表现出专注	在目光接触时坚定地点头或用适当的表情表示自己正在专心倾听
4	避免分神行为	不要做一些暗示自己正在思考其他事情的动作，在倾听的过程中不要看表、翻动文件、玩弄铅笔或做其他类似的动作，否则员工会认为你觉得他讲的话无聊
5	换位思考	将自己置于倾听者的位置来理解员工的所见、所感，不要将自己的要求和意志强加到员工身上
6	注意细节	如果只听词语而忽视非语言信号，就会漏掉很多细微信息

（续表）

序号	方法	运用要点
7	提问	分析自己听到的内容，并且提问。通过提问来验证员工所讲内容，以确保自己完全理解了内容，同时表示你正在倾听
8	复述	用自己的语言复述员工所讲的内容，用"我听你这样说……""你的意思是不是……"此类语句复述
9	不要打断员工的谈话	在发言之前，让员工将其想法表达完，不要打断员工的谈话
10	整合所讲内容	一边倾听一边整合，才能更好地理解员工的想法
11	不要讲太多	大部分人都喜欢表达自己的看法，但不愿听其他人说。许多员工只是为了获得一个说话的机会，以表达自己的看法
12	让讲话者和倾听者之间的转换更流畅一些	在很多工作环境中，你需要不断地在讲话者和倾听者这两个角色之间相互转换。从倾听者的角度来说，你应该关注讲话者所说的内容，在自己获得发言机会前不要总是斟酌自己应该讲哪些话

第四章　自我管理技能

导读 >>>

　　品质经理除了要掌握基本管理技能，还要做好自我管理工作，主要包括个人形象自检和反思。通过形象自检，品质经理能树立更好的个人形象。通过反思，品质经理可以剖析个人失误，及早改进，取得更大的进步。

　　Q先生：A经理，最近公司里有人说我不该留长指甲，这会影响公司形象，是这样吗？

　　A经理：这得看公司的具体规定。我建议你在每天上班前，按照公司规定对自己进行形象自检，仔细检查着装、打扮等是否符合公司规定，如果不符合规定，就要及时改正。

　　Q先生：前几天我因为一次工作失误与一位同事争吵，伤害了他的自尊心，我心里很不安，该怎么办呢？

　　A经理：如果确实是因为你的工作失误而导致争吵，你就应该向这位同事道歉。对于这个方面的问题，你应该定期进行反思。

第一节　个人形象自检

036　男士形象自检内容

男士形象自检的内容如表 4-1 所示。

表 4-1　男士形象自检表

序号	项目	检查标准	自检结果
1	头发	(1) 发型大方、不怪异 (2) 头发干净整洁，长短适宜 (3) 无浓重气味，无头屑，无过多的发胶、发乳 (4) 额前头发未遮住眼睛 (5) 鬓角修剪整齐	
2	面部	(1) 胡须已刮净 (2) 鼻毛不外露 (3) 脸部清洁滋润 (4) 牙齿无污垢 (5) 耳朵清洁干净	
3	手	(1) 干净整洁，无污物，无异味 (2) 指甲已修剪整齐	
4	外套	(1) 与工作环境相匹配 (2) 外套上没有脱落的头发、头皮屑，无灰尘、油渍、汗渍 (3) 衣袋平整，未放太多物品，无污物	
5	衬衫	(1) 领口整洁，纽扣已扣好 (2) 袖口清洁，长短适宜	
6	裤子	(1) 熨烫平整 (2) 裤缝折痕清晰 (3) 拉链结实，已拉好 (4) 无污垢、斑点	
7	袜	(1) 袜子干净 (2) 每日换洗 (3) 袜子与衣服的颜色、款式协调	

（续表）

序号	项目	检查标准	自检结果
8	鞋	(1) 已上油擦亮 (2) 鞋后跟未磨损变形 (3) 鞋与衣服的颜色、款式协调	
9	其他	(1) 面带微笑 (2) 精神饱满	

037　女士形象自检内容

女士形象自检的内容如表 4-2 所示。

表 4-2　女士形象自检表

序号	项目	检查标准	自检结果
1	头发	(1) 干净整洁，有自然光泽，没有太多发胶 (2) 发型大方、高雅、得体 (3) 额前头发未遮住眼睛 (4) 头上饰品佩戴合适	
2	面部	(1) 化淡妆，眼亮、粉薄、唇浅红 (2) 口红、眼影合适 (3) 脸部清洁滋润 (4) 牙齿无污垢 (5) 耳朵清洁干净	
3	手	(1) 手掌干净、无异味 (2) 指甲已修剪整齐，长短合适 (3) 指甲油浓淡合适，无脱落现象	
4	饰品	(1) 饰品不夸张 (2) 款式精致，材质优良，耳环应为点状，项链要细 (3) 走动时饰品安静无声 (4) 不妨碍工作	
5	外套	(1) 与工作环境相匹配 (2) 外套上没有脱落的头发、头皮屑，无灰尘、油渍、汗渍 (3) 衣袋平整，无污物	

(续表)

序号	项目	检查标准	自检结果
6	衬衫	(1) 领口整洁，纽扣已扣好 (2) 袖口清洁，长短适宜 (3) 表面无明显的内衣轮廓痕迹	
7	裙子	(1) 长短合适，宽松程度适中 (2) 拉链拉好，裙缝位正 (3) 无污物，无绽线散开	
8	长筒袜	(1) 颜色合适，不影响工作 (2) 干净、整洁，无绽线	
9	鞋	(1) 洁净 (2) 款式大方简洁，没有过多的装饰与色彩 (3) 鞋跟不太高、不太尖，走动时不发出过大声音 (4) 鞋后跟未磨损变形 (5) 鞋与衣服的颜色、款式协调	
10	其他	(1) 面带微笑 (2) 情绪饱满	

品质经理不仅要以个人形象自检表为标准每天进行自检，还要对品质部所有员工进行检查。无论是管理者还是员工，其个人形象都代表着整个企业的形象。

第二节　反思工作

038　了解反思的内容

品质经理在日常工作中应该经常进行反思。品质经理是企业品质管理工作的主要负责人，需要与部门内外各类人员如总经理、部门员工、媒体人士等沟通交流。

既然是与人交流，就难免会出现沟通不畅等问题。例如，某企业的品质经理同一位部门主管沟通时，因过于急躁而引发冲突，伤害了该主管的自尊心；或者处理品质投诉时，态度太过粗暴，以致客户流失。

这些问题往往都是因品质经理的个人因素导致的，如脾气不好、态度恶劣等。因此，品质经理应重点对这些方面进行反思。品质经理可以用自我提问的方式进行反思，如"昨天我跟 IQC 部门李主管谈话时是不是太严厉了""昨天管理层开会时，我是不是太固执了，导致会议不欢而散"等。

品质经理应针对工作中的每个细节进行自我提问，不断反思，通过反思找到问题所在，然后及时地解决问题。

039　做好反思记录

品质经理应对自己在工作中出现的问题进行深刻反思，不断提高自己的管理水平。一般来说，品质经理应每周进行一次全面反思，将反思结果记录下来（见表 4-3），据此提出解决方案。

表 4-3　品质经理反思记录表

日期：

内容 日期	个人问题	解决方案
周一		
周二		
周三		
周四		
周五		
周六		
周日		

第三部分

专业技能

第五章　夯实品质管理基础

导读 >>>

为了有效实施品质管理，企业一定要夯实品质管理基础——建立质量保证体系，提供一个能够保证品质的生产环境，推行品质标准化，营造持续改善的氛围，使全员都能参与到品质管理工作中。

> Q先生：我认为，要想真正做好品质管理，就要做好许多基础工作。
>
> A经理：嗯，我们首先要建立质量保证体系，并提供一个可以保证品质的生产环境，在此基础上推行品质标准化，使员工有标准可遵循。最后，要营造一种持续改善的氛围，鼓励全员参与品质管理工作。
>
> Q先生：我没有想到这么多。不过，完成这些工作并不容易，还要请您多指教。
>
> A经理：你先读一下本章的内容吧，相信你会受益匪浅。

第一节　品质保证体系的建立

040　品质保证体系的内容

品质保证体系的内容如图 5-1 所示。

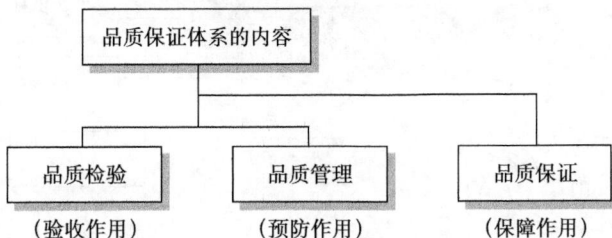

图 5-1　品质保证体系的内容

041　品质保证程序

品质不是仅靠检验就能确保的。要想确保品质，企业必须进行合理的设计，实行正确的工序管理。品质保证就是调查品管业务是否实施得当，并调查设计、制造、销售等各部门的检验工序是否能够达到要求，并将此结果向上级领导汇报（见图 5-2）。

品质不是仅靠最终检验来保证的，还应管理好各部门的检验工序

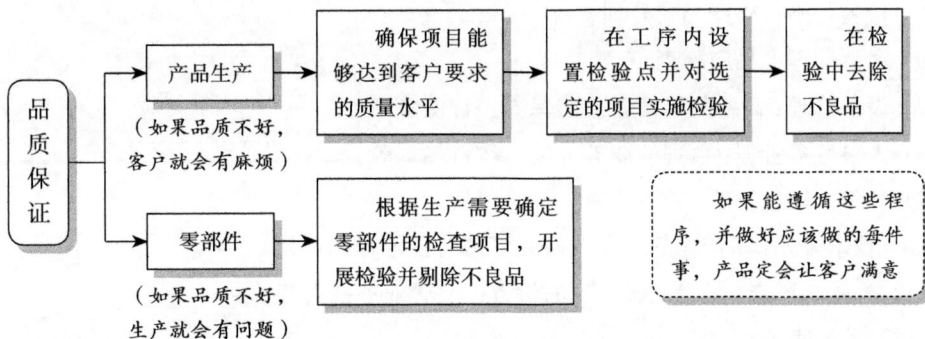

图 5-2　品质保证程序

042 品质保证活动的范围

品质保证活动不仅包括企业各部门内部的活动，还包括部门与部门之间的活动（见图 5-3）。

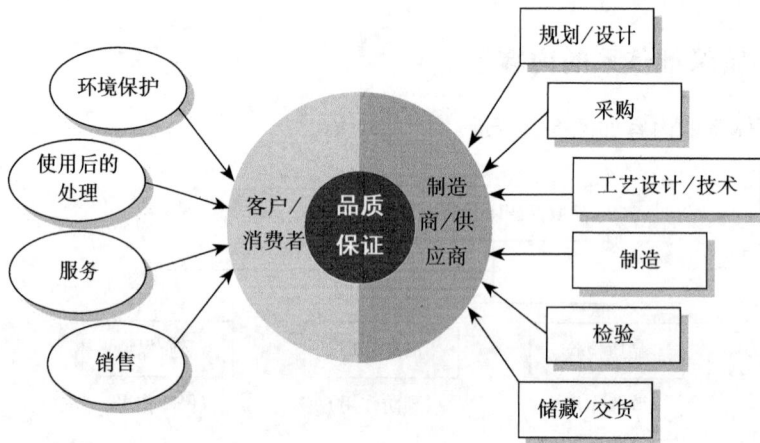

所有部门都必须参与到品质改善的工作中

图 5-3 品质保证活动涵盖各个部门

品质保证活动涵盖的范围如下。

（1）品质的设计，新产品品质的制定，规格的制定、修正与废除。

（2）材料的购入与保管：材料管理、库存管理等。

（3）标准化。

（4）工序的解析与管理。

（5）检验与不合格产品的处理。

（6）客诉处理、品质稽查。

（7）设备管理：设备的维修、预防保养、计测管理等。

（8）人事劳务管理：合理的职务分配、教育培训等。

（9）外包、转包管理。

（10）技术开发：新产品的开发、研究管理、技术管理等。

（11）检查与稽查：品管实施状况的检查、品管业务稽查等。

具体活动如表 5-1 所示。

表 5-1　品质保证活动示例

阶段		保证事项	实施事项	责任者
大	小			
生产准备	评价	使生产制品达到目标品质，并将成本控制在目标范围之内	评价产品品质是否达到目标	厂长
		决定是否可以转入正式生产	判定生产制品的过程是否正确	厂长
正式生产	生产检查	重新检查图纸、标准表	负责量产试作评价及标准、图纸的确认	有关经理
		维持采购品质的稳定	维持重要外购厂商的生产能力及培训指导	采购经理
			根据检验水准进行进料检验	品质经理
		维持生产品质的稳定	(1) 作业员的教育培训 (2) 根据作业标准 QC 工程表与管制图进行工程管理 (3) 改善作业标准图纸	生产经理
			(1) 维持工程能力 (2) 处理异常工程与实施防止对策 (3) 重要零件的重点管理	生产经理
			(1) 重要问题的分析、解决 (2) 实施正确的计测管理 (3) 设计、工序、外购变更时的品质保证	品质经理
			实施适当的设备管理	技术经理
		确保生产品质达到标准	(1) 及时检验产品的性能 (2) 检验的教育培训 (3) 防止混入不良品	生产经理

043　品质保证体系

如果是部门内的活动，可由上级部门下达命令来动员下级部门。部门与部门之间的活动必须靠相互配合才能实施，而影响部门之间相互配合的是组织，或者说体系。

品质经理在建立品质保证体系时应注意以下几点。

（1）回馈的方法必须明确。

（2）品质保证体系图（见图 5-4）的纵轴表示工作流程的不同阶段，横轴表示部门，各部门必须明确。

（3）必须明确体系运作的方法、用具（表单类）及运作规则。

（4）必须明确用于判定是否可以进入下一阶段的评价项目与评价方法。

（5）必须通过积累经验、定期反省来不断改进整个体系。

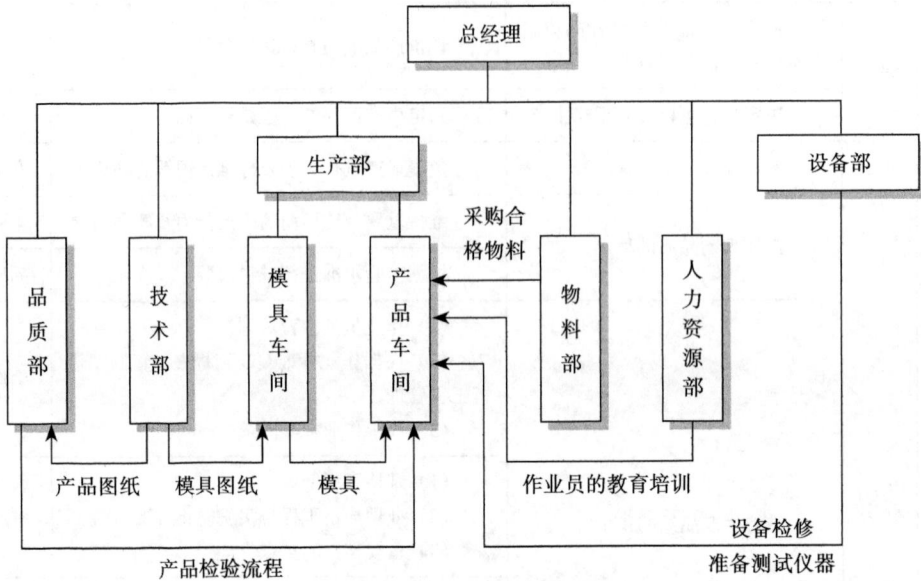

图 5-4　品质保证体系图

044　品质评价体系的建立

建立品质评价体系的要点如表 5-2 所示。

表 5-2　建立品质评价体系的要点

序号	项目	要点
1	品质评价内容	（1）评估质量体系的状况，以确认是否可以进入下一阶段 （2）评估品质的水准，从而确认需要进行改善的项目 （3）稽查品质评价体系，并用稽查结果来改进体系
2	涵盖各个阶段	（1）产品策划的评价 （2）开发新产品的评价 （3）通过开发新产品来评价试验结果 （4）试制品的评价 （5）量产试制品的评价

（续表）

序号	项目	要点
2	涵盖各个阶段	（6）决定是否可以转入正式生产 （7）检查正式生产的产品 （8）市场品质的调查与评价（消费者满意度评价等） （9）体系的稽查

045　品质信息体系的建立

1．品质信息的种类

品质信息不仅包括品质特性，还包括产品的成本、产量和交货期等信息。品质经理必须灵活运用品质信息，而其前提是做好信息处理。信息处理是指收集、加工（分类、整理、解析、判断）、保管、索引和传达信息。

品质信息包括以下几种。

（1）关于品质计划（品质策划与品质设计）的信息。

（2）有用性、使用特性、工程能力、客诉等信息。

（3）关于产品安全的信息。

（4）关于可靠性的信息，如时间、危险性、概率（使用者失误率）等。

2．要点

为了建立品质信息体系并使其得到有效运用，品质经理必须加强不同部门之间的联系并做好反馈。建立品质信息体系的要点如图5-5所示。

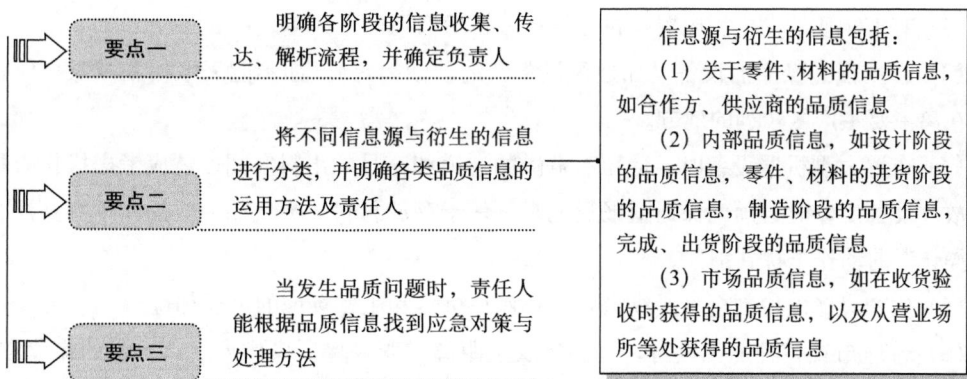

图5-5　建立品质信息体系的要点

第二节　创造一个能够保证品质的环境

046　环境对品质的影响

工作场所脏乱将直接造成效率下降、品质不稳定以及各种浪费。在车间现场工作过的人都知道，如果工作没有章法，就无法生产出高品质的产品。工作场所的脏乱就是工作没有章法的体现。这些不良现象对品质的影响如下。

(1) 如果机器设备布满灰尘、保养不善，工作人员必然也不会关心产品的品质；设备缺乏必要的保养会影响机器的使用寿命和精度，进而无法保证产品品质。

(2) 原料、半成品、成品、报废品、返工品存放位置没有合理的规划，容易造成混料和品质问题。花时间寻找所需的东西也必然造成效率低下。

(3) 物品运送通道拐弯抹角、工具随意放置必然会造成工作场所阻塞，造成搬运时间和寻找时间变长。

(4) 工作人员若仪容不整、姿势不当则容易疲劳，进而导致工作效率和产品品质降低。

047　作业环境布置的一般要求

生产现场作业环境的布置一般有以下几点要求。

(1) 车间生产设备的平面布置，除了要满足工艺要求，还要符合安全和卫生规定。

(2) 有害物质的发生源应置于机械通风或自然通风的下风侧。

(3) 产生强烈噪声的设备（如通风设备、清理滚筒等），如不能采取措施减噪，应将其布置在离主要生产区较远的地方。

(4) 布置大型机器设备时，应留有宽敞的通道和充足的出料空间，还应考虑操作时材料的摆放。设备工作时必须确保通道畅通无阻，便于存放材料、半成品、成品和废料。注意不要使操作者的动作干扰到别人。

(5) 生产设备的控制台（操纵台）不得遮住机器和工作场地的重要部位。

(6) 合理布置各种加工设备，并制定安全距离，既要保证操作人员有一定的作业空间，也要避免因设备间距过小而产生安全隐患。

048　确定光照度

光照度可用来表示发光面的明亮程度，是发光表面在指定方向的发光强度与垂直且指定方向的发光面的面积之比。对于一个漫散射面，尽管各个方向的光强和光通量不同，但各个方向的亮度都是相同的。电视机的荧光屏就是这样的漫散射面，从各个方向观看图像，都有相同的亮度。

光照度可用照度计直接测量。光照度的单位是勒克斯，是英文 Lux 的音译，也可简写为 Lx。被光均匀照射的物体，在 1 平方米面积上得到的光通量是 1 流明时，其光照度是 1 勒克斯。

生产作业场所的光照度要求如下。

（1）车间工作空间应有良好的光照度，一般工作面不应低于 50Lx。

（2）采用天然光照明时，要避免太阳光直接照射工作空间。

（3）采用人工照明时，不得干扰光电保护装置，防止产生频闪效应。除了安全灯和指示灯，不应采用有色光源照明。

（4）在室内光照度不足的情况下，应采用局部照明，要求如下。

①局部照明光源的色调应与整体光源一致。

②局部照明的均匀度：工作点最大为 1∶5，工作地最大为 1∶3，工作地是指工作位置及其周围的场地，泛指车间地面。

③局部照明的亮度对比：冲压件（冲模工作面）与压力机底部之比为 3∶1，压力机与周围环境之比为 10∶1，灯光与周围环境之比为 20∶1。

（5）与采光照明无关的发光体（如电弧焊、气焊光及燃烧火焰等）不能直接或经反射进入操作者的视野。

（6）需要利用机械进行工作（如检修等）时，应装设照明装置。

（7）局部照明应使用 36 伏的安全电压。

（8）照明器材必须经常擦洗，保持清洁。

049　改善工作地面

工作地面是指作业场所的地面，相关要求如下。

（1）车间各部分工作地面（包括通道）必须平整并保持整洁。地面必须坚固，能承受规定的荷重。

（2）工作地面附近的地面上不允许存放与生产无关的障碍物，不允许有黄油、油液和水。经常有液体的地面不得渗水，并必须设置排水系统。

（3）机械内部应有液体储存器，以收集管路泄漏的液体。储存器可以专门制作，也可以与机械底部连成一体，形成坑或槽。储存器底部应有一定坡度，以便排除废液。

（4）车间工作地面必须防滑。机械或地坑的盖板必须是花纹钢板，也可在平地板上焊上防滑筋。

050　工位要符合人机工程学

人机工程学是一门研究系统中人、机、环境三大要素之间的关系，为解决系统中人的效能和健康问题提供理论与方法的科学。人机工程学研究的是在设计人机系统时如何考虑人的特性和能力，以及人受机器、作业和环境条件的何种限制。

设计人机系统时，相关人员要把人和机器作为一个整体来考虑，合理地分配人和机器的功能，保证系统即使在环境发生改变的情况下也能达到要求的目标。对生产现场的具体要求如下。

（1）工位结构和各组成部分应符合人机工程学的要求。

（2）工厂应使操作人员能够舒适地坐或立，或坐立交替在机械设备旁进行操作。

（3）坐着工作时，须符合以下要求。

①工作座椅结构必须牢固，坐下时双脚能够着地，座椅的高度为 400～430 毫米，高度可调并具有止动装置。

②机械工作台下面应有放脚空间，其高度不小于 600 毫米，深度不小于 400 毫米，宽度不小于 500 毫米。

③机械的操作按钮离地高度为 700～1 100 毫米，若操作人员的位置离工作台边缘只有 300 毫米，则按钮高度可为 500 毫米。

④工作台面的高度为 700～750 毫米，当工作台面高度超过这一数值而又不可调时，须垫以脚踏板。脚踏板应能沿高度调整，其宽度不小于 300 毫米，长度不小于 400 毫米，表面须防滑，前缘须有 10 毫米高的挡板。

（4）站立工作时，须符合以下要求。

①机械的操作按钮离地高度为 800～1 500 毫米，离操作人员最远距离应为 600 毫米。

②为了让操作人员尽可能靠近工作台，机械下部须有一个深度不小于 150 毫米、高度为 150 毫米、宽度不小于 530 毫米的放脚空间。

③工作台面高度应为 930～980 毫米。

总之，为了保证员工作业安全，企业应在照明、温度等各个方面推出改善措施，为操作人员提供安全的作业环境，并且要运用人机工程学，使操作人员既能高效作业，又不易疲劳。

051 打造清洁有序的环境——5S

5S 是指对生产现场的各生产要素（主要是物）不断进行整理、整顿、清洁、清扫以及提高素养的活动。整理（Seiri）、整顿（Seiton）、清扫（Seiso）、清洁（Seiketsu）和素养（Shitsuke）这五个词的第一个字母都是"S"，因此将其简称为"5S。

1．整理

所谓整理，就是将混乱的状态改变为井然有序的状态。也就是说，首先判断哪些是不必要的东西，再将这些不必要的东西处理掉。工厂中的整理是指：

（1）首先区分哪些是必要的东西，哪些是不必要的东西；

（2）处理掉不必要的东西；

（3）将必要的东西收拾得井然有序。

2．整顿

所谓整顿，就是整理散乱的东西，使其处于整齐的状态。整顿的目的是确保在必要的时候能迅速取到必要的东西。整顿比整理更深入一步，是指：

（1）能迅速取出；

（2）能立即使用；

（3）处于节约的状态。

3．清扫

所谓清扫，就是清除垃圾、污物、异物等，把工作场所打扫得干干净净。工厂推行 5S 活动时，清扫的对象包括：

（1）地板、天花板、墙壁、工具架和橱柜等；

（2）机器、工具和测量用具等。

4．清洁

所谓清洁，就是使工作场所保持在没有污物、非常干净的状态，即一直保持被清洁后的状态。通过一次又一次的清扫，使地板和机器都保持干干净净，让人看了眼前一亮。

5．素养

所谓素养，就是在仪表和礼仪这两方面表现良好，严格遵守企业推行的 5S 活动规定，并养成良好地开展 5S 活动的习惯。

素养是 5S 活动的核心，没有人员素质的提高，各项活动就无法顺利开展，即使开展了也无法持续下去。

052 必须根治污染源

即使每天进行清扫，油渍、灰尘和碎屑也是无法彻底消除的。要想彻底解决问题，还须查明污染源，从根本上解决问题。

1. 调查污染源

在调查污染源之前，相关人员首先要确认是什么污染物。污染物的种类、形态、严重程度、产生量多少等不同，扫除的方法、调查的方法和对策也完全不同。

深入调查污染源后，在具体的发生部位挂上标志牌，其内容包括污染发生部位、状态、发生量（数字明确、标示量化程度）、测定方法、防范方法（防止对策或回收方法），如表5-3所示。

表5-3　污染源调查表

发生部位：_____   状态：_____   发生量（数字明确、标示量化程度）：   _____   测定方法：   _____   防范方法（防止对策或回收方法）：   _____   _____

2. 寻求对策

对策就是减少污染量或不让污染发生的办法，一般包括以下几种。

(1) 在容易产生粉尘、喷雾、飞屑的部位装上挡板等装置，将污染源局部化。

(2) 在设备被更换、移位时，修复其破损处。

(3) 通过收集装置收集有黏性的废物，如胶纸、不干胶、发泡液等，以免弄脏地面。

(4) 在擦洗干净机器后要仔细地检查给油、油管、油泵、阀门、开关等部位，观察油槽周围有无容易渗入灰尘的间隙或缺口，排气装置、过滤网、开关是否有磨损、泄漏现象。

(5) 检查电器控制系统开关、紧固件、指示灯、轴承等部位是否完好。

(6) 寻找能够高效地收集或去除污染物的方法。

相关人员在决定对污染源采取何种对策之后，要对费用和工时的评估、执行的难易程度、能否自行解决等问题加以分析，进一步思考各项对策的效果如何，为其设定优先顺序，然后方可实施（见表5-4）。

表 5-4 污染源对策

想法		具体的处理方法	改善重点
发生源对策	杜绝式：使其不发生的方法 (1) 使其不发生 (2) 减少发生量	(1) 防止滴漏：密封式、封垫方式 (2) 防止飞散：门、护盖的形状，飞散方向或形状 (3) 修理松弛、破损部分 (4) 制程设计：无粉尘、密封轴承（无油化）、无研磨 (5) 防止堵塞、积存	(1) 去除 (2) 擦拭 (3) 修理 (4) 停止 (5) 止住
清扫困难处所对策	收集式：收集或去除的方法 (1) 收集的方法 (2) 去除的方法	(1) 重新修正集尘能力与方法 (2) 制定去除、回收的方法 (3) 改善扫除道具、收集导板等 (4) 制定洗净方法 (5) 查明切削粉的形状、大小、飞散方向、设备或基座的形状	(6) 减低 (7) 不积尘 (8) 集中 (9) 不发散 (10) 不携带 (11) 切削

第三节 品质标准化

053 品质标准化的意义

品质标准化的意义体现在表5-5所示的几个方面。

表 5-5 品质标准化的意义

序号	类别	具体说明
1	作业方面	(1) 作业方法统一，保证了产品质量的稳定 (2) 将技术和经验做成标准文件，避免因人才流动导致技术和经验的流失 (3) 有了标准文件，更方便开展新员工培训 (4) 工作中的每一个步骤都有量化指标，保证了高效率 (5) 便于查找不合格品产生的原因，以保持质量稳定 (6) 作业工时容易计算，产量可靠，交货期有保证

序号	类别	具体说明
2	设备使用方面	(1) 操作方法标准化，避免因误操作而造成损坏 (2) 标准零件容易购买，保养、维修较方便
3	物料方面	(1) 标准件的生产厂家多，因而选择、购买较容易 (2) 收货时，无须进行特别的验收

054　品质标准的类别

品质标准的类别如表 5-6 所示。

表 5-6　品质标准的类别

序号	类别	具体内容
1	技术标准	技术标准是企业标准化领域中需要协调统一的技术事项。企业的技术标准体系分为以下两个部分： 　(1) 与质量有关的技术标准，包括物料、产品设计、工艺、设备、检验等技术标准 　(2) 安全、卫生、能源、环保、定额等技术标准
2	管理标准	管理标准是企业标准化领域中需要协调统一的管理事项，主要包括营销、设计、采购、工艺、生产、检验、能源、安全、卫生、环保等与实施技术标准有关的管理事项。企业管理标准的落地形式包括品质手册、程序文件、管理规范等
3	工作标准	工作标准是按岗位制定的有关工作品质的标准。企业应对各工作岗位上的重复工作事项制定工作标准。编写工作标准时，要充分体现基础标准、技术标准、管理标准和管理制度的要求，并做出具体和明确的规定

055　品质标准的内容

品质标准的内容一般包括下列几个部分。

(1) 制定履历：制定日期、修订原因、修订内容和修订日期。

(2) 制定目的：为何要制定该标准。

(3) 适用范围：该标准适用的部门、场所和时间。

(4) 标准正文：任务的具体实施方法。

(5) 附表附图：若仅用文字难以把任务的实施方法描述清楚，则可考虑用表格或图来进行说明。

下面是某公司的产品温度模拟环境测试标准，供读者参考。

【实用案例】

××公司产品温度模拟环境测试标准

1. 目的：检验产品在高温环境中品质是否会发生变化。

2. 仪器：锔炉、水箱和冰柜等。

3. 范围：所有产品，客户另有要求的除外。

4. 操作程序

（1）产品无包装（除非另有规定）放入冰柜4小时，冰柜温度为17℃～18℃，相对湿度为20%～70%。

（2）室内放置4小时，温度为21℃～25℃，相对湿度为20%～70%。

（3）放入锔炉4小时，温度为54℃～57℃，相对湿度为20%～70%。

（4）室内放置4小时，温度为21℃～25℃，相对湿度为20%～70%。

（5）重复1～4步两次。

（6）进行功能、外观、可靠性及安全性检查，确保产品符合品质要求。

产品温度模拟环境测试记录

编号：

产品编号	名称	数量	测试项目	时间		锔炉	冰柜	记录者
				入	出			

056 品质标准的制定方法

品质经理应建立完整的品质标准，对外可将其作为向客户提供质量保证的依据，对内可用其使质检人员及作业人员明确质量保证的要求。

（1）品质标准要建立在客户认同的基础上，并根据企业的实际生产条件来制定。

（2）品质标准可略高于企业在当前条件下能够达到的水平，但不宜过高，以免浪费资源。

（3）制定标准必须有客观依据，必要时可通过破坏性试验取得标准数据。

057 品质检验标准的分类

确定品质检验标准是为了检验作业的执行情况，以免在繁杂的检验作业中产生疏漏和混乱。品质检验标准的分类如表 5-7 所示。

表 5-7 品质检验标准的分类

序号	分类	具体内容
1	企业内部生产用	单工序检验可在作业标准书内注明，重点在于制程中线上设置的检验站。此类检验通常采用全数检验。检验标准强调检验项目、规格和方法。在进入成品仓前，有些产品还须做环境检验（抽检）
2	企业外部验收用	来自企业外部的购买料或委外加工的半成品、委外生产的产品常常牵涉要求事项、比较标准、权利与义务等，所以必须有完整的条款，并在签订合同时列入，以免交货时产生争议。此类检验通常采用抽样检验，包含允收水准、检验项目、检验方法、量测具的标准和包装标准等内容

058 品质检验标准的制定方法

品质检验标准的制定方法如下。

(1) 明确制定检验标准的过程。

(2) 列明检验标准内容，如表 5-8 所示。

(3) 若检验时必须按特定的顺序来检验各项目，则须列明检验顺序。

(4) 必要时可将制品的蓝图或略图置于检验标准中。

(5) 在检验的过程中做好记录。

(6) 写明对不合格品的处理方法。

(7) 说明负责制定与修正相关检验标准的单位。

表 5-8 品质检验标准内容表

项目	标准内容
适用范围	列明适用于何种进料（含加工品）或成品的检验
检验项目	——列出应检验的项目
质量基准	明确规定各检验项目的质量基准，将其作为检验时的判定依据。如无法以文字说明，则以限度样本表示

（续表）

项目	标准内容
检验方法	说明在检验各项目时是使用检验仪器检验还是以感官检查（如目视）的方式进行检验。若某些检验项目须委托其他机构代为检验，则须注明
抽样计划	明确采用何种抽样计划
取样方法	抽取样本时必须毫无偏倚地随机抽取，可用乱数表来取样。取样时，若各制品无法编号，则须从样本中平均抽取
样本经过检验后的处置	（1）属进料（含加工品）的，依进料检验规定的要点办理（如合格，则通知仓储人员办理入库手续；如不合格，则将检验情况通知采购单位，由其根据实际情况判断是否特采） （2）属成品的，依照成品品质管理作业办法相关要点办理（合格的入库或出货，不合格的退回生产单位检修）
其他应注意的事项	（1）若检验时必须按特定检验顺序来检验各项目，则须列明检验顺序 （2）必要时可将制品的蓝图或略图置于检验标准中 （3）详细记录检验情况 （4）检验时发现的不合格品以及在样本中偶然发现的不合格品均应调换成合格品

059　品质检验的作业标准

品质检验的作业标准是指导品质检验工作的书面文件。

品质检验的作业标准如表5-9所示。

表5-9　品质检验的作业标准

序号	类别	用途	文件举例
1	检验作业指导书	告诉品管人员如何履行自己的岗位职责	·工序检验作业指导书 ·巡回检验作业指导书 ·跌落试验作业指导书 ·震动试验作业指导书 ·信赖性测试作业指导书
2	品管程序文件	明确相关工作	·进料检验程序 ·制程检验程序 ·半成品检验程序 ·装配制程检验程序 ·成品最终检验程序 ·出货检验程序 ·其他品管作业规定，如拣用程序、报废程序、退货程序、客户投诉处理程序等

060　品质标准的执行

1．正确执行

标准再完美，如果不能付诸实施，也不会对企业产生任何帮助。为了使品质标准得到贯彻实施，企业首先要让员工形成这样的思想：品质标准是员工开展作业时的最高指示，所有人都必须按照此标准进行作业。

2．查找问题，及时修订

标准是根据实际的作业条件与当时的技术水平制定出来的，它代表了当时最先进、最方便、最安全的作业方法。随着实际作业条件的改变和技术水平的不断提高，标准中规定的作业方法可能变得不再适合。此时，标准不仅不能给企业带来帮助，还可能妨碍正常工作，因此品质经理必须及时修订相关标准。

061　品质标准的修订

品质经理若发现品质标准存在问题，则应及时对品质标准进行修订。出现以下情况时，品质经理应及时对品质标准进行修订。

（1）部件、材料、机器、工具、仪器、工作程序发生改变。

（2）品质标准的内容难以理解，规定的任务难以执行。

（3）产品质量水平有所变化。

（4）法律和规章发生改变。

第四节　建造持续改善的基石

062　持续改善的益处

改善是为了更快、更好、更加简化地达成工作目标而做的手段选择和方法变更，如图5-6所示。

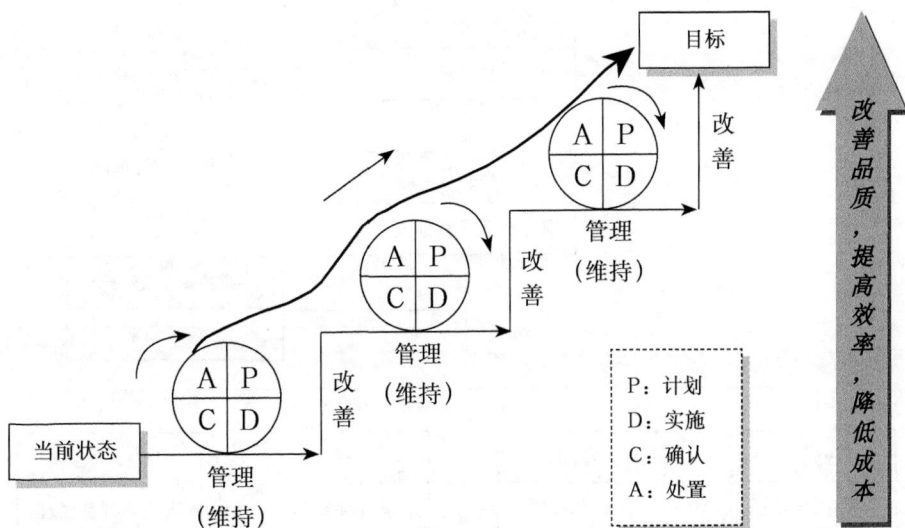

图 5-6　持续改善

改善能给企业带来很多益处，如图 5-7 所示。

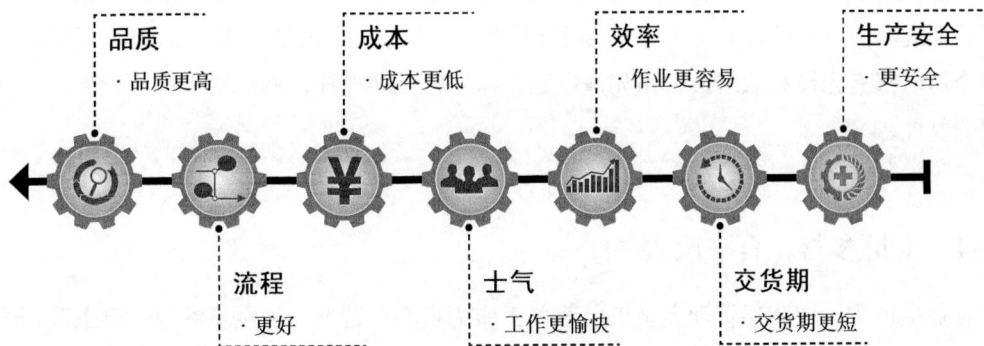

图 5-7　改善给企业带来的益处

063　建立持续改善的组织结构

工厂管理没有理论大师，只有实践大师。持续改善需要组织保障，因此，企业需要建立专门的组织机构——持续改善管理委员会（见图 5-8）。

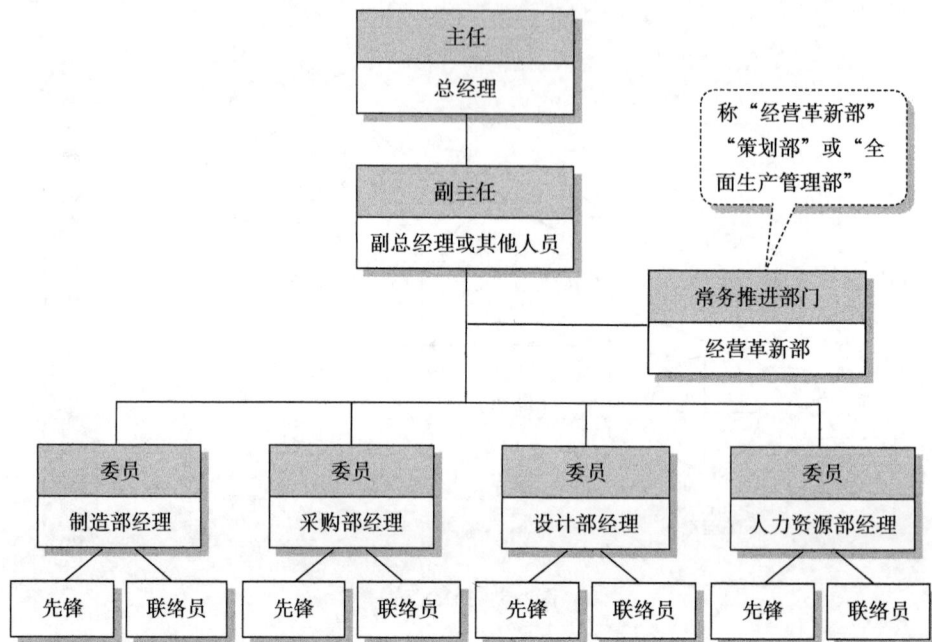

图 5-8　持续改善的组织结构

　　在持续改善管理委员会中，总经理担任主任，副总经理或其他主导变革的人员担任副主任。常务推进部门——经营革新部负责全面推进变革，又称"策划部"或"全面生产管理部"等。每个部门都有先锋和联络员，由先锋做起，树立模范和榜样，然后水平推广，最后进行跨部门的改善。

064　全员参与，自主改善

　　在精益生产中，中高层管理人员应以改善工作为核心，营造一种全员参与、自主改善的氛围。改善工作需要全员参与，需要全体员工积极提出提案。改善工作应尽可能从身边工序做起，同时还应围绕着企业的焦点问题。

　　企业刚开始进行改善的时候，可以不以经济目的为中心。随着改善的推进，企业可以把经济目标作为一项改善要求。确认改善带来了经济效益后，相关人员经过部门领导的认可后，可将案例发表和展示出来，并对当月最有价值的员工进行表彰，其过程如图 5-9 所示。需要注意的是，最有价值的员工不是工作最辛苦的人，也不是抢修设备最多的人，而是提出改善提案最多的人。

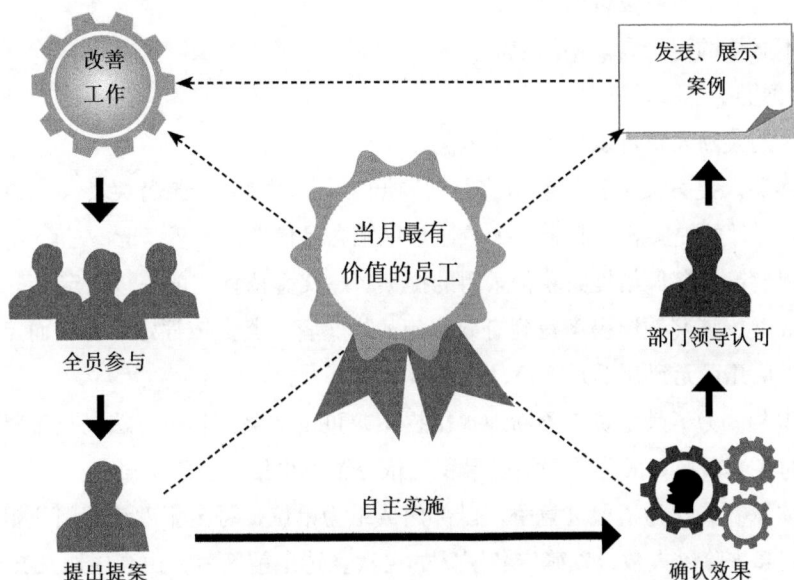

图 5-9 全员参与改善

065 建立改善提案制度

改善提案制度简称"提案制度",或"奖励建议制度"。员工发现现行流程、工作方法、设备等有需要改善的地方,进而提出具有建设性的改善意见,这些意见便是提案。企业选择有效的提案付诸实施,并给予提出提案的员工适当的奖励,这种有系统地处理员工提案的制度便是提案制度。

1．期望的提案

(1) 对制造方法的改善。

(2) 能够节省人工、材料、用品或费用的方法。

(3) 减少或预防浪费的方法。

(4) 提高生产效率的方法。

(5) 改善产品品质的方法。

(6) 改善工作环境的方法。

(7) 消除或减少危险的安全措施。

（8）对工具、机械或设备的改善。

（9）对不必要的记录或设备的取消。

2．奖励种类

对提案人的奖励大致可以分为以下五类。

（1）提案奖。提案奖又称"参与奖""精神奖""努力奖""慰劳奖"等，通常只颁给第一次参加且被退件的提案者。奖金很少，通常以纪念品代替。

（2）采用奖。该奖颁给提案获得采用的提案者，奖金依评定的等级而定。

（3）绩效奖。该奖颁给提案得到有效实施的提案者，奖金依评定的等级而定，通常采用奖金的形式，从几百元到几千元不等，甚至多至数万元。

（4）累积奖。为了鼓励员工不断地提出提案，可设此奖。具体方法是员工将全年获得的与提案相关的各奖项换算成分数并加以累积，依分数多少给予员工奖励。

（5）团体竞赛奖。为了促进竞争，以部门或组为单位，将全年度该部门或组内所有人员的累积分数加起来除以人数，以确定各团队的名次。选出前三名，由高层颁发奖杯或锦旗。

066　营造持续改善的氛围

企业若想长期、有效地推行精益管理，必须营造持续改善的氛围。中高层管理人员应该具备这样的意识：员工们犯错误是允许的，只要事后积极改正即可；但是，拒绝变革是绝对不允许的。在营造持续改善的氛围时，企业应当注意以下几点。

1．不宜采用过分细致的考核

很多企业过分细致地考核员工，扼杀了员工创新的积极性。正确的做法应该是将生产过程中发生的问题作为改善目标分解到车间主任和主管身上，而不是分解到普通员工身上。普通员工是按照标准执行作业的，发生问题的责任在于管理者而不在于员工。如果对员工的考核过分细致，那么员工就会担心受到惩罚，很可能会故意掩盖问题或推卸责任。

2．积极鼓励创新

创新是持续改善的原动力，创新是在第一线进行的，必须让员工发挥更大的作用，企业投资的重点必须从机器设备转向员工。在精益生产中，企业应该积极鼓励员工创新，对中高层领导的考核应以创新、人才培养为重点。一家企业仅仅依靠董事长和总经理的创新能力是不可能持续发展的，员工的创新能力才是企业发展最根本的动力。

3．大胆暴露问题

精益生产的基础是关注细节的5S管理，而5S管理的核心就在于大胆暴露问题。永远没有问题的企业是不存在的。发现的问题越多，意味着企业的改善空间就越大。因此，企业在发现问题时，不应该责备和惩罚员工，而应该宣扬"发现问题有功"的理念，积极调动员工的主观能动性，鼓励员工去发现更多的问题。

067　走出办公室，到生产现场去

产品质量问题通常都是在生产过程中形成的，品质经理坐在办公室里遥控生产现场是不切实际的。

"三现主义"是管理的基本原则，即现场、现物和现实。精益生产要求管理者走出办公室，到发生问题的现场去看现实存在的问题，所采取的对策必须是可靠的。

不少企业的管理者整天坐在办公室中等待下属汇报，或者整天忙于开会，不了解现场的事实，只能了解到虚假的或不全面的情况，所以很难做出正确的决策。管理者应该加强对现场的观察，关注现场事实与数据。

068　改善活动评价

开展精益生产重在营造持续改善的氛围，倡导全员参与。每个部门的改善参与率和人均改善件数是评价改善推行程度的重要指标。没有比较就不会有进步，在持续改善的氛围下，企业应建立改善工作的评价标准，每月评出一位创新能力强的员工作为"改善之星"，激发员工的改善热情和竞争之心。这样一来，乐于接受变革、参与改善的员工就会越来越多，持续改善的氛围也会越来越浓厚，最终升华为一种企业文化。

069　改善活动展示

榜样的力量是无穷的。企业应该在公开场合大力展示改善事例。

这样做既能激励提出改善提案的员工，也能引导更多的员工参与到改善活动中。展示改善活动的方式包括召开改善案例交流发表会，独立展示优秀改善案例（设立景点），制作改善宣传专栏等，也可以组织参观优秀的改善景点。

第六章　品质管理规划

导读 >>>

品质管理规划是品质管理工作的开端。没有良好的品质管理规划，品质管理工作将很难开展下去。品质经理应当协助企业管理者做好品质管理规划，确保企业的品质管理工作有章可循。

Q先生：A经理，我认为品质方针具有非常重要的意义，但我刚刚担任品质经理，有很多东西需要学习，您能给我一些建议吗?

A经理：首先，你要了解制定品质方针的准则，熟悉制定方针的流程，并经常在企业内部进行宣传，让企业所有员工都熟悉品质方针。其次，你要经常进行测量和检查，确保品质方针能够切实发挥作用。

Q先生：我该怎样设立品质标准和品质目标呢?

A经理：品质标准是开展品质管理工作的依据。没有标准，员工就不知道该从何入手。你要熟悉品质标准的类别、内容和制定方法，尤其要熟练掌握品质检验标准的内容和制定方法。你还要找出问题点，制定品质目标，并加强对目标的日常管理。

第一节　品质方针

070　品质方针的制定准则

品质方针的制定准则如图 6-1 所示。

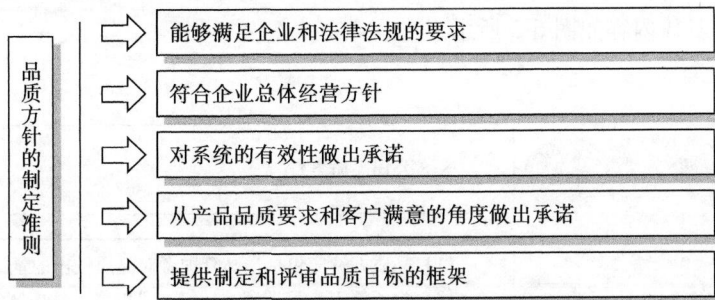

图 6-1　品质方针的制定准则

品质方针的制定准则

- ⇨ 能够满足企业和法律法规的要求
- ⇨ 符合企业总体经营方针
- ⇨ 对系统的有效性做出承诺
- ⇨ 从产品品质要求和客户满意的角度做出承诺
- ⇨ 提供制定和评审品质目标的框架

071　品质方针的制定程序

品质方针的制定程序如图 6-2 所示。

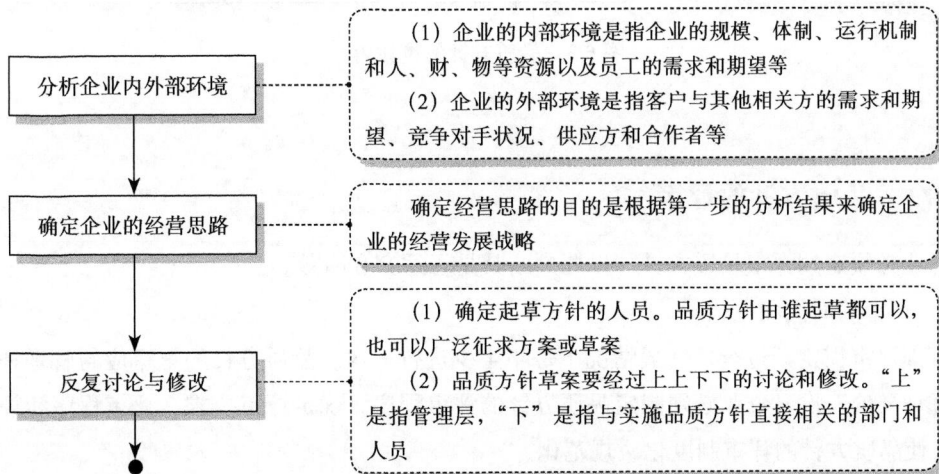

分析企业内外部环境

→（1）企业的内部环境是指企业的规模、体制、运行机制和人、财、物等资源以及员工的需求和期望等
（2）企业的外部环境是指客户与其他相关方的需求和期望、竞争对手状况、供应方和合作者等

确定企业的经营思路

→确定经营思路的目的是根据第一步的分析结果来确定企业的经营发展战略

反复讨论与修改

→（1）确定起草方针的人员。品质方针由谁起草都可以，也可以广泛征求方案或草案
（2）品质方针草案要经过上上下下的讨论和修改。"上"是指管理层，"下"是指与实施品质方针直接相关的部门和人员

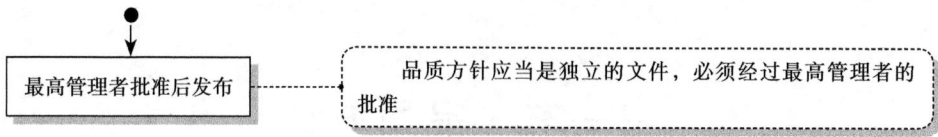

图 6-2　品质方针的制定程序

072　品质方针的具体内容

品质方针的具体内容如图 6-3 所示。

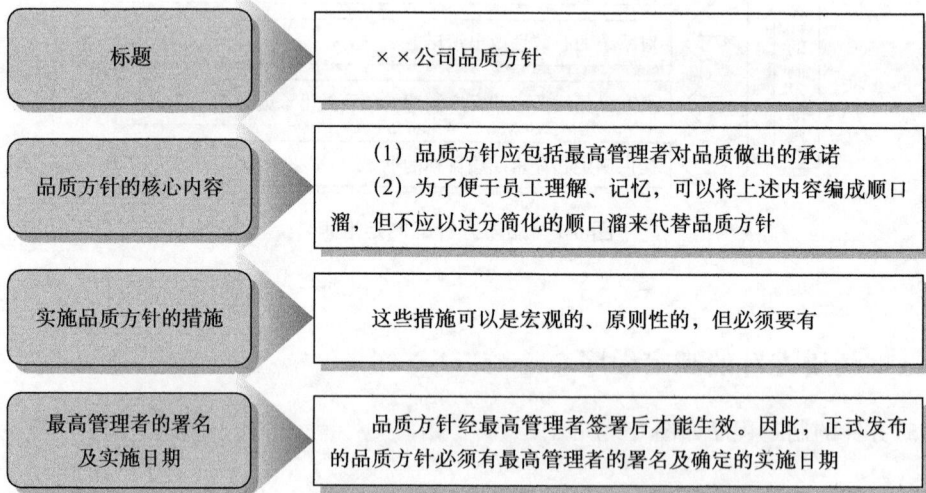

标题	××公司品质方针
品质方针的核心内容	（1）品质方针应包括最高管理者对品质做出的承诺 （2）为了便于员工理解、记忆，可以将上述内容编成顺口溜，但不应以过分简化的顺口溜来代替品质方针
实施品质方针的措施	这些措施可以是宏观的、原则性的，但必须要有
最高管理者的署名及实施日期	品质方针经最高管理者签署后才能生效。因此，正式发布的品质方针必须有最高管理者的署名及确定的实施日期

图 6-3　品质方针的具体内容

073　品质方针的评审

企业必须定期评审品质方针，以此判断其是否适宜和有效。

1．评审的时间和方式

管理评审需定期进行，一般情况下每年至少进行一次。品质方针的评审应与管理评审同步，每年至少一次。企业必须制定品质方针的评审程序，确定评审要求、评审程序和评审内容等，使品质方针的评审制度化、规范化。

2．评审内容

品质方针的评审内容如图6-4所示。

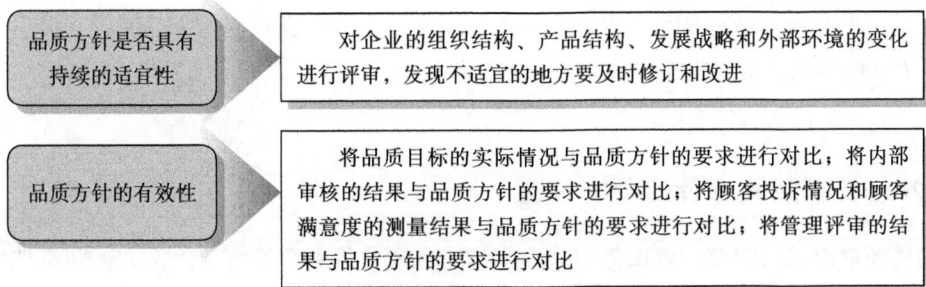

图6-4 品质方针的评审内容

074 宣传与沟通品质方针

企业必须让员工理解并掌握品质方针，为此，品质经理可采取以下措施。

（1）利用制定品质方针的机会，在企业内部开展关于品质问题的讨论，让员工参与制定品质方针的工作。

（2）在制定出品质方针后，企业要让全体员工都了解品质方针的内容。

①利用宣传栏、黑板报、标语、手册等工具在企业内部进行宣传。

②通过早读、开会讲解等形式进行宣传。

③组织员工讨论。例如，讨论品质方针与每位员工的关系，在实际工作中如何贯彻品质方针等。

（3）在遇到重大质量问题时，要重温品质方针。

（4）品质方针的宣传工作不能只刮一阵风后就偃旗息鼓。品质经理可以规定：每月进行一次品质方针教育（如开展质量日活动），新员工到岗时也应接受品质方针教育。

（5）开展文化娱乐活动，使品质方针的宣传活动充满趣味性。例如，企业可定期举行知识竞赛，开展演讲或征文活动，征集相关漫画等。

075 实施品质方针

品质经理和品质部负责品质方针的实施工作，具体工作内容如下。

（1）根据品质方针制定品质目标。

（2）根据品质方针开展质量策划，建立品质管理体系。品质管理体系必须体现品质方针，若有与品质方针相抵触或违背的地方，应立即修正。

（3）根据品质方针审核品质管理体系是否适宜、充分、有效。如果品质管理体系不能满足品质方针的要求，应立即改进。

076　检查品质方针的落实情况

品质经理应采取审核、考试等方式定期检查品质方针的落实情况。例如，随机选择若干名人员，考查他们对品质方针的理解程度，以及他们在工作中运用品质方针处理质量问题的能力等。

077　品质方针的修订与改进

审核之后，品质经理如果发现品质方针不具备可持续性，或者在有效性方面存在问题，就要及时报告上级，并对品质方针进行必要的修正和改进，具体要求如下。

（1）发布品质方针前必须得到上级的批准。

（2）品质方针通过审核后，再做任何修改都必须得到上级的批准。

（3）品质方针必须标明现行的修订状态。

（4）在任何需要使用品质方针的地方，都可以获得品质方针的文件。

（5）已作废的品质方针文件应当收回并注明"作废"字样。

第二节　制定精益品质目标

078　品质目标的类别

品质目标依据不同的标准可以分为不同的类别，如图 6-5 所示。

按时间分类	按项目分类	按层次分类
·中长期品质目标 ·年度品质目标 ·短期品质目标	·企业总体品质目标 ·项目品质目标 ·课题品质目标	·企业品质目标 ·部门品质目标 ·班组品质目标 ·个人品质目标

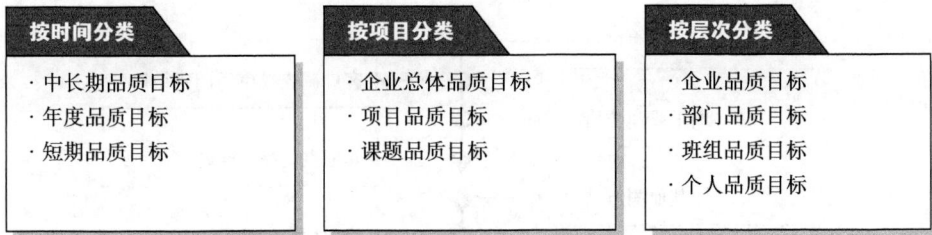

图 6-5　品质目标的类别

079　品质目标的要求

品质目标的要求如图 6-6 所示。

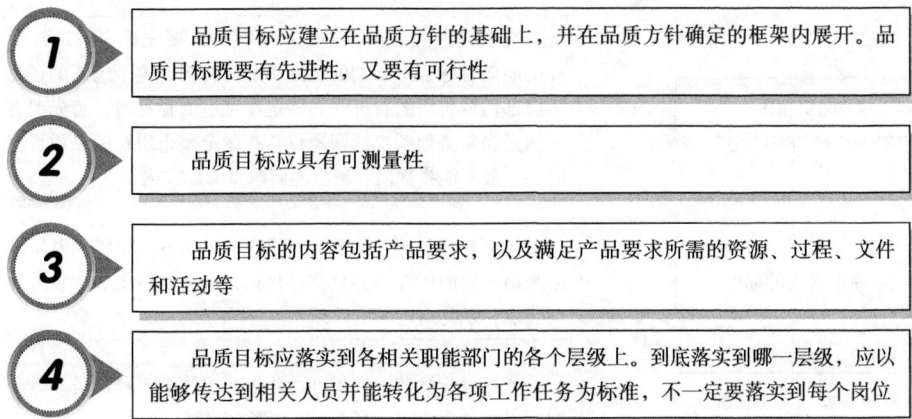

1 　品质目标应建立在品质方针的基础上，并在品质方针确定的框架内展开。品质目标既要有先进性，又要有可行性

2 　品质目标应具有可测量性

3 　品质目标的内容包括产品要求，以及满足产品要求所需的资源、过程、文件和活动等

4 　品质目标应落实到各相关职能部门的各个层级上。到底落实到哪一层级，应以能够传达到相关人员并能转化为各项工作任务为标准，不一定要落实到每个岗位

图 6-6　品质目标的要求

080　品质目标的制定步骤

1．找出问题点

问题点就是为了实现品质方针和品质目标而必须解决的重要问题，包括不合格、缺陷、不足、与先进的差距等。

（1）问题点的来源。问题点的来源如图 6-7 所示。

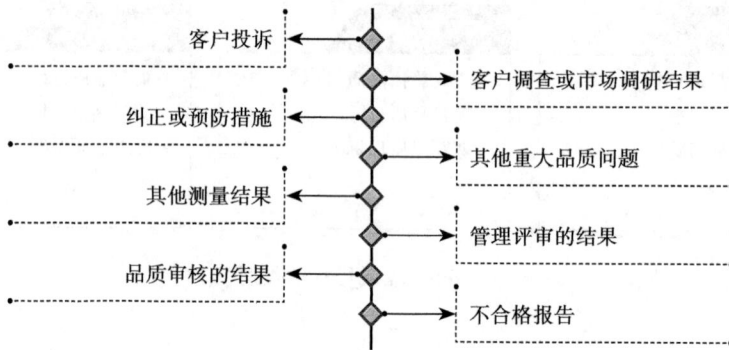

图 6-7　问题点的来源

（2）确定问题点的流程。确定问题点的流程如图 6-8 所示。

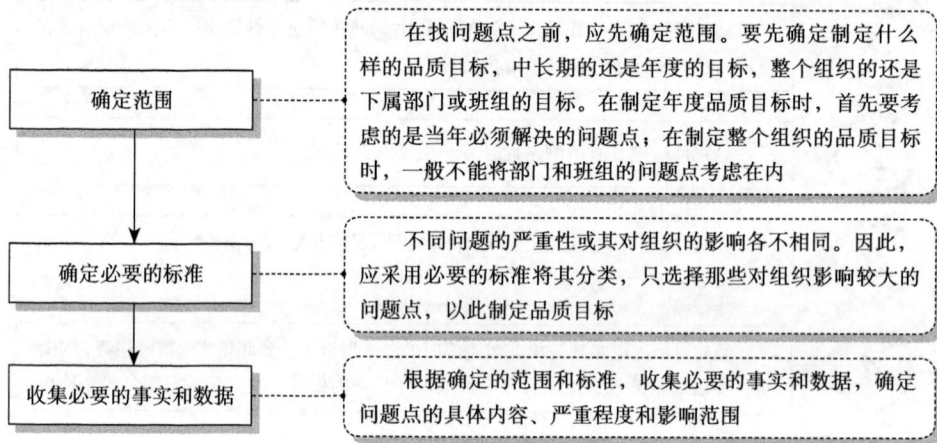

| 确定范围 | 　　在找问题点之前，应先确定范围。要先确定制定什么样的品质目标，中长期的还是年度的目标，整个组织的还是下属部门或班组的目标。在制定年度品质目标时，首先要考虑的是当年必须解决的问题点；在制定整个组织的品质目标时，一般不能将部门和班组的问题点考虑在内 |

确定必要的标准　　不同问题的严重性或其对组织的影响各不相同。因此，应采用必要的标准将其分类，只选择那些对组织影响较大的问题点，以此制定品质目标

收集必要的事实和数据　　根据确定的范围和标准，收集必要的事实和数据，确定问题点的具体内容、严重程度和影响范围

图 6-8　确定问题点的流程

2．根据问题点制定品质目标

品质经理应根据问题点提出具体的品质目标，这些目标应具体、有针对性，还应具有一定的挑战性。

确定品质目标后，品质经理还可以进一步将其细化为各部门、车间、班组和每位员工的奋斗目标。

下面是某公司总体品质目标，供大家参考。

××公司总体品质目标

项目	计算方法	指标	测量频次
客户满意度	满意客户数÷调查总数×100%	≥95%	次/月
产品合格率	抽检产品合格数÷抽检产品总数×100%	≥96%	次/月
备注	要对客户满意度进行月度分解，并确立月度期望目标		

081 品质目标的实施要点

企业在实施品质目标时必须做到图6-9所示的几点。

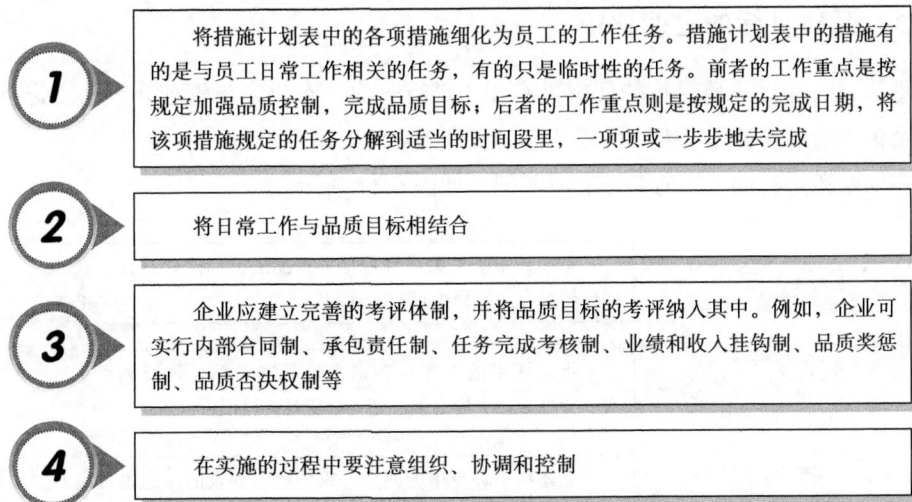

1 　将措施计划表中的各项措施细化为员工的工作任务。措施计划表中的措施有的是与员工日常工作相关的任务，有的只是临时性的任务。前者的工作重点是按规定加强品质控制，完成品质目标；后者的工作重点则是按规定的完成日期，将该项措施规定的任务分解到适当的时间段里，一项项或一步步地去完成

2 　将日常工作与品质目标相结合

3 　企业应建立完善的考评体制，并将品质目标的考评纳入其中。例如，企业可实行内部合同制、承包责任制、任务完成考核制、业绩和收入挂钩制、品质奖惩制、品质否决权制等

4 　在实施的过程中要注意组织、协调和控制

图 6-9　品质目标的实施要点

082 定期进行测量和考核

企业应定期测量品质目标的完成情况，至少应在年中和年末对企业年度品质目标的完成情况进行测量，与正常工作直接相关的品质目标应按月进行测量，如图6-10所示。

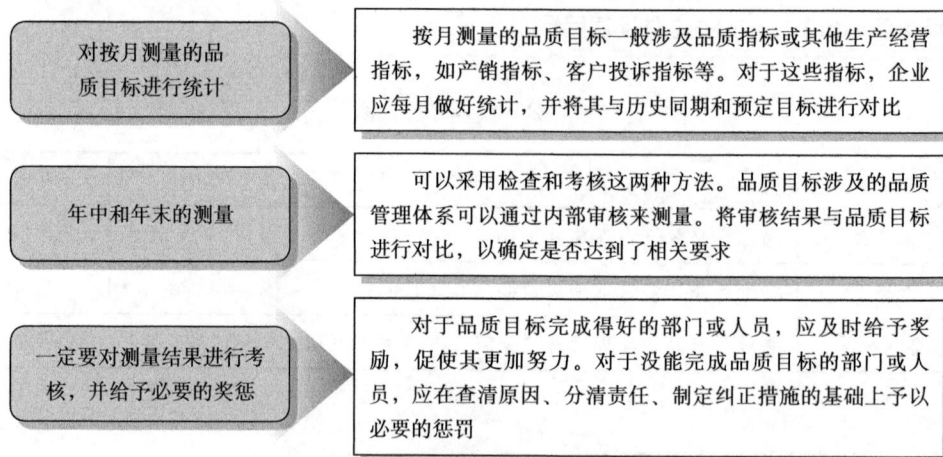

对按月测量的品质目标进行统计	按月测量的品质目标一般涉及品质指标或其他生产经营指标，如产销指标、客户投诉指标等。对于这些指标，企业应每月做好统计，并将其与历史同期和预定目标进行对比
年中和年末的测量	可以采用检查和考核这两种方法。品质目标涉及的品质管理体系可以通过内部审核来测量。将审核结果与品质目标进行对比，以确定是否达到了相关要求
一定要对测量结果进行考核，并给予必要的奖惩	对于品质目标完成得好的部门或人员，应及时给予奖励，促使其更加努力。对于没能完成品质目标的部门或人员，应在查清原因、分清责任、制定纠正措施的基础上予以必要的惩罚

图 6-10　定期测量和考核的内容

083　品质目标的定期评审

一般来说，年度品质目标的评审可在年中进行一次，在年末与管理评审共同进行一次。评审应由企业的最高管理者主持，相关部门负责人参与，逐项进行。

在不同时段进行的评审的要点有所不同，如图 6-11 所示。

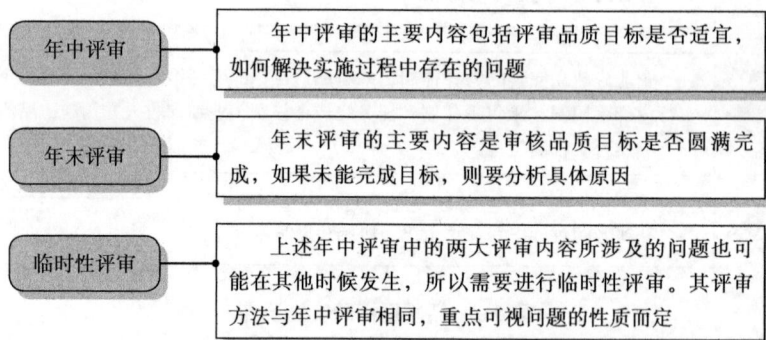

年中评审	年中评审的主要内容包括评审品质目标是否适宜，如何解决实施过程中存在的问题
年末评审	年末评审的主要内容是审核品质目标是否圆满完成，如果未能完成目标，则要分析具体原因
临时性评审	上述年中评审中的两大评审内容所涉及的问题也可能在其他时候发生，所以需要进行临时性评审。其评审方法与年中评审相同，重点可视问题的性质而定

图 6-11　不同时段评审的要点

084　品质目标的修订

（1）修订品质目标的原因。修订品质目标的原因如图 6-12 所示。

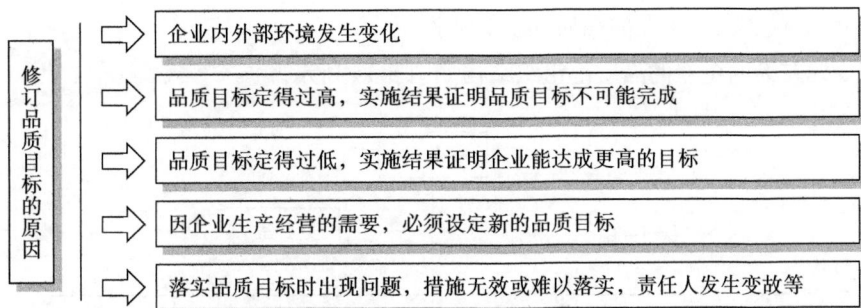

图 6-12　修订品质目标的原因

（2）修订注意事项。修订品质目标的注意事项如图 6-13 所示。

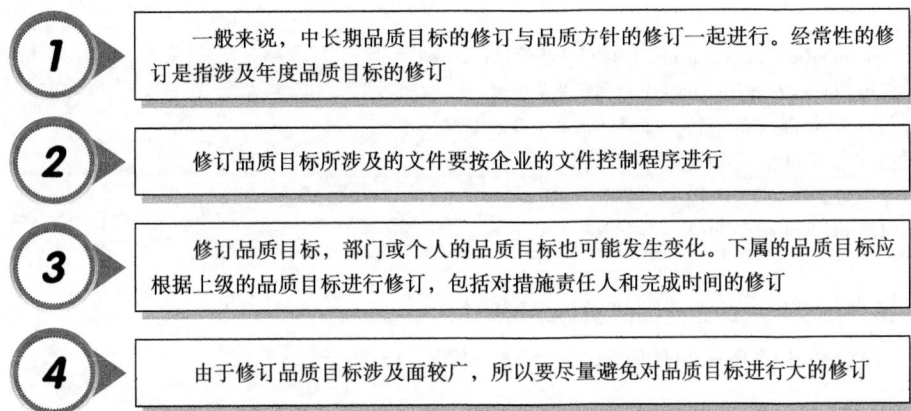

图 6-13　修订品质目标的注意事项

第三节　品质部门组织设计

085　品质部门的组织结构

企业规模大小不一，品质部门的组织结构也有所不同。有些企业的品质部门包括进料检验、工序检验和成品检验等部门，有些企业的品质部门还包括出货检验等部门。

1. 适合规模较大的企业的品质部组织结构

适合规模较大的企业的品质部组织结构如图 6-14 所示。

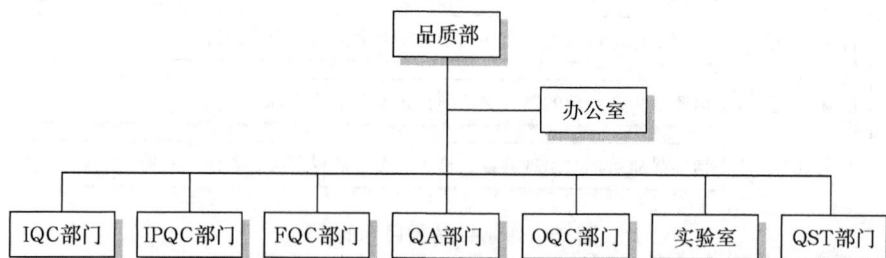

图 6-14　适合规模较大的企业的品质部组织结构

说明：

IQC（Incoming Quality Control），进料品质管理；

IPQC（In Process Quality Check），制程品质管理；

FQC（Final Quality Control），最终（成品）品质管理；

QA（Quality Audit），品质稽核；

OQC（Out Quality Control），出货品质管理；

QST（Quality System Team），品质体系小组。

2. 适合规模较小的企业的品质部组织结构

适合规模较小的企业的品质部组织结构如图 6-15 所示。

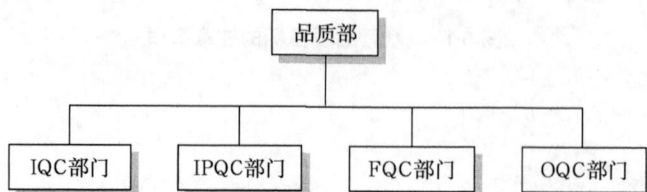

图 6-15　适合规模较小的企业的品质部组织结构

086　明确品质人员的职责和权限

企业应明确所有员工的职责和权限。一般情况下，对于部门和高级管理人员，企业可通过制定职责条例来明确其职责和权限；对于一般员工，企业可通过制定岗位职责来明确其职责和权限。表 6-1 为某公司品质管理职责说明，供大家参考。

表 6-1 某公司品质管理职责说明

部门或岗位	职责
品质部	(1) 进料检验：负责执行进料检验工作，记录检验情况，标明产品检验与测试状况，记录不合格品，描述异常现象，提出纠正和预防措施，对品质记录进行分类、归档、保存和销毁，对统计资料进行分析、整理 (2) 过程检验：负责执行首件检验、巡回检验、工序检验，记录检验情况，标明产品检验与测试状况，记录不合格品，反馈产品品质异常情况，对品质记录进行分类、归档、保存和销毁 (3) 最终检验：负责产品最终检验、成品性能测试，记录检验情况，标明产品检验与测试状况，记录不合格品，描述异常现象，提出纠正和预防措施，对品质记录进行分类、归档、保存与销毁
品质经理岗	(1) 发起品质策划工作 (2) 建立健全品质管理体系 (3) 品质仲裁 (4) 确认合约的品质要求 (5) 鉴定品质执行效果 (6) 领导品质稽核工作 (7) 督导下属工作
品质稽核岗	(1) 核查品质管理体系 (2) 调查、分析客户投诉的原因 (3) 跟踪、反馈改善措施 (4) 分析品质问题 (5) 统计、分析每日品质信息 (6) 执行品质改进计划
品质工程师岗	(1) 分析制程品质控制能力，进行品质改良 (2) 参与新产品的开发与试制，制订新产品品质计划 (3) 制定进料、在制品和成品质检测规范 (4) 设计与督导执行品质管理手法与统计技术 (5) 辅导外协厂商 (6) 分析品质异常原因 (7) 制作品检样品 (8) 调查、分析、解决客户投诉的品质问题 (9) 校正与控制量规、检验仪器
品检主管岗	(1) 制订品检计划 (2) 设计品检体系及表单、程序 (3) 进行品质鉴定，签署判定意见 (4) 协助品质部经理控制品质

部门或岗位	职责
品检主管岗	(5) 保存工序检验的检查、测试报告 (6) 分析每日、每周和每月的工序检验报告 (7) 在工序检验中发现的不合格项被纠正之前，控制不合格品的转序 (8) 对下属的工作进行督导和评价 (9) 控制工序检验中发现的不合格现象，避免重复发生
品质统计岗	(1) 汇总、分析品质数据 (2) 编制品质报告 (3) 汇集部门文件并归档 (4) 设计品质控制图 (5) 分析品质成本 (6) 研究、运用品质统计技术
进料检验岗	(1) 执行进料检验 (2) 识别和记录进料品质问题，拒收不合格材料 (3) 通过再检验证纠正措施的效果 (4) 配合品质部的相关工作 (5) 管理检验仪器
制程检验岗	(1) 执行生产线巡回检验 (2) 识别和记录制程品质问题 (3) 拒收在生产中检查出的不合格品 (4) 研究与分析制程中的问题点 (5) 管理检验仪器 (6) 配合品质部的相关工作
装配检验岗	(1) 追查装配制程巡回检验及异常品质事故的原因 (2) 抽查装配库存成品并鉴定品质 (3) 分析与控制制程品质控制能力 (4) 对现场作业（操作）规范提出修正意见与建议 (5) 研究与分析制程的问题点 (6) 记录品质状况
出货检验岗	(1) 执行出货检验程序 (2) 识别和记录成品品质问题 (3) 管理检验仪器 (4) 拒收不合格的成品 (5) 通过再检验证纠正措施的效果 (6) 放行经检查合格的成品

087 IQC部门的组织结构

一般来说，IQC 部门直接向品质经理或品质部 IQC 主管汇报工作，其组织结构如图 6-16
所示。

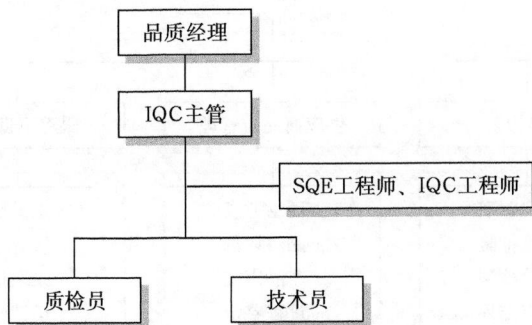

```
          品质经理
             |
          IQC主管
             |
             |————— SQE工程师、IQC工程师
             |
      ┌──────┴──────┐
    质检员          技术员
```

图 6-16　IQC 部门的组织结构

说明：

SQE（Supplier Quality Engineer），供应商管理工程师。

088 IQC部门的人员配置

IQC 是企业在生产产品前进行品质控制的第一个关卡，如果有不良料流到制程中，就会
导致最终产品不合格，给企业带来损失；如果拒收良料，则会使供应商遭受损失，同时也会
影响企业的生产进度，间接影响企业的生产成本。所以，IQC 非常重要。

一般来说，IQC 部门由以下人员组成：

（1）IQC 主管；

（2）IQC 质检员；

（3）IQC 技术员。

有的企业为了加强对供应商的控制，还会在 IQC 部门设置以下两个职位：

（1）SQE 工程师；

（2）IQC 工程师。

089　IQC部门的职责

IQC 部门的职责如图 6-17 所示。

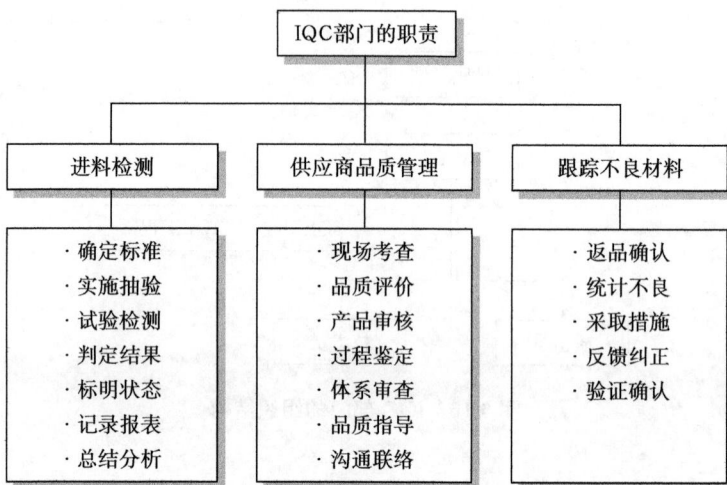

图 6-17　IQC 部门的职责

090　IPQC部门的组织结构

IPQC 是指在产品生产过程中，以巡回的方式定时检查和确认制程参数、作业变更、使用的标准等是否符合要求，并记录状态和加以控制的检验作业方法。IPQC 部门的组织结构如图 6-18 所示。

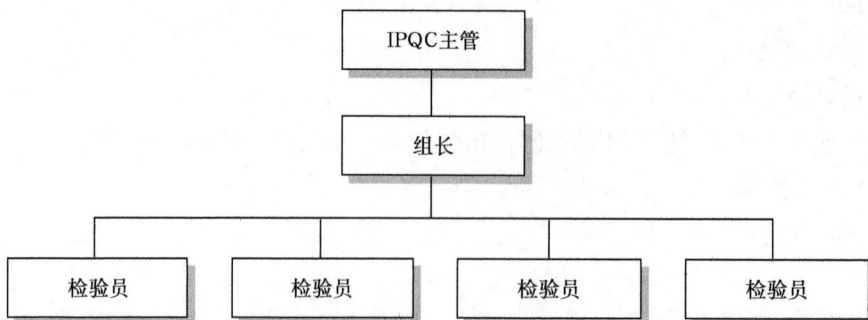

图 6-18　IPQC 部门的组织结构

091 设置IPQC部门时要考虑的因素

企业在设置 IPQC 部门时一定要考虑到生产现场的实际需要和相关方面对产品工艺的要求，通常要考虑以下几个因素。

(1) 生产自动化程度。生产自动化程度越低，IPQC 部门管理的项目越多。

(2) 企业管理制度。企业管理制度越不规范，就越需要设置 IPQC 部门。

(3) 作业程序的变异因素。作业程序的变异因素越多，就越需要 IPQC 部门。

(4) 作业人员的技能与素质。

(5) 产品品质的稳定性。产品品质越稳定，IPQC 的巡回时间间隔越长。

092 IPQC部门的权利和责任之间的关系

IPQC 部门的权利和责任之间的关系如图 6-19 所示。

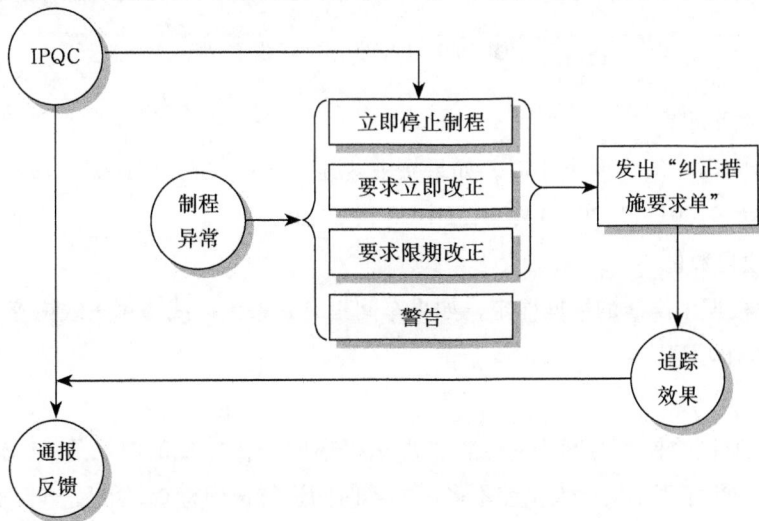

图 6-19 IPQC 部门的权利和责任之间的关系

093 IPQC的设置方法

品质经理在设置 IPQC 时要考虑四个要素——巡检路线、巡回时间间隔（如每两个小时检查一次）、巡检项目数量和巡检所需时间。

1．巡检路线

IPQC 巡检路线如图 6-20 所示。

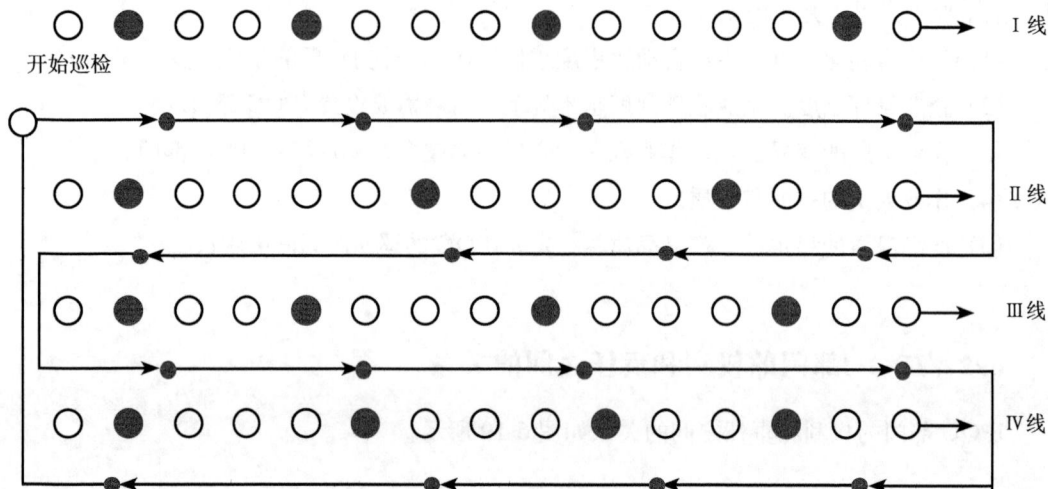

图 6-20 IPQC 巡检路线

2．巡检时间间隔

巡检时间间隔一般为两个小时。如果企业规定 8：30 上班，12：00 ～ 13：30 午休，则巡检时间应设置为 9：30、11：30、14：30、16：30 和 18：30。

3．巡检项目数量

巡检项目根据生产线的情况而定，如果车间里有 4 条生产线，每条线检查 4 个项目，则总共要检查 16 个项目。

4．巡检所需时间

假设每个项目的检查时间为 4 分钟，那么每巡回一次需要的时间是 64 分钟（16×4）。这样的作业方式决定了 IPQC 人员差不多用一半时间进行巡回检查，用另一半时间整理报表，所以只设置 1 名 IPQC 人员就够了。

假设每个项目的检查时间为 7 分钟，那么每巡检一次需要的时间是 112 分钟（16×7）。在这样的情况下，就需要配置 2 名 IPQC 人员。

094 IPQC部门的职责

品质经理要赋予 IPQC 部门足够的权限，这样才能让部门人员保持工作热情。IPQC 部门的职责如下。

(1) 立即停止制程：发现连续生产出不良品时可先关机后通报。

(2) 要求立即改正：发现违反指导书或操作工艺的情况时立即要求改正。

(3) 要求限期改正：过程参数不良、控制图显示有问题时要求限期改正。

(4) 警告：偶尔违反操作规程但未造成不良后果的，发出警告。

(5) 发出"纠正措施要求单"：遇到上述三种情况要发出"纠正措施要求单"。

(6) 跟踪效果：在采取措施后，要在适当的时间确认结果和效果。

(7) 通报反馈：向上级或有关部门反馈和通报已实施的措施。

095 FQC部门的组织结构

FQC 是指最终品质管理，也称"终检"。FQC 部门的组织结构如图 6-21 所示。

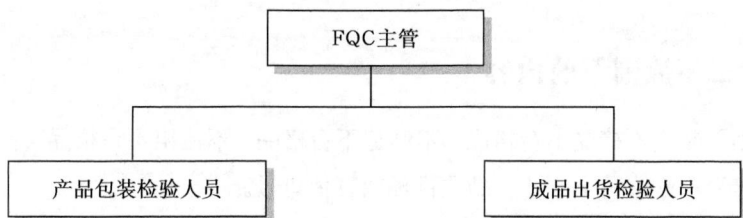

图 6-21 FQC 部门的组织结构

096 QC与FQC的位置关系

对作业程序很复杂的产品来说，品质检验的实施难度比较大，只在最终工位上设置一个 FQC 工位，显然无法完成对产品的全面检验。此时，品质经理可以在制程中间设置 QC（工序检验）工位。QC 与 FQC 的位置关系如图 6-22 所示。

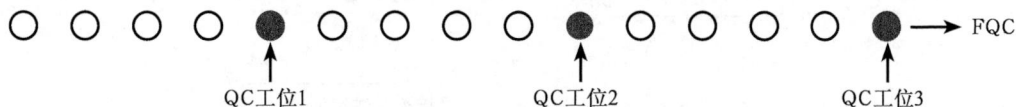

图 6-22 QC 与 FQC 的位置关系

对于作业工序比较简单的产品，品质经理可以将 QC 与 FQC 合二为一，只设置一个检验工位即可。

品质经理在设计 QC 与 FQC 工位时要考虑以下几点。

（1）QC 与 FQC 工位属于定点检验工位，设定的位置要便于检验。

（2）在流水线生产作业中，要确保 QC 工位的检验时间与工位平均作业时间保持一致。否则，就必须将工位分解，让两个人或更多的人共同完成检验，以确保 QC 工位不会形成瓶颈，不会影响整个生产线的平衡。

（3）QC 与 FQC 工位实施的检验一般是全检，所以品质经理一定要根据生产情况合理配置人员。

第四节　品质制度设计

097　"三不原则"的内容

"三不原则"是指不接受不合格品、不制造不合格品、不流出不合格品。品质经理可以将"三不原则"作为企业的品质方针、品质目标或宣传口号。

1．不接受不合格品

不接受不合格品是指员工在生产加工之前，应按规定对上一道工序传递来的产品进行检查，一旦发现问题，有权拒绝接收，并应及时反馈。上一道工序人员须马上停止加工，追查原因，采取措施，及时纠正品质问题，避免继续加工不合格品，从而造成浪费，具体流程如图 6-23 所示。

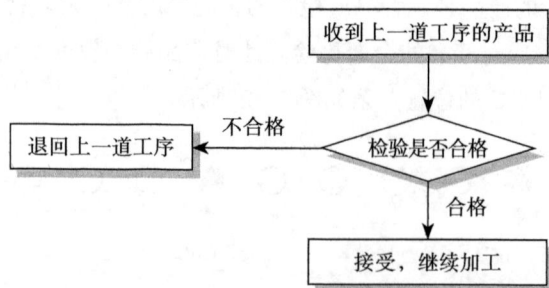

图 6-23　不接受不合格品的流程

2．不制造不合格品

不制造不合格品是指接受合格品后，在本岗位加工时要严格执行操作规范，确保产品的加工品质。作业前的检查、确认等准备工作要做到位；要随时留意作业过程中的状况，及时发现异常情况，降低生产出不合格品的概率。

准备充分并在生产过程中及时发生问题是"不制造不合格品"的关键。只有不产生不合格品，才能避免流出不合格品。

3．不流出不合格品

不流出不合格品是指员工完成加工环节后，须检查确认产品品质，一旦发现不合格品，必须及时停机，将不合格品在本道工序截下，并且在本道工序内完成不合格品的处置工作，保证传递出去的是合格产品，具体流程如图 6-24 所示。

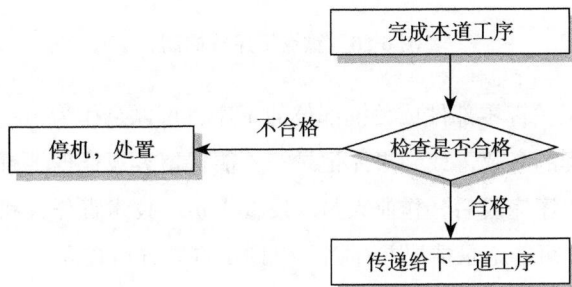

图 6-24 不流出不合格品的流程

098 "三不原则"的实施要点

实施"三不原则"时需要注意一些要点。例如，"谁制造谁负责"是指通过检验发现不良品或不良工序的责任人，然后及时处理，如图 6-25 所示。

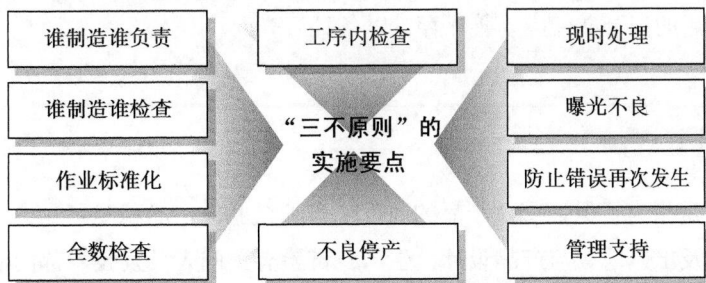

图 6-25 "三不原则"的实施要点

099　重点工序双岗制

重点工序双岗制是指作业人员在完成重点工序时，应有检验人员在场，必要时应有技术责任人或客户的验收人员在场，由其监督该工序是否严格按规定程序和要求进行加工，如图 6-26 所示。

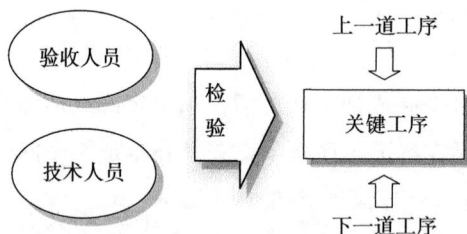

图 6-26　重点工序双岗制

重点工序是指加工关键零部件或关键部位的工序，可以是作为下一道工序加工基准的工序，也可以是工序过程的参数，或结果无记录、不能保留客观证据、事后又无法检验查证的工序。双岗制是指在工序完成后，作业人员、质检人员、技术责任人和客户验收人员应立即在检验文件上签名，尽可能记录情况并存档，以便负责人日后查询。

100　签名制

签名制是指在生产过程中，从物料进入企业到成品入库、出货，每完成一道工序（包括进行检验和交接、存放和运输），其负责人都应该在检验文件上签名。尤其是"成品出厂检验单"，质检人员必须在上面签名或盖章。

作业人员签名表示自己会按规定完成这道工序，质检人员签名表示该工序已达到规定的品质标准。签名后的记录文件应妥善保存，以备日后查询。

101　质量复查制

质量复查制是指为了保证交付产品的质量或参加试验的产品稳妥可靠、不存在隐患，在产品检验入库后及出厂前，与产品设计、生产、试验有关的人员及技术部门的人员应对其进行复查。

102　不合格品管理制度

品质经理对不合格品的管理要坚持"三不放过"原则，即不查清原因不放过、不查清责任者不放过、不落实改进措施不放过。

1．现场工作内容

对不合格品的现场管理主要包括以下两项工作。

（1）凡是被判定为不合格的产品、半成品或零部件，应根据不合格品的类别，按规定涂上不同的颜色或特殊标记，以示区别。

（2）将合格品与不合格品分开存放。

2．处理方法

对不合格品的处理方法如下：

（1）报废；

（2）返工；

（3）返修；

（4）原样使用，也称为"直接回用"。

103　品质追溯制

品质追溯制也称"质量跟踪管理"，它是指在生产过程中，每完成一道工序或一项工作都要记录其检验结果及存在的问题，记录作业人员与质检人员的姓名、时间、地点及情况分析，在产品的适当部位标明相应的质量状态。

这些记录与带标志的产品同步流转便于相关人员查询责任者的姓名、生产时间和地点，确保职责分明、查处有据，同时还可以增强员工的责任感。

104　质量统计和分析制

质量统计和分析制是指对生产过程中的各种质量指标进行统计、汇总和分析，并定期向上级有关部门汇报，以反映生产中产品质量的变动规律和发展趋势，为品质管理和决策提供依据。

用于统计和分析的指标主要有以下几个：

（1）品种抽查合格率；

（2）成品抽查合格率；

（3）品种一等品率；

（4）成品一等品率；

（5）主要零件主要项目合格率；

（6）成品装配的一次合格率；

（7）直通率；

（8）机械加工废品率；

（9）返修率等。

105　品质检验考核制

在品质检验中，由于受主客观因素的影响，出现检验误差在所难免。据统计，缺陷的漏检率有时高达 15% ~ 20%。

1．检验误差的类别及其产生的原因

检验误差的类别及其产生的原因如表 6-2 所示。

表 6-2　检验误差的类别及其产生的原因

误差类别	产生的原因
技术性误差	因质检人员能力不足造成的误差
情绪性误差	因质检人员粗心大意、工作不细心造成的误差
程序性误差	因生产不均衡、管理混乱造成的误差
明知故犯误差	因质检人员动机不良造成的检验误差

2．测定和评价检验误差的方法

测定和评价检验误差的方法如表 6-3 所示。

表 6-3　测定和评价检验误差的方法

方法	具体内容
重复检查	质检人员对自己检查过的产品要再检验1~2次，查明合格品中有多少不合格品以及不合格品中有多少合格品
复核检查	由技术水平较高的质检人员或技术人员负责复核已检查过的合格品和不合格品

（续表）

方法	具体内容
改变检验手段	一般来说，质检人员在检查完一批产品后，会再使用精度更高的检测手段进行重检，以确认检测工具造成的检验误差，确立标准品，用标准品进行比较，以便发现被检查过的产品存在的缺陷或误差

3．考核

各企业对质检人员工作质量的考核办法各不相同，考核一般同奖惩挂钩。企业在考核过程中必须注意要正确区分质检人员和作业人员的责任。

106　品质激励机制

建立品质激励机制是指加大考核力度，提高奖罚程度。

对于解决品质问题或对品质改进提出好建议的员工，企业应给予物质奖励和精神激励，以充分调动员工的工作积极性，真正做到全员参与品质管理，进一步增强全员的品质意识。

许多企业制定的品质奖罚制度仅仅针对生产线上的操作人员与质检人员。事实上，品质管理贯穿于市场、研发设计、采购、生产和销售等企业经营的全过程。因此，品质奖惩制度应该涵盖企业经营的各个环节、各个部门。

企业对各个环节的品质控制关键点都应设定目标，并且这个目标必须是可量化的。企业应将达到这个目标将有什么奖励，达不到这个目标将受到什么惩罚等都非常明确地公布出来。

当然，目标必须设定得合理，若目标设定得太高，员工根本达不到，他们自然不会为之努力。若员工因达不到目标而屡次被罚，就会造成员工流失，导致企业产品质量更加不稳定。

需要注意的是，企业应结合自身的实际情况，以大多数员工能接受为原则，力求公平，而且，奖惩方法不一定是发放奖金和罚款，企业也可采取其他方式。总之，奖惩要能促使员工生产出高质量的产品，激励员工更积极地投入工作中。

第五节　品质管理文件与印证

107　品质管理文件的种类

品质管理文件的种类如表 6-4 所示。

表 6-4　品质管理文件的种类

种类	说明
规格	规格包括材料规格、零件规格、半成品规格、制品规格、使用设备规格、使用工具规格、使用量测器具的规格、使用辅助材料的规格、制图规格等
标准	标准包括质量标准书、设计标准书、作业标准书、作业指导标准书、技术标准书、工程管理标准书、检查作业标准书等
规定	规定包括组织规定、质量会议规定、技术会议规定、品质管理委员会规定、新产品委员会规定
手续	手续包括研究管理手续、不良品处理手续、客诉处理手续、质量信息手续等
记录、报告	记录、报告包括品质管理工程图、解析计划书、客诉受理单、客诉调查处理月报表等

108　品质管理文件应达到的要求

品质管理文件应达到以下要求：

(1) 明确责任与权限；

(2) 明确适用范围；

(3) 不增加工作量；

(4) 不降低工作速度；

(5) 能正确解决问题；

(6) 简明扼要（最好能以流程图的形式来表示）；

(7) 表单、文件的形式，文件的发行运作方式、内容以及传送路线明确；

(8) 设定试行期间，并列出试行期间的注意事项；

（9）可以经常更改；

（10）必须有判定异常的基准与针对特殊情况的规定。

109　编制品质管理文件的注意事项

编制品质管理文件的注意事项如表 6-5 所示。

表 6-5　编制品质管理文件的注意事项

注意事项	要求
品质管理的所有阶段是否都配备了标准化文件	品质的设计、作业、抽样、测定、异常值的判断、发生异常现象的原因的探究、去除异常因素等工程管理的步骤，原料的购入、入库、保管、出库，生产计划的制订、检查，不良品的处理，成品的输送、销售，企业的各种策划、设计、生产、供给、服务业务等环节都有标准化文件
标准化文件是否满足必要条件	标准化文件应满足下列条件： （1）能明确具体行动的标准 （2）不会有任意裁断的情形 （3）有明确的解释 （4）切合实际 （5）能事先防范不良或突发情形 （6）能提出对异常情况的处置方法 （7）以书面形式落地
文件是否具有客观性	文件具有客观性，不以过去的经验来制定，要根据对以往资料的解析来制定
文件与每日的指示命令的关系如何	每日的指示命令不能违反文件规定
如何进行例外处理、异常处理和变更	对这些情况的处置方法必须文件化
标准与企业的关系如何	标准是指示各部门具体行动的准则，明确责任与权限的文件就是标准
规定是否简单易懂	以条文的方式记载，或以流程图表示
是否对员工进行了规定、标准等文件使用方法的培训	应对员工进行培训

（续表）

注意事项	要求
对规定、标准等文件的管理是否充分	规定、标准不可能从一开始就很完善，要随着实际情况的发展而变更，因此相关人员必须定期对其进行核查及修订
修订工作是否依照手续进行	按相关手续开展修订工作
新制品的品质标准与作业标准是否明确	在新制品批量投产前制定品质标准与作业标准
是否开展了方针管理	配置相关规定、手册
对标准化的效果是否进行了调查	定期、不定期地进行调查，并在相关文件中予以规定

110 检验印章的准备

品质部和检验人员需要配备专用的检验印章，以便在检验记录和检验证书等检验文件上加盖印章，证明其有效性。检验印章的类型如图 6-27 所示。

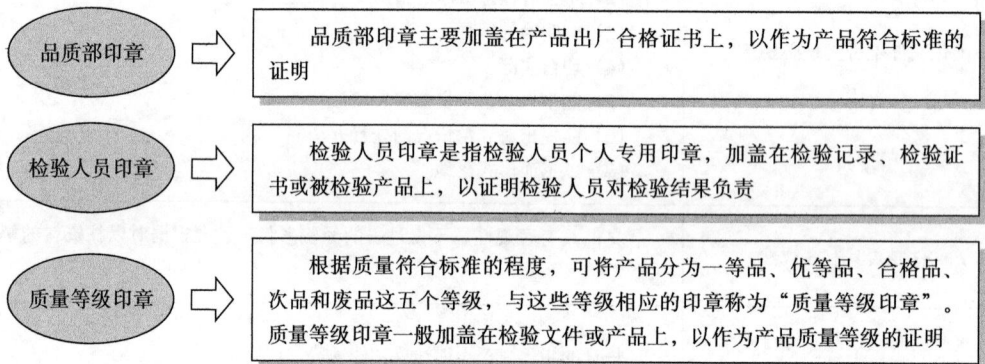

品质部印章 ⇒ 品质部印章主要加盖在产品出厂合格证书上，以作为产品符合标准的证明

检验人员印章 ⇒ 检验人员印章是指检验人员个人专用印章，加盖在检验记录、检验证书或被检验产品上，以证明检验人员对检验结果负责

质量等级印章 ⇒ 根据质量符合标准的程度，可将产品分为一等品、优等品、合格品、次品和废品这五个等级，与这些等级相应的印章称为"质量等级印章"。质量等级印章一般加盖在检验文件或产品上，以作为产品质量等级的证明

图 6-27 检验印章的类型

111 生产过程检验合格证的准备

生产过程检验合格证是检验人员在产品质量检验合格后签发的合格证，特别是大型零部件和有明显客户关系的上下道工序（车间、工段）之间的产品再检验合格后，检验人员须签发合格证，以证明产品质量合格。具体配备要求如图 6-28 所示。

图 6-28　合格证的配备要求

112　出厂产品合格证的准备

出厂产品合格证具有法律效力，凡经检验质量合格的产品，必须有合格证才能出厂销售；没有合格证的产品视为质量不合格，不得出厂。常用的出厂产品合格证如图 6-29 所示。

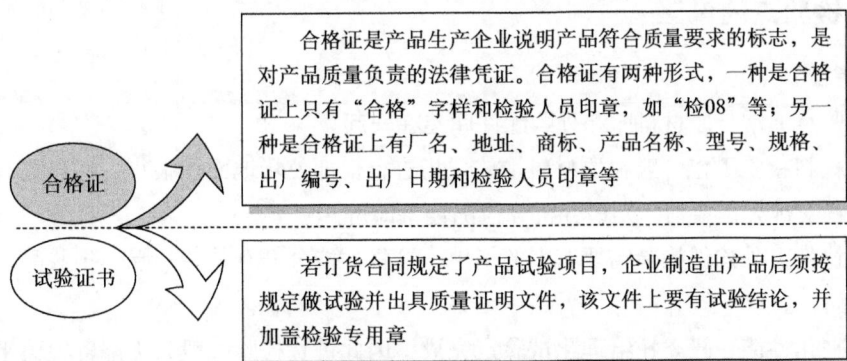

图 6-29　常用的出厂产品合格证

第六节　品质检测场地与设备的配备

113　检验场地的选择要求

1．一般要求

（1）检验场地须符合生产作业流程的要求，尽量选择距生产场地较近的地方，保证生产管理、零件运输方便。

（2）规划面积大小和进行场地平面布置时，要考虑测试设备、用具、工具箱、图纸柜、台案、椅凳等设施布置的合理性。特别要保证产品或零件在检验场地的存放、搬运方便。

（3）必须能够保障检验人员的人身安全。

（4）在方便生产的前提下，检验场地要尽可能与生产车间隔开。

（5）要配备合适的照明设施，灯光要柔和。

2．特殊要求

（1）由于产品精度提高、产品微型化、使用超纯材料以及产品清洁度等要求，在检验时应保持对环境的精确把控。

（2）环境的温度、湿度和振动要符合测试条件的要求，可采用空调装置来保持场地恒温。

（3）避免噪声、气味和其他外来因素的干扰，尤其是涉及感官检验时。

114 检验点的设置

1．进货检验点

进货检验点通常与原材料库和外购配件库建在一起。

（1）原材料检验工作一般在原材料堆放现场进行，即使场地面积很小，但只要有足够的空间用于放置安排火花鉴别、光谱分析等检测设备即可。

（2）外协件、外购件检验需要有大的场地，这样才能分开存放待检品、拒收品、有问题待处理的货品。

进货的理化性能一般委托给理化试验室完成，因此进货检验一般只需配置检验平台和相应的检测工具、仪器等。

2．工序检验点

工序检验点通常设置在车间传送带的一侧，或设置在工序流程的终端，同半成品库连在一起。

3．成品检验点

成品检验点一般与装配车间建在一起。由于要进行成品性能测试，所以企业需要配置必要的试验仪器和检测装置，以及气、水、电等设施。

4．试验室

试验室一般都是在建厂时建立的。不同企业所生产的产品所要进行的专业技术测试不同，试验室的设置也有所不同，常见的有理化试验室，产品性能、寿命和可靠性试验室等。这些专业技术测试需要专门的仪表装置和辅助设备。

5．储藏室或储藏柜

品质部应在检验场地配备储藏室或储藏柜，其主要作用如下：

（1）隔离废品；

（2）储存供比较使用的标准样品和供质量事故分析使用的产品或零件样品；

（3）储存供检验使用的辅料用品及辅助用品。

115 检测设备的分类

根据不同的标准，检测设备可分为不同的类型，如表 6-6 所示。

表 6-6 检测设备分类表

分类标准	具体类型
生产中的作用	（1）标准量仪。作为量值标准传递用的仪器，例如，长度用 2 米等块规，压力用 0.4 级标准压力表 （2）生产用量仪。生产工人、检验人员在日常生产中用的微分量具、万能量具、专用量具和仪器等
检验对象	（1）检测长度（包括检测尺寸精度、形状位置、角度和表面粗糙度）的量具、量规和仪器 （2）检测材料性能（包括拉力、压力、扭力、冲击、弹性、剪切和硬度）的仪器 （3）检测材料成分的仪器 （4）检测时间、频率、转数的仪器 （5）检测流量、速度的仪器 （6）检测容积、密度、比重的仪器 （7）检测温度、湿度、热量的仪器 （8）检测振动、噪声、冲击的仪器 （9）检测力（包括质量）和扭力矩的仪器 （10）检测液体的浓度、黏度的仪器 （11）检测光（包括强度、照度）的仪器 （12）检测电（包括电流、电压、电阻和电度）的仪器 （13）检测能量、功率的仪器 （14）检测磁性的仪器

116 量规仪器的配备

1．需要考虑的因素

配备量规仪器要从测量特性、技术特性、经济特性等方面综合考虑。

（1）测量特性。包括不确定度、稳定度、量程、分辨力等。企业应采用国际或国家计量基准进行测量。如果没有国际或国家计量基准，企业须采用国际通用的其他相关计量标准。

（2）技术特性。必须保证使用和安装方便，易于防护、运输、拆卸和组装且容易与检定（或校准）装置连接装配在一起。

（3）经济特性。经济特性包括实际有效利用率、购买费用、维护保养费用等。

2．配备步骤

只有在需要的地方配备合理的量规仪器，才能保证测量的有效性。配备量规仪器的步骤如下。

（1）明确量规仪器的配备范围，如表6-7所示。

表6-7　量规仪器的配备范围

生产环节	参照标准
能源控制环节	生产用能源参照《能源计量管理标准》执行
工艺过程控制环节	（1）生产过程工艺参数测定 （2）生产过程的安全检测参数 （3）环境保护监测 （4）中间产品的品质分析
产品品质检验环节	（1）入厂原料、材料的品质分析 （2）出厂产品的品质分析
经营管理环节	（1）进出厂原料、材料、产品的重量检测 （2）中间产品、原料、材料消耗的计量检测

（2）确定量规仪器配备的精度，如表6-8所示。

表6-8　量规仪器配备的精度

生产环节	参照标准
进出厂级	（1）重量计量静态精度不低于0.1级，动态精度不低于0.5级 （2）流量系统、工业水、民用水、蒸气计量精度不低于2.5级 （3）体积。液体容积式测量不低于0.5级，气体容积式测量不低于1.5级。进出企业车间交流电能大于1000千瓦·时，计量精度为0.5～1级；进出企业车间交流电能小于1000千瓦·时，计量精度为1～2级；大于100安直流电的计量精度为2级

（续表）

生产环节	参照标准
进出车间主要机台级	(1) 重量静态精度不低于 0.1 级，动态精度不低于 0.5 级 (2) 流量系统精度不低于 2.5 级 (3) 体积、容积式计量液体不低于 0.5 级，气体不低于 2 级
工艺参数	(1) 压力指示式不低于 2.5 级，记录式不低于 1 级 (2) 流量检测不低于 2.5 级 (3) 物位检测不低于 2.5 级

117　量规仪器的管理

1．设置管理部门

管理部门的设置要符合企业生产经营的要求，既要有利于量规仪器的统一管理，又要有利于检验、测量和试验工作的正常开展。

一般情况下，企业可根据自身规模设置管理部门。规模较大的企业可设量规仪器管理处，规模中等的企业可在品质部下设量规仪器管理科，规模较小的企业可在品质部设专职或兼职量规仪器管理人员。

2．配备管理人员

量规仪器管理人员必须符合以下要求。

(1) 高中以上学历，工程技术人员应具备专业学历；检定、校准人员须取得必要的技术考核合格证书。

(2) 掌握丰富的计量基础知识。

(3) 熟悉与计量相关的法律法规。

(4) 熟悉生产、品质管理知识。

3．制定管理制度

企业应建立健全量规仪器管理制度，相关制度如下。

(1) 量规仪器管理实施办法、细则。

(2) 量规仪器的周期检定、校准制度，周期检定（校准）日程表，量规仪器流转检定（校准）制度。

(3) 量规仪器维护、保管制度。

(4) 量规仪器修理、报废制度。

(5) 量规仪器管理制度应包括管理目录，量值溯源系统，量规仪器从计划购置、配备到发放、安装、校准、维护、修理等的流转程序，以及事故处置、修理、奖惩方式等。

（6）量规仪器管理部门的职责范围、工作标准。

（7）量规仪器管理人员的岗位职责和工作标准。

（8）量规仪器管理部门的工作制度、安全卫生制度。

4．满足规定的环境条件

环境条件在量规仪器的校准、调整、使用中是一个非常关键的因素，它不仅影响着测量工作能否顺利进行，还影响着测量结果的准确性和量规仪器的使用寿命。因此测量的环境必须满足校准规范及使用要求。

量规仪器的检定（校准）环境要求如表 6-9 所示。

表 6-9　量规仪器的检定（标准）环境要求

条件	要求
环境温度	20℃ ±5℃（我国规定标准温度为 20℃）
相对湿度	小于或等于 55%（仪器生锈的临界相对湿度是 55%，霉毒产生的相对湿度是 75%）
大气压力	一般大气压力应为 86kPa ～ 106kPa
防振	一般计量室防振要求为 4 级以下，振动幅度小于 4 μm，允许振动速度为 20mm/s 以下
防电磁干扰	避免外磁场干扰。电磁、无线电计量室的屏蔽间对外来干扰信号的衰减能力应达 40dB ～ 80dB
供电电源	交流：220V±2%，50Hz±1%；直流：直流电压 ±1%

5．保管好量具历史档案（见表 6-10）。

表 6-10　量具历史档案

量具名称		型号		购进日期	
出厂编号		公司编号		验收记录	
使用记录			校准、维修记录		
序号	使用者	日期	序号	操作单位	日期

118 计量器具的使用

1．根据需要对计量器具进行调整

调整是指使计量器具的准确度和其他性能达到相关要求。相关人员在调整时应遵守计量器具的操作规程，防止因调整不当造成失准。例如，万用表、游标卡尺等在使用前要归零。

2．标示计量器具的校准状态

相关人员应在计量器具上贴校准状态标签，以便让使用者了解计量器具的状态（合格、限制使用、停用等）和有效期限。

因体积小或影响操作等原因而不宜贴标签的计量器具，其校准状态标签可贴在包装盒上或由使用者妥善保管，但器具上要刻上编号，以便追溯。

3．防止调整时校准失效

相关人员要采取各种措施，防止调整时校准失效。例如，对作业人员进行资格认证，作业人员持资格证方可上岗；编制、调整作业指导书，对校准点进行铅封等。

4．加强搬运、维护、储存的防护

相关人员在使用计量器具的过程中，一定要采取措施，防止计量器具在搬运、维护和储存时损坏或失效。

5．做好计量器具失准时的处理

相关人员若发现计量器具偏离校准状态（失准），应对检测结果的有效性进行评价，并对设备和受影响的产品采取相应的措施。

（1）对于被检产品，不一定要重新进行检测，但一定要对其有效性进行评价。

（2）对于设备和受影响的产品，须采取以下措施：

①重新检测产品；

②修理并重新校准设备；

③查明计量仪器失准的原因。对检定或校准方法，校定、校准周期，计量人员工作负责任程度及操作熟练度，计量器具的适用性等重新进行评价，并根据评价结果采取相应的措施。

6．各使用部门的具体要求

各使用部门应建立本部门计量器具分台账，对使用人员进行上岗培训，确保使用人员能正确操作和保养设备。

119 校准设备的方式

校准是指在规定条件下，为确定测量设备（或测量系统）指示的量值或实物量具（或参考物质）代表的值，与由测量标准复现的值之间的关系的一组操作。

校准可分为内部校准和外部校准这两种方式，如图 6-30 所示。

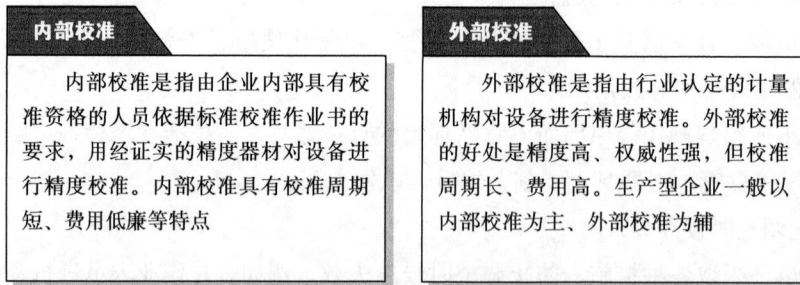

内部校准

内部校准是指由企业内部具有校准资格的人员依据标准校准作业书的要求，用经证实的精度器材对设备进行精度校准。内部校准具有校准周期短、费用低廉等特点

外部校准

外部校准是指由行业认定的计量机构对设备进行精度校准。外部校准的好处是精度高、权威性强，但校准周期长、费用高。生产型企业一般以内部校准为主、外部校准为辅

图 6-30 校准设备的方式

120 检验设备校准工作的流程

检验设备校准工作的流程如图 6-31 所示。

盘点企业检验设备 → 制作周检日程表 → 实施周检工作 → 做好校准记录工作

图 6-31 检验设备校准工作的流程

121 盘点检验设备

检验人员首先要对检验设备进行盘点、统计，这个过程中涉及的表单包括"量测设备统计表"（见表 6-11）、"年度量规设备外校清单"（见表 6-12），然后对其进行分析，以便做出适当的安排。

表 6-11　量测设备统计表

编号：　　　　　　　　部门：　　　　　　　　　　　　　　　日期：＿＿＿年＿月＿日

序号	设备名称	厂商型号	财产编号	校验编号	放置地点	单位/管理人	校验方式	需送校时间	使用状况	备注

制表人：　　　　　　　　　　　　　审核人：

表 6-12　年度量规设备外校清单

编号：　　　　　　　　　　　　　　　　　　　　　　　　　日期：＿＿＿年＿月＿日

序号	设备名称	厂牌	型号	机身编号	校验编号	使用单位	备注

制表人：　　　　　　　　　　　　　审核人：

122　制作周检日程表

"周检日程表"(见表 6-13)是开展周期校准工作的依据,也是对周检工作的具体安排。"周检日程表"指明了每台计量器具的周检期和具体检定时间,可作为制订年度、月、周检计划的依据。

表 6-13　周检日程表

编号：　　　　　　　　　　　　　　　　　　　　　　　　　　　　　　　日期：＿＿＿年＿月＿日

序号	设备名称	厂牌	型号	使用单位	放置地点	校准方式	校准周期	需送校时间

制表人：　　　　　　　　　　　　　　　　　　　审核人：

123　实施周检工作

品质部须按国家检定规程、技术规范实施周期校准。品质部必须如数完成周检任务，并把每月完成情况上报给品质经理。品质部应给周检完毕的检验设备贴上合格标签（见表 6-14）并填写"检定书"。企业无法校准的检验设备必须按时送到具备校准资格的检定部门进行校准。

表 6-14　校准合格标签

识别号码	QM017	校验者
校验依据	比对	
校验日期		
有效期限		

外部校准的设备要有校准合格证书，品质部要妥善保存以备查验。标签最好使用不干胶纸制作，可将其直接贴在不影响设备工作的位置。无法贴标签的设备可不用贴，但应将校准结果存于使用部门以备查验。

124　做好校准记录工作

无论是外部校准还是内部校准，品质部都应将校准结果填写在"校准记录表"（见表 6-15）和"本次校准使用的主要测量标准"（见表 6-16）里。"校准记录表"的内容如下。

（1）设备名称、生产商、型号、编号、额定特性及参数等。

（2）校准条件（环境温度、相对湿度等）。

（3）所用标准器的名称、型号和编号等。

（4）校准依据。

（5）校准过程中进行的每一次独立测量的结果。

（6）校准结论。

（7）校准日期。

（8）校准员和校验员签字。

表 6-15　校准记录表

```
设备名称：_____        生 产 商：_____
设备编号：_____        校准日期：_____
校正地点：_____        有 效 期：_____
校正环境：_____        校 准 员：_____
机 身 号：_____        校 验 员：_____
型号规格：_____
```

表 6-16　本次校准使用的主要测量标准

编号：　　　　　　　　　　　　　　　　　　　　日期：___年__月__日

频率	标准值	测试值	误差值	允差值	判定

校正结果
□ 合格
□ 不合格（处理方式：_____）

制表人：　　　　　　　　　　审核人：

125 开展校准工作时的注意事项

检验人员在开展校准工作时，应注意以下几个事项。

（1）新购入的检验设备最好在使用前进行校准。

（2）校准对象与非校准对象都要进行识别管理，识别得越详细，错漏将越少。

（3）精度偏差过大，无法校准而必须废弃时，应对该设备做好标示，报请相关部门审批。

（4）适时记录设备的各种运行数据，保证其品质有良好的可追溯性。

（5）不要把所有设备的校准周期都设置为一样的，既要保证精度，也要尽量降低校准成本。

第七节 抽样检验方案设计

126 抽样检验工作的要求

抽样检验也称"抽样检查"，它是从一批产品中随机抽取少量产品（样本）进行检验，以此判断该批产品是否合格的检验方法。在开展成品抽样检验时，检验人员应遵守以下要求。

（1）正确地组批并妥善管理。

（2）必须随机抽取样本。

（3）正确判定产品是否合格。

（4）严格执行选定的抽样方案和转移规则（孤立批应执行相关规定）。

（5）使用的检测仪器、量具和相关设备必须精确，并适时地进行检验、校准。

（6）严格执行提交、检验和不合格品处理程序。

（7）品质标准的解释和检验方法应该统一。

127 抽样检验的实施程序

抽样检验方案一般参照 GB/T2828.1-2012 实施程序，如图 6-32 所示。GB/T2828.1-2012 是指《计数抽样检验程序第 1 部分：按接收质量限（AQL）检索的逐批检验抽样计划》，其适用范围为最终产品、零部件和原材料、在制品、库存品、维修操作、数据或记录以及管理程序等。

GB/T2828.1-2012 规定，本标准的抽样计划可用于连续批的检验，孤立批也可使用本标准的抽样方案。

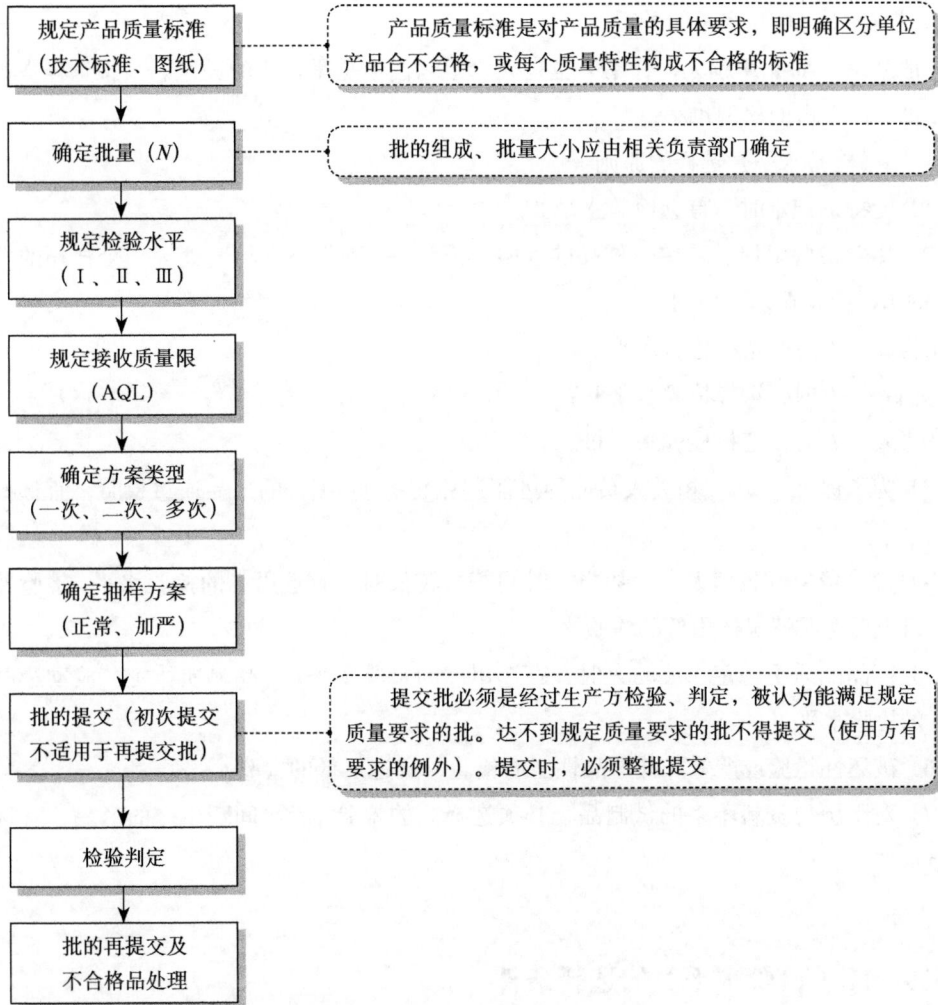

规定产品质量标准
（技术标准、图纸）
→ 产品质量标准是对产品质量的具体要求，即明确区分单位产品合不合格，或每个质量特性构成不合格的标准

确定批量（N）
→ 批的组成、批量大小应由相关负责部门确定

规定检验水平
（Ⅰ、Ⅱ、Ⅲ）

规定接收质量限
（AQL）

确定方案类型
（一次、二次、多次）

确定抽样方案
（正常、加严）

批的提交（初次提交不适用于再提交批）
→ 提交批必须是经过生产方检验、判定，被认为能满足规定质量要求的批。达不到规定质量要求的批不得提交（使用方有要求的例外）。提交时，必须整批提交

检验判定

批的再提交及不合格品处理

图 6-32　GB/T2828.1-2012 实施程序

128　检验水平（Ⅰ、Ⅱ、Ⅲ）

检验水平规定了批量与样本量之间的关系。检验水平用 IL 表示。

GB/T2828.1-2012 给出了三个一般检验水平，分别是水平Ⅰ、水平Ⅱ、水平Ⅲ；还有

四个特殊检验水平，分别是 S-1、S-2、S-3、S-4。数码越大，等级越高，判断能力越强。一般来说，一般检验水平高于特殊检验水平。

辨别能力排序为：Ⅰ＜Ⅱ＜Ⅲ；S-1＜S-2＜S-3＜S-4；一般检验水平＞特殊检验水平。

1. 批量 N 与检验水平的关系

一般来说，批量 N 越大，样本 n 也越大，但它们不是呈正比的关系。大批量样本占的比例小，批量样本占的比例也小。

2. IL（检验水平）选择的原则

（1）无特别规定时，首选检验水平Ⅱ。

（2）比较检验费用。若单个样品的检验费用为 a，判批不合格时处理一个样品的费用为 b，IL 的选择应遵循以下原则：

①当 $a＞b$ 时，选择检验水平Ⅰ；

②当 $a＝b$ 时，选择检验水平Ⅱ；

③当 $a＜b$ 时，选择检验水平Ⅲ。

（3）为了保证 AQL，相关人员应尽可能避免将劣于 AQL 的产品通过检验，宜选择较高的检验水平。

（4）检验费用（包括人力、物力、时间等）较低时，宜选用高的检验水平；检验费用较高时，可根据实际情况选用低的检验水平。

（5）产品品质不稳定、波动大时，宜选用高的检验水平；产品品质稳定、波动小时，宜选用低的检验水平。

（6）破坏性检验或严重降低产品性能的检验，宜选用低的检验水平。

（7）对于历史资料不多的试制品，必须选择高的检验水平；间断生产的产品，宜选择高的检验水平。

129 IL（检验水平）的选择条件

IL（检验水平）的选择条件如表 6-17 所示。

表 6-17 IL（检验水平）的选择条件

检验水平	选择条件
检验水平Ⅰ	（1）即使降低判断的准确性，对客户使用该产品也无明显影响 （2）单位产品的价格较低

(续表)

检验水平	选择条件
检验水平 I	(3) 产品生产过程比较稳定，随机因素影响较小 (4) 各个交检批之间的品质状况波动较小 (5) 交检批内的产品品质比较均衡 (6) 产品不合格时，带来的危险性较小
检验水平 III	(1) 客户在产品的使用上有特殊要求 (2) 单位产品价格较高 (3) 产品品质在生产过程中易受随机因素的影响 (4) 各个交检批之间的品质状况有较大波动 (5) 各个交检批之间的品质有较大的差别 (6) 产品不合格时，平均处理费用远远超过检验费用 (7) 品质状况把握不大的新产品
特殊检验水平	(1) 检验费用非常高 (2) 贵重产品的破坏性检验 (3) 宁愿增加对批次品质误判的风险，也要尽可能减少样本量

当有必要提高方案的鉴别力时，应选择较高的检验水平；当必须减少样本数量时，可以选择较低的检验水平。特殊检验水平主要用于必须使用小样本量的场合，在这种情况下，风险将难以避免。

130 确定检验水平时要考虑的因素

在确定检验水平时，品质经理应综合考虑以下因素。

(1) 产品的复杂程度及维修难易程度。

(2) 产品的重要程度。

(3) 生产过程比较稳定时，要考虑该产品过去的品质状况。

(4) 产品的实际价值和检验、试验费用。

(5) 检验、试验是破坏性的还是非破坏性的。

(6) 接收不合格品可能造成的损失。

(7) 可供选择的几种检验水平对供需双方可能提供的保护。

(8) 批量大小。

131　接收质量限（AQL）的表示

接收质量限（Acceptable Quality Limit，AQL）也称"品质允收水准"，它表示连续提交批平均不合格率的上限值，它是计数调整型抽样检验对交验批的品质标准。在GB/T2828.1-2012中，接收质量限被当作一个检索工具使用。

AQL以每百单位产品的不合格品数或不合格数表示。在数值上，它等于过程平均不合格品率上限值p，它是不允许再坏的批品质平均值。

AQL共有以下26档：0.010，0.015，0.025，0.040，0.065，0.10，0.15，0.25，0.40，0.65，1.0，1.5，2.5，4.0，6.5，10，15，25，40，65，100，150，250，400，650和1000。各档的适用范围如下。

（1）AQL ≤ 10时，对计件、计点都适用，AQL既可表示100件产品中的不合格品数，也可表示100件产品中的不合格数。

（2）当AQL > 10时，适用于计点数据，AQL表示100件产品中的不合格数。

在计件数据中，p值以"%"表示。例如，AQL=0.010，实为0.010%，即合格批的不合格品率上限值为0.010%（万分之一）。

132　接收质量限（AQL）值的确定

1．AQL值的确定方式

AQL值应在产品技术条件、订购合同或其他有关技术文件中被予以明确规定，或者由相关负责部门规定，或者由生产方与使用方协商确定。

2．选择原则

GB/T2828.1-2012附表中给出的AQL值被称为"优先的AQL系列"。

当指定对某一产品进行检验的AQL是以下这些优先的AQL当中之一时，就可以使用这些表。

（1）重要程度：AQL（A类）< AQL（B类）< AQL（C类）。

（2）检验项目：AQL（少）< AQL（多）。

（3）AQL（军用产品）< AQL（民用产品）。

（4）AQL（电器性能）< AQL（机械性能）< AQL（外观）。

（5）AQL（原材料、零部件）< AQL（成品）。

3．AQL 严格程度

产品检验的严格程度主要取决于 AQL 值的大小。

（1）对于严重不合格类别，AQL 值应小一些；对于轻微不合格类别，AQL 值应大一些。

（2）当同类检品的品质特征比较多，相互之间又有一定程度的差别时，可以划分不同程度的子类别，但子类别的 AQL 值不能大于该类别规定的 AQL 值。

（3）规定一个 AQL 值，这就意味着批次中允许有一定数量的不合格品（或不合格数），所以非单独进行检验的任何类别的不合格，不得单独规定 AQL 值。

（4）有时候，除必须对重要类别的不合格进行规定，为了保证批次能达到一定的品质水平，还应对包括这个类别在内的所有不合格规定一个 AQL 值。

（5）当产品很复杂且有很多独立的品质特征需要单独检验时，可以对这些需要单独检验的品质特征所构成的不合格分别规定 AQL 值。

（6）成品的 AQL 值一般大于构成该成品的零部件或元器件的 AQL 值。

（7）10 以下的 AQL 值适用于不合格品百分数的检验，也适用于每百单位产品不合格数的检验。10 以上的 AQL 值只适用于每百单位产品不合格数的检验。

4．AQL 参考值

（1）不同产品的 AQL 参考值如表 6-18 所示。

表 6-18　不同产品的 AQL 参考值

使用要求	特高	高	中	低
AQL	≤0.1	≤0.65	≤2.5	≥4.0
适用范围	卫星、导弹、宇宙飞船	飞机、舰艇、重要工业产品、军工产品	一般工业、农业用品、一般军需用品	一般用品

（2）不同性能的 AQL 参考值如表 6-19 所示。

表 6-19　不同性能的 AQL 参考值

品质特性	电气性能	机械性能	外观品质
AQL	0.4~0.65	1.0~1.5	2.5~4.0

（3）不同检验项目数的 AQL 参考值如表 6-20 所示。

表 6-20　不同检验项目数的 AQL 参考值

轻微不合格品		严重不合格品	
检验项目数	AQL值	检验项目数	AQL值
1	0.65	1 ~ 2	0.25
2	1.0	3 ~ 4	0.4
3 ~ 4	1.5	5 ~ 7	0.65
5 ~ 7	2.5	8 ~ 11	1.0
8 ~ 18	4.0	12 ~ 19	1.5
19 以上	6.5	20 ~ 48	2.5
		49 以上	4.0

（4）不合格品种类的 AQL 参考值如表 6-21 所示。

表 6-21　不合格品种类的 AQL 参考值

企业	检验类别	不合格品种类	AQL值
一般工厂	进货检验	A、B 类不合格品	0.65, 1.5, 2.5
		C 类不合格品	4.0, 6.5
	成品出厂检验	A 类不合格品	1.5, 2.5
		B、C 类不合格品	4.0, 6.5

133　抽样方案的类型

抽样方案是一组特定的规则，用于对产品批次进行检验、判定，具体包括样本量 n 和判定数 Ac、Re。

在抽样检验的过程中，根据抽样方案对批次做出判定以前，允许抽取样本的个数分为一次、二次、多次等各种类型的抽样方案。

1．一次抽样方案

一次抽样方案用样本量、接收数和拒收数描述，简记为 n、Ac 和 Re。

2．二次抽样方案

由两个样本和判定数组组成，简记为 $n1$，$n2$；$Ac1$，$Re1$；$Ac2$，$Re2$。

3．多次抽样方案

由一个样本和判定数组组成，并规定 $n1=n2=\cdots=nq=0.25n$（n 是与之等效的一次抽样方案的样本量）。

GB/T2828.1-2012 规定最多抽样 5 次。

在 GB/T2828.1-2012 的 5 次抽样方案的主表中，有些抽样方案在接收的地方只有"＃"号，没有数字，这表示这些检验结果还不能对批次做出接收的判定，必须继续抽取样本进行检验，直到做出判定为止。如果不合格品数（或不合格数）或累计不合格品数（或累计不合格数）等于或大于拒收数，则可以判定为不接收。

134 比较抽样方案类型

抽样方案类型的比较内容如下。

（1）只要 AQL 和检验水平相同，产品批的判断能力也基本相同。

（2）产品批的品质明显的优或劣（与 AQL 相比）时，第二次抽样要比第一次抽样检验个数少得多，且第五次抽样比第二次抽样的检验个数还要少，平均样本量排序为：第一次＞第二次＞多次。检验费用排序为：第一次＞第二次＞多次。第二次和多次抽样个数随不合格率的变化而变化。

（3）检验的管理。第一次抽样方法简单，批次合格与否的误判可能性小；第二次抽样方法复杂，检验人员须经过专门的培训。

（4）心理效果。即使 OC 曲线相同，合格判定机会越大，心理上就越满意。从这种意义上来讲，第二次和多次抽样要比第一次抽样的心理效果要好。

135 确定抽样检验方案

1．三种严格程度的抽样方案

GB/T2828.1-2012 规定了三种严格程度不同的抽样方案。企业可以根据自身的实际情况采用两种或三种严格程度不同的抽样方案，即正常和加严检验抽样方案以及正常、加严和放宽检验抽样方案，如表 6-22 所示。

表 6-22 三种严格程度的抽样方案

内容	具体说明
正常检验	当品质水平优于AQL值时，防止生产方不被接收的批次比例过高宜采用正常检验
加严检验	加严检验必须是强制性的，目的是保护使用方。在同一抽样计划中，加严检验抽样方案的主要特点是接收标准比正常检验更严格，以此提高品质要求，降低使用方的风险
放宽检验	当产品品质一贯优于AQL规定的品质水平，且通过检验已经得到了证实，并有证据证明这样好的品质能继续保持下去的时候，才能实施放宽检验，因此，放宽检验是非强制性的

2．转移规则

转移规则如图 6-33 所示。

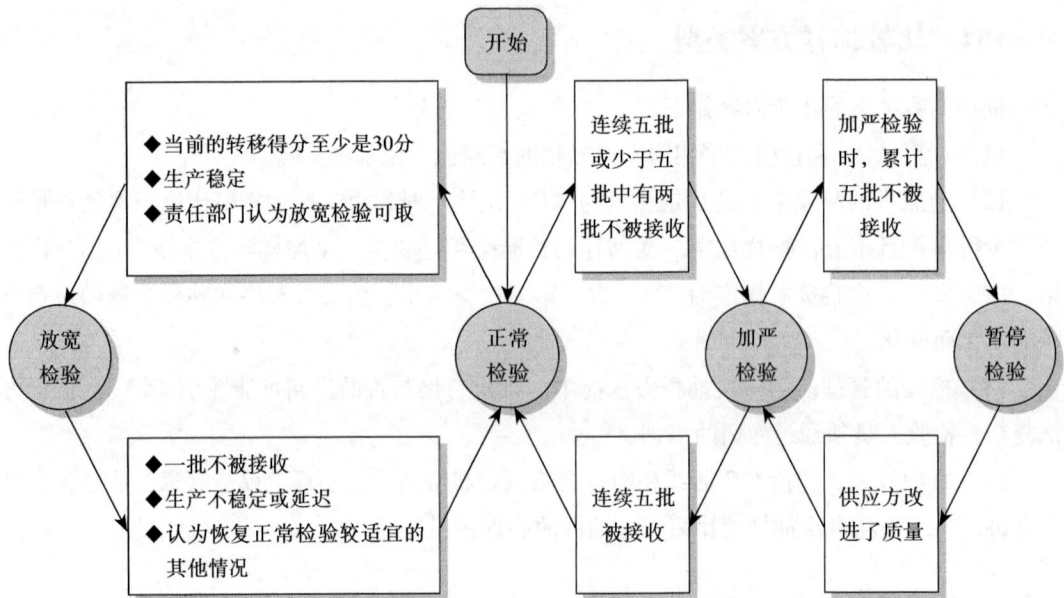

图 6-33 转移规则

（1）除非另有规定，检验开始时应使用正常检验。

（2）由正常检验到加严检验。由正常检验转入加严检验的规则为：当采用正常检验时，只要初次正常检验中连续五批或少于五批中有两批是不可接收的，就要转为加严检验。

例如，若正常检验结果为 1√，2√，3√，4×，5× 或 1√，2×，3√，4× 或 1×，2√，3× 就要转为加严检验。

（3）由加严检验到正常检验（不能是累计五批，有拒收时须重新计算）。当采用加严检验时，如果初次加严检验的连续五批已被接收，应恢复到正常检验。

（4）暂停检验。如果在初次加严检验的一系列连续批次中未接收批的累计数达到五批，应暂停检验。直到供应方采取行动改进产品与服务的质量，且相关部门认为此行动可能有效时，才能恢复本部分的检验程序。

例如，若初次检验加严结果为 $1\checkmark$，$2\checkmark$，$3\times$，$4\checkmark$，$5\times$，$6\checkmark$，$7\times$，$8\times$，$9\checkmark$，$10\times$ 时，应暂停检验。

（5）暂停检验后的恢复。暂停检验后，若生产方确实采取了积极措施使检验批达到或超过规定的品质要求，则可恢复检验，检验从加严检验开始。

（6）由正常检验到放宽检验。

①实施放宽检验须具备以下几个条件：

◆当前的转移得分（GB/T2828.1-2012 中的 9.3.3.2）至少是 30 分；

◆生产稳定；

◆责任部门认为放宽检验可取。

②转移得分的计算。关于转移得分，GB/T2828.1-2012 规定：除非负责部门另有规定，否则在正常检验开始时就应计算转移得分。

在正常检验开始时，应将转移得分设定为 0 分，而在检验每个后续批次以后，应更新转移得分。

对于一次抽样方案，当接收数等于或大于 2 时，如果当 AQL 值加严一级后该批次被接收，则转移得分加 3 分，否则将转移得分重新设定为 0 分。当接收数为 0 或 1 时，如果该批接收，则转移得分加 2 分，否则将转移得分重新设定为 0 分。

（7）放宽检验到正常检验。当执行放宽检验时，如果初次检验出现下列几种情况，应恢复正常检验。

①一个批未被接收。

②生产不稳定、生产中断后恢复生产。

③有恢复正常检验的其他正当理由。

136 检索抽样检验方案

1. 确定样本量字码

根据批量 N 和检验水平 IL，由在 GB/T2828.1-2012 的表 1 "样本字码表" 中检索出字码。

2．确定抽样检验表

根据检索出的字码和规定的 AQL 值以及规定的方案类型，在相应的主表中直接检索出抽样方案。

3．检验抽样方案

用交叉检索法在抽样表中查找抽样方案的方法如下。

（1）根据样本量字码，在抽样表第一列样本量字码栏确定行数。

（2）根据接收质量限 AQL，在表头 AQL 数值栏确定列数。

（3）从确定的行向右，再从确定的列向下，找出交叉点。

①如果交叉点为一组数字，那么交叉点方框内的数字即判定数组。与此同时，在该行查出样本量的数值，样本量与判定数组构成了抽样方案。

②如果交叉点为箭头，那么沿箭头所指的方向继续查，直到查到一组数字为止，这一组数字即判定数组。与此同时，在判定数组的同一行查出样本量的数值，样本量与判定数组构成了抽样方案。

方案检索口诀："遇到箭头时，跟着箭头走，见数就停留，同行是方案，千万别回头。"

4．注意事项

同一种产品有多种类型的不合格，应对方法如下。

（1）根据规定的批量、检验水平，对不同的不合格品分别规定 AQL 值，在相应的主表中检索各自的抽样方案。

（2）当等级不同的不合格品数（或不合格数）有不同的样本量字码时，为了方便管理，最好将抽样方案中样本量最大的字码作为所有等级不合格品数（或不合格数）的样本量字码。

以下是某工厂的抽样方案，供读者参考。

【实用案例】

抽样方案

某工厂出货检验采用GB/T2828.1-2012规定，A类不合格品的AQL=1.0，检验水平IL=Ⅲ，B类不合格品的AQL=4.0，检验水平IL=Ⅱ，求批量N=2000时的正常检验一次抽样方案。

解：

（1）各等级抽样方案的检索。

由"样本量字码表"查得N=2000，IL为Ⅱ时，A类、B类不合格品的样本量字码分别为L、K。

查GB/T2828.1-2012的表2—A"正常检验一次抽样方案"，据样本量字码L、K和AQL查得：

A类不合格品抽样方案为：n=200，Ac=5，Re=6。

B类不合格品抽样方案为：n=125，Ac=10，Re=11。

（2）样本量（字码）划一。

因为A类不合格品抽样方案的样本量200（L）大于B类不合格品抽样方案的样本量125（K），所以划一样本量（字码）为200（L）。

（3）确定抽样方案。

A类不合格品的抽样方案不变，仍为：n=200，Ac=5，Re=6。

B类不合格品的抽样方案，因样本量改为200，判定数组应重新检索。样本量200或字码L所在的行与AQL=4.0所在的列相交处的判定数组为（14，15），这是更改后的判定数组，B类不合格品的抽样方案变为：n=200，Ac=14，Re=15。

结果：

A类不合格品抽样方案为：n=200，Ac=5，Re=6。

B类不合格品抽样方案为：n=200，Ac=14，Re=15。

（4）样本量超过批量。

如果样本量超出了批量，应以整批作为样本，接收数Ac为0，即对整批进行全数检验，一旦发现不合格品，应判定该批产品不可接收。

137　抽样检验最终判定

在抽样检验中，相关人员根据抽样方案规定的样本量从批次中随机抽取样本，对样本逐个进行检验。将检验中发现的不合格品数（或不合格数）或累计不合格品数（或累计不合格数）与方案规定的判定数组进行对比后，就可以对该批次做出判定。

下面是某产品的抽样检验方案及其判定结果，供读者参考。

【实用案例】

抽样检验最终判定

某批产品规定批量N=1000，检验水平IL=Ⅱ，A类不合格品（严重不合格品）的AQL=1.0，B类不合格品（轻微不合格品）的AQL=4.0，按正常检验一次抽样方案进行检验，发现1个单位产品中有两个A类不合格，1个B类不合格；2个单位产品中各有1个A类不合格，1个B类不合格；1个单位产品中各有两个B类不合格。判断所检验批次产品是否可接收。

判定结果见下表。

抽样方案与判定结果表

不合格品类别	AQL	抽样方案			检验判定		
		n	Ac	Re	不合格品数d	单项判定	对该批的判定
A类不合格品	1.0	80	2	3	1×2+2×1=4	不可接收	由于A类不合格品被判定为不可接收，所以整批被判定为不可接收
B类不合格品	4.0	80	7	8	1+2×1+1×2=5	可接收	

138　抽样检验后的处理工作

抽样检验后的处理工作如表6-23所示。

表6-23　抽样检验后的处理工作

内容	具体说明
合格批的处理	（1）检验合格的批次，样本中发现的不合格品要及时更换或返工修理 （2）合格批整批接收，入库或转入下道工序
不合格批的处理	（1）退货或返工 （2）全部更换不合格品或修复不合格品 （3）检验部门对产品进行全检，找出不合格品 （4）报废处理 （5）让步接收

（续表）

内容	具体说明
再次提交检验的处理	对合格批中的不合格品及不合格批进行处理后，可允许再次提交检验。为了防止再次出现不合格品，必要时应采取以下纠正措施： 　　（1）经过返工修理和累积一定时期以后，可以作为混合批重新提交，但必须对所有品质特性进行重新检验。检验的严格性由相关部门视情况而定，但不得采用放宽检验 　　（2）经过返工修理，可以返回原批次重新提交 　　（3）由生产方按照批准的超差品处理办法重新提交 　　（4）按照生产方与使用方协商确定的办法处理 　　（5）由生产方做废品处理

第七章　进料品质管理

导读 >>>

进料品质管理是企业品质控制的第一关。如果收到了不符合要求的物料，必然会给后续的生产带来麻烦。因此，品质经理要严格控制进料品质。

Q先生：A经理，我认为要想控制好进料品质，就必须控制好供应商的品质，只有选择好的供应商，才能让企业获得好的物料，对吗？

A经理：你说得很对。一般来说，供应商由采购部筛选，作为品质经理，你要负责控制进料品质。

Q先生：具体该如何开展进料检验工作呢？

A经理：首先，你要了解各类基本进料的检测点。然后，你要划分进料检验职责。你可以设立专门的进料检验部门，即IQC部门，明确各岗位人员的职责。你还要选择好检验场地，明确进料检验流程，并配备一些进料检验设备。最后，你要处理好进料检验结果。

第一节 供应商品质控制

139 供应商审核的类别及其目的

企业对供应商的审核应作为一种制度化的措施。供应商审核的类别及其目的如图 7-1 所示。

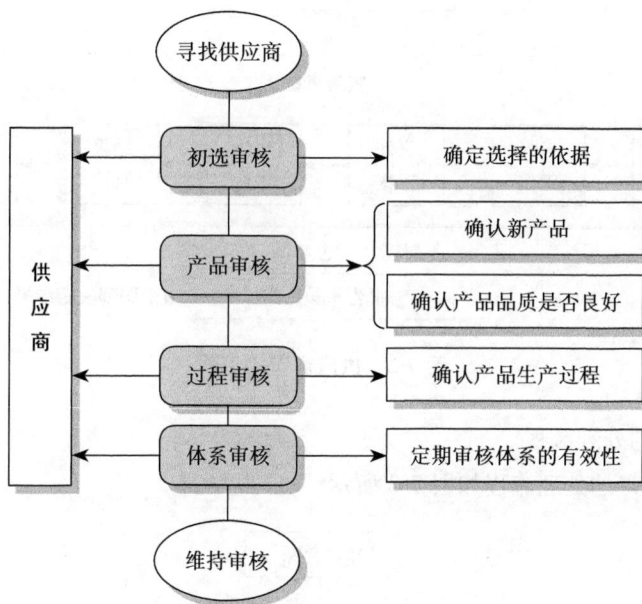

图 7-1 供应商审核的类别及其目的

140 供应商的初选审核

在新的供应商开始供货之前，企业要组织人员对其进行审核，审核的目的是证实供应商的生产能力及其质量管理体系的有效性，确保供应商能及时提供质量稳定、数量可靠和价格低廉的产品。

审核应由采购部牵头，由品质部主导。审核的主要内容是供应商的质量管理体系，审核的时机应选在得到送样以后、订单发出之前的适当时间。

1. 供应商审核流程

供应商审核流程如图 7-2 所示。

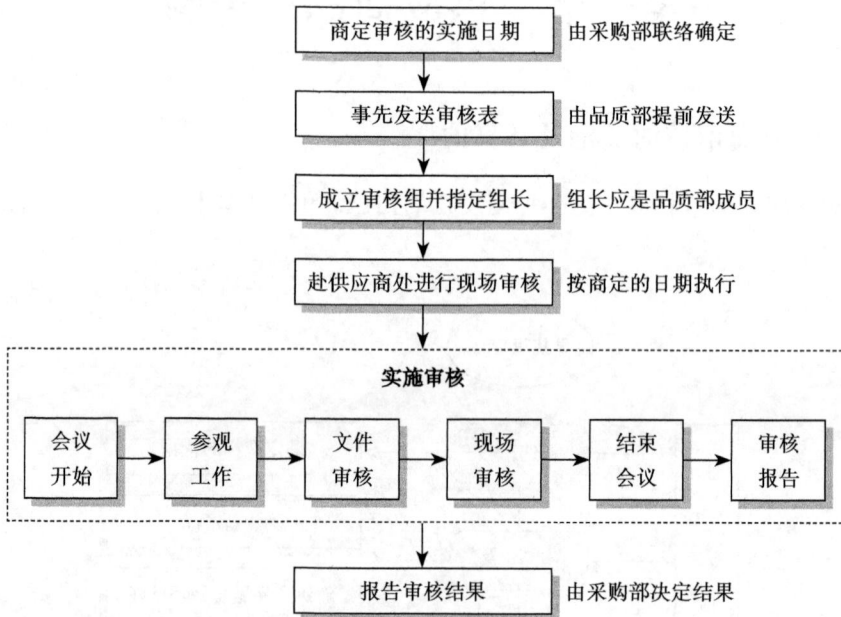

商定审核的实施日期	由采购部联络确定
事先发送审核表	由品质部提前发送
成立审核组并指定组长	组长应是品质部成员
赴供应商处进行现场审核	按商定的日期执行

实施审核

会议开始 → 参观工作 → 文件审核 → 现场审核 → 结束会议 → 审核报告

报告审核结果　由采购部决定结果

图 7-2　供应商审核流程

2. 审核结果的处理流程

供应商审核结果的处理流程如图 7-3 所示。

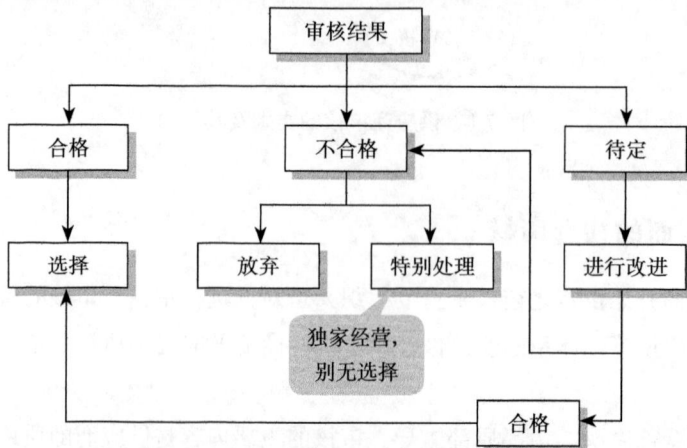

审核结果

合格　　不合格　　待定

选择　　放弃　　特别处理　　进行改进

独家经营，别无选择

合格

图 7-3　供应商审核结果的处理流程

141　供应商样品评审

1．供应商样品评审的目的

初步确定几家供应商后，如果这些供应商也有合作意向，企业应要求其提供样品，以便对样品进行评审，评审的目的如下。

（1）确认供应商提供的样品能否满足企业的要求。

（2）确认样品品质是否会因为模具磨损、工程更改和环境变化等原因而发生退化。

（3）确认样品是否能够满足客户的要求。

2．组建供应商样品评审小组

供应商样品评审小组通常由品质经理、主管或品质部工程师、品质部员工、采购部员工、生产部员工等组成，必要时还可邀请外部专家。

3．实施样品评审工作

在接到样品之前，评审小组应列出需要评审的目录。这个目录应涵盖产品的所有重要元素和功能，在确立目录之前，评审小组应收集每个参与其中的设计（开发）小组的意见并将他们的意见添加到目录中。

接到样品后，评审小组应检查在运输中发现的问题。完成这项工作之后，即可开始评审。评审小组在实施每一个评审步骤时都应记录所有可接受的和不可接受的检验结果。对于不复杂的产品，评审小组可使用标准的记录表格。

在评审样品的过程中，评审小组应考虑每一步的结果，以便将新的评审参数加到测试中去。然后，工程部、生产部和其他相关部门一起检查结果，并与供应商提供的结果进行比较，判断其中存在的问题。

评审结束后，相关人员应将文档发给供应商，要求其有针对性地进行改进。如果产品比较复杂，则有必要与供应商共同检查结果，以保证双方的测量具有一致性。

采购部负责与供应商协商，一旦改进措施被予以确定，应由采购部发给供应商。

4．编写样品评审报告

样品评审结束后，组长负责按要求撰写一份评审报告，主要内容如下。

（1）各种检查、试验记录（以附件的形式体现也可）。

（2）需要改善的事项。

（3）潜在问题的预防。

供应商样品评审报告的格式如表7-1所示。

表 7-1　供应商样品评审报告表

编号：　　　　　　　　　　　　　　　　　　　　　　　　日期：＿＿＿年＿月＿日

供应商名称：		抽样数量：					类别：		
产品名称：		产品规格：					结论：		
序号	项目	结果			事项说明	责任者	确认	备注
		认可	否决	其他				
要求事项：								
备注：								
组：		组员：						
开始日期：					完成日期：			

制表人：　　　　　　　　　　　　　评审人：

142　现场验厂

现场验厂是审核供应商产品品质最有效的方法之一，其目的是验证供应商的产品品质维持能力和供应能力。

验厂分为两个部分：一是文件审阅，审核供应商的品质控制系统是否完善；二是现场查看，审核供应商的现场操作是否按照品质管理体系执行，主要内容包括产品设计开发、产品品质控制和产品品质保障。

验厂的工作流程如下。

第一步：前往供应商处进行现场验厂之前必须制订验厂计划。

第二步：到现场后应先要求供应商召开一次验厂会议，供应商处所有与现场验厂相关的人员必须参加。

第三步：审核供应商品质管理体系。

第四步：查看供应商的现场。

第五步：与供应商召开一次验厂总结会议。

下面是某公司供应商验厂计划，供读者参考。

【实用案例】

某公司供应商验厂计划

×××公司供应商验厂计划				
供应商	日期	审核员		
××	2018年11月6日	××	××	××

计划安排：
9：00～9：30 首次会议
9：30～10：30 审核品质部
10：30～11：30 审核采购部
13：00～14：00 审核技术部
14：00～15：00 审核生产部
15：00～16：00 审核生产现场
16：00～17：00 末次会议
各部门主要负责人均须参加

审核员：×××

143 与供应商进行谈判

企业应根据样品评审和现场验厂结果列出符合要求的供应商，并分别与其谈判，谈判时应注意以下事项。

（1）谈判团队应由多个部门的人员组成，以采购部为主，品质部、生产部等部门也需参与。

（2）谈判时企业应考虑到产品的所有情况，以免因为遗漏给后续供应带来麻烦。

（3）与多家供应商的谈判可以分批进行，但要提前安排好谈判时间。

144 签订品质保证协议

企业最终确定供应商后要及时通知该供应商，并与之签订协议。品质经理要重点关注品质保证协议，这是控制供应商产品品质的重要方式。

品质保证协议往往是供应商合同的一部分。品质保证协议应包含以下内容。

（1）产品品质控制方法。

（2）产品要求的品质标准。

（3）技术要求的确认和变更。

（4）验收方式。

（5）不合格品的处理。

（6）品质目标。

（7）发生品质问题时的应对措施。

（8）保守技术机密。

（9）违约责任。

145 产品定期审核

对于供应商提供的产品，企业在批准供应商进行批量生产时要实施首次审核，以后要按计划进行定期审核。这种计划一般是年度计划，每件产品每年审核一次，具体实施方法取决于该产品的重要程度和品质状态。

1．产品审核的目的

（1）确认产品能否满足企业的要求；

（2）定期确认批量供应的产品的品质是否会因为模具磨损、工程更改和环境变化等原因发生退化；

（3）定期确认批量生产的产品能否满足客户的要求，并确认不会因为市场的发展而被淘汰。

2．产品审核的时机

产品审核的时机如图 7-4 所示。

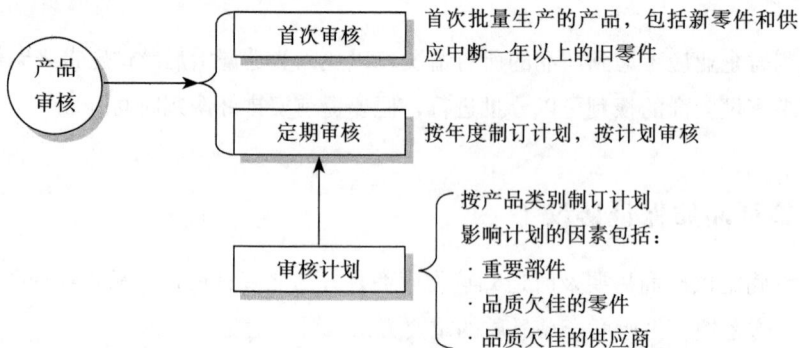

图 7-4 产品审核的时机

3．建立产品审核小组

产品审核小组由组长和组员组成，一般由品质部和工程技术部的人员担任，人数根据被审产品的复杂程度决定，具体如图 7-5 所示。

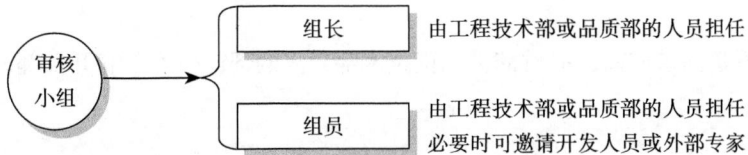

图 7-5　产品审核小组的成员构成

4．产品审核的流程图

产品审核的流程如图 7-6 所示。

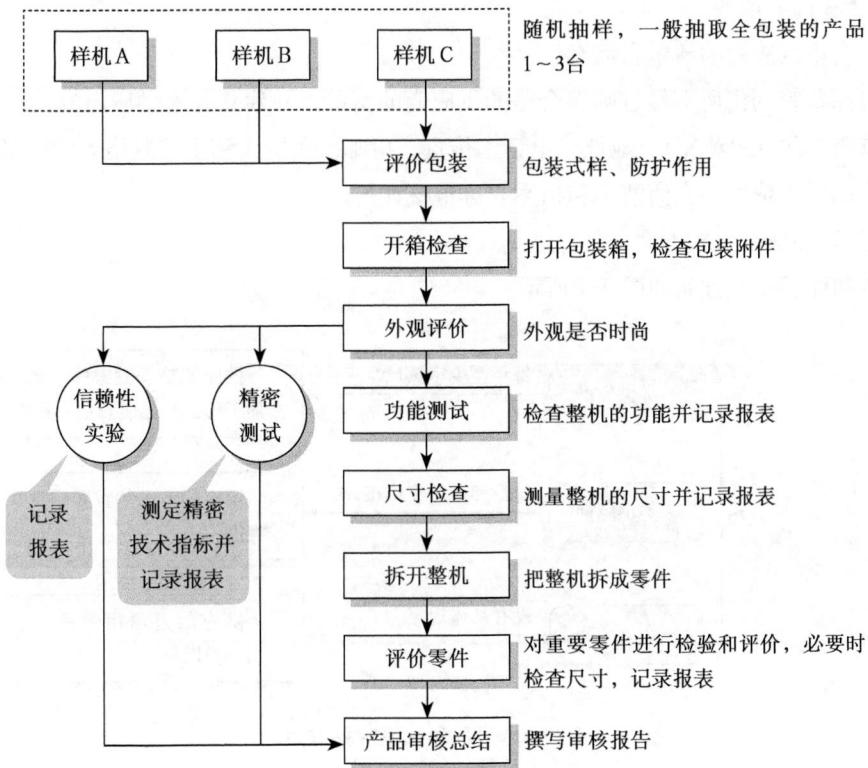

图 7-6　产品审核的流程

146　供应商产品审核报告

在产品审核完成后，由组长负责撰写审核报告，报告要按格式撰写，须包括以下内容：各种检查与审核的结论、实验记录（附件形式也可）、需要改善的事项和潜在问题的预防。

审核报告要发送到供应商、品质部、工程技术部、采购部、生产部和开发部。

147　过程和体系审核

企业对供应商的过程和体系的审核可以同时进行，而且这种审核要与产品审核相互配合，以达到促进供应商改进品质的目的。凡是对供应商进行的审核，其重要程度是与供应商所供应产品的重要程度密切相关的，体系和过程审核也一样。

1．审核前的准备

(1) 合格供应商的清单和档案。

市场部负责列出所有经过筛选合格的供应商的清单，并建立各家供应商的档案。清单应包含供应商名称（中英文）、地址、电话、传真、电邮、负责人和主要联络人的姓名。

(2) 品质部依据供应商清单和档案安排审核计划。

2．过程和体系审核方案

过程和体系审核方案如图 7-7 所示。

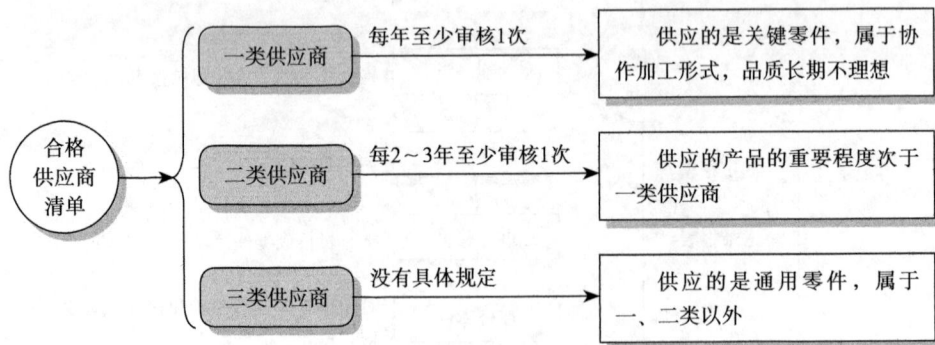

图 7-7　过程和体系审核方案

3．审核报告

在审核完成后，审核组长负责撰写审核报告，报告要按格式撰写，须包括以下的内容：

审核结论、需要改善的事项、潜在问题的预防和审核过程中发现的优缺点。

审核报告要发送到供应商、品质部、工程技术部、采购部和生产部。

148 供应商品质评价与分级

评价供应商是指对供应商供应的产品的品质进行评价，以促进其不断改良产品。评价的方式如下：

（1）以月为单位，对供应商送交的产品实施品质评价；

（2）针对评价结果，既可以独立采取措施，也可以和采购部共同采取措施；

（3）每月的评价结果在下个月的 20 日前出炉并及时通报；

（4）评价时采取进料检验与生产返纳不良率相结合的方式进行；

（5）对照不良率与级别表划分等级，如图 7-8 所示。

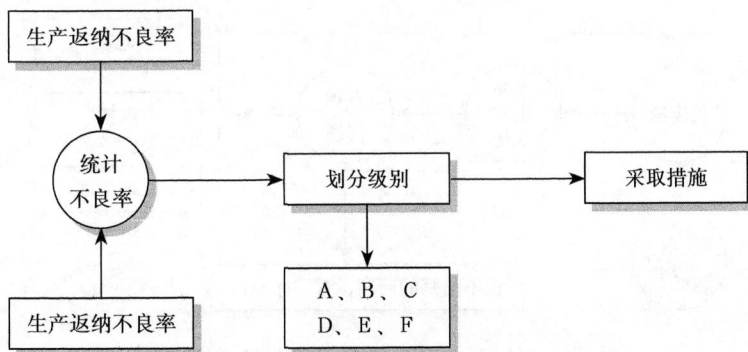

图 7-8　供应商品质评价与分级

149 适时对供应商进行品质指导

1．品质指导的方式

品质指导的方式主要有下列三种。

（1）专题培训。专题培训的操作流程如图 7-9 所示。

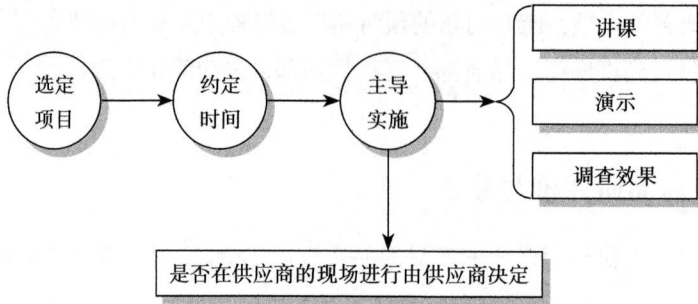

图 7-9　专题培训的操作流程

（2）通过电话、传真进行指导。准备好指导资料，用电话或传真传达给供应商，事后在适当的时间（一般 3 ～ 5 天）用电话追踪、确认效果即可。

（3）让供应商派人在生产现场观看。约定供应商观看生产现场的操作流程如图 7-10所示。

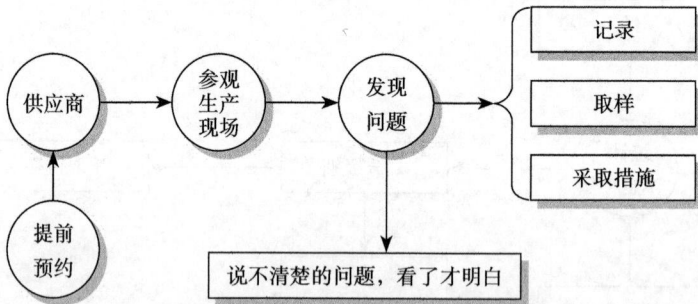

图 7-10　约定供应商观看生产现场的操作流程

2．实施品质指导的时机

在三种情况下必须实施品质指导，如图 7-11 所示。

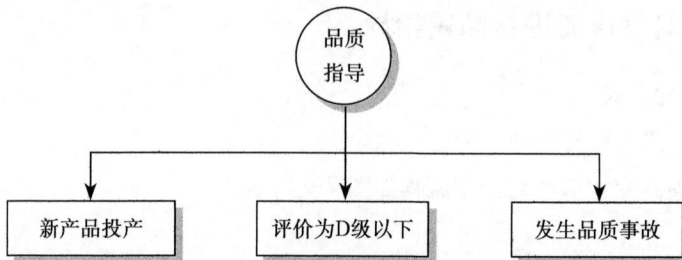

图 7-11　实施品质指导的时机

150 派驻检验人员到供应商处

企业派驻检验人员到供应商处既可以降低供应商的品质成本，又可以间接降低企业的采购成本。

1．派驻检验人员的优点

（1）降低供应商可能产生的损失，节省运输、返工的时间。

（2）可以在进料产品包装以前发现和判定品质问题。

（3）可以精简企业的 IQC 部门和人员。

（4）对企业实现进料零库存的目标有一定的帮助。

（5）进料时间（即交期）更有保障。

（6）简化企业采购部门的职能，减少采购风险。

（7）可以根据企业实际状况及 IQC 检验状况专门加强检验某个项目，针对性更强。

2．派驻检验人员的缺点

派驻检验人员也有以下缺点。

（1）若供应商太多，企业就会派出很多人员，相对成本更高。派出检验人员在供应商处不利于对品质问题进行具体分析。另外，在供应商交货的运输过程中出现的品质变异难以确定，企业将承担一定的后段品质风险。

（2）检验人员较长时间待在供应商处，企业不便管理，同时会削弱检验人员的归属感和团队精神。

（3）检验人员必须是非常有经验的人员，企业须对其进行前期培训，前期成本就会有所增加。

（4）不利于采购部门寻找更多、更合适的供应商，供应商之间不易形成更有利于企业的竞争机制。

（5）供应商距离较远时无法实施。

（6）若供应商为大型企业或中型企业，则不宜采用此方法；若供应商为小型企业，则可采用此方法。派出的检验人员可能会与供应商之间存在沟通障碍，大型企业因产量、产能原因没有必要接纳专职的检验人员。

（7）检验人员不宜长期驻于一家供应商，否则检验人员与供应商之间容易形成"特殊关系"；向不同行业的供应商派驻的检验人员不宜调换，否则容易因专业性不够而使检验形同虚设。

（8）只适用于长期、稳定合作的供应商。

151　处理派出检验人员的抱怨

1．聆听派出检验人员的抱怨

派出检验人员驻守在供应商处是一个很好的控制供应商产品质量的方法，也是目前许多企业采用的方法。如果与派出检验人员深入交谈，品质经理一定会发现他们或多或少存在以下抱怨。

（1）企业给他们的自由很少。

（2）他们开支报告中的每一个数目都会受到责问。

（3）企业给他们的指导性计划不清楚，他们却必须为每一个错误负责。

（4）他们与企业本部交流的方式仅仅是谴责或分配任务。

（5）企业本部人员不经过他们便直接与供应商接洽并运送货物。

（6）纠正措施难以执行，因为企业对他们提出的问题和建议常常充耳不闻。

（7）当他们回到企业希望获得指导时，没人理会他们。

（8）企业各部门往往只是指出他们的错误，却很少向他们提供信息和培训。

以上这些抱怨体现了派出检验人员的无助。

2．处理派出检验人员抱怨的方法

（1）改变企业本部人员与派出检验人员之间的关系

①所有的派出检验人员每年至少回企业两次以便获得指导，在回来之前应向部门经理提交一份具体日程安排，以便相关活动始终遵照这一安排进行。

②控制供应商的整体计划由派出检验人员代表和企业本部的品质工程师共同确定。

充分的交流、管理层定期对派出机构的走访将使现状得到明显改善。如有可能，在假期或派出的检验人员生病时让企业本部的其他人员替换一下，也是一个很好的方法。

（2）为派出检验人员建立一个更有针对性的工作方法。

企业要想为派出检验人员建立一个更有针对性的工作方法，首先要让他们明白自己的义务。

企业向供应商派出的检验人员必须对该行业有充分的了解，必须了解各部件如何组合，以及这样组合的原因，必须对产品的最终用途有充分的了解，还应该拥有良好的教育背景。供应商可能对企业的整个运作体系知之甚少，因此派出检验人员必须善于表达。

派出检验人员应在企业从事过品质管理工作或进料验收工作，还应该了解企业的经营理念。

第二节　IQC部门的作业安排

152　IQC的工作流程

IQC 的工作流程如图 7-12 所示。

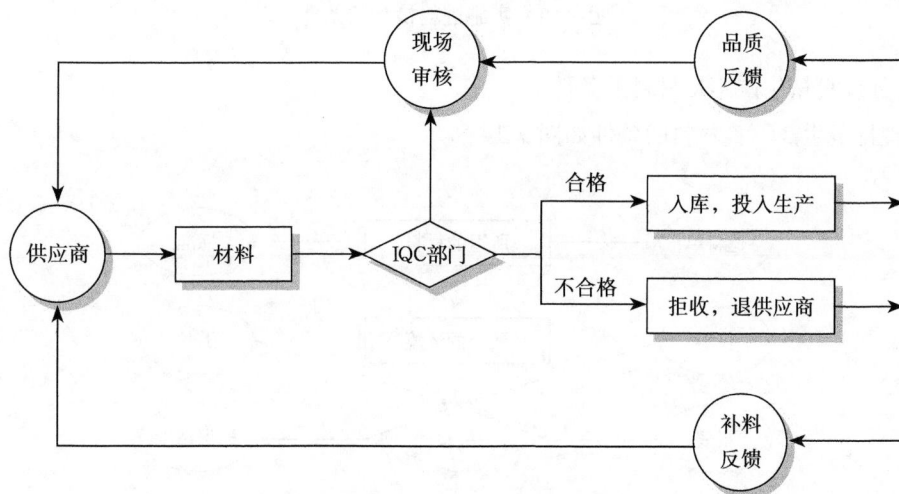

图 7-12　IQC 的工作流程

153　IQC的作业条件

IQC 的作业条件对作业效果的影响很大。以作业的依据为例，企业若使用了旧版本的标准，则会造成判定失误；若使用了精度不够的卡尺，也会造成错判。所以，企业应明确规定 IQC 的作业条件，确保相关工作顺利开展。

1．进料检验的条件

实施进料检验的条件如图 7-13 所示。

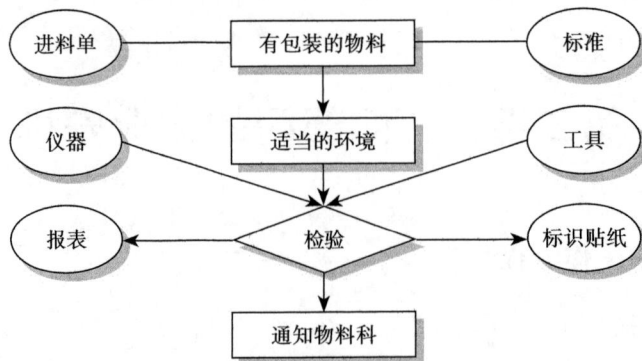

图 7-13　实施进料检验的条件

2．处理批量生产不良材料的条件

处理批量生产不良材料的条件如图 7-14 所示。

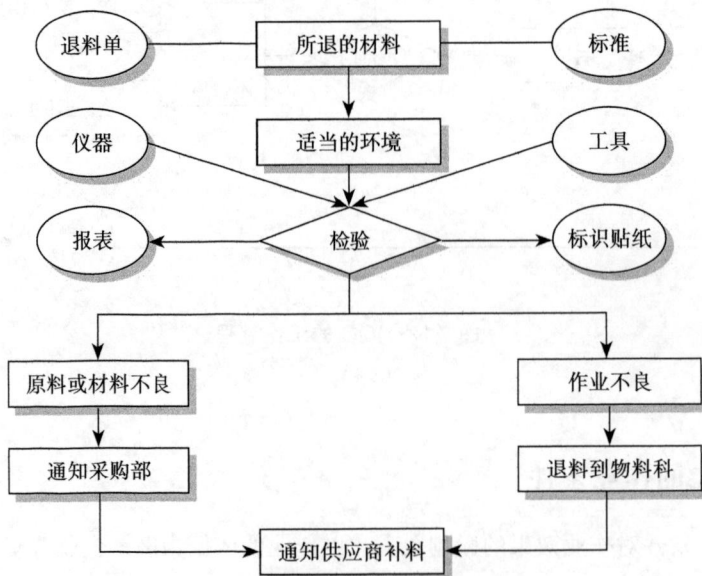

图 7-14　处理批量生产不良材料的条件

图 7-14 提示我们，生产中不良品的检验条件与进料检验条件相当，只不过需要提供的是退料单，还要区分不良的原因是什么。若是原料或材料不良，则责任属于供应商，须通知采购部后要求供应商无偿补料。

若是材料在制造过程发生的不良，则责任属于本企业，须通知物料科后要求供应商有偿补料。

154 IQC的作业时机

1．进料检验

进料检验要在物料科预收后、材料正式入仓前进行。进料检验的时机如图 7-15 所示。

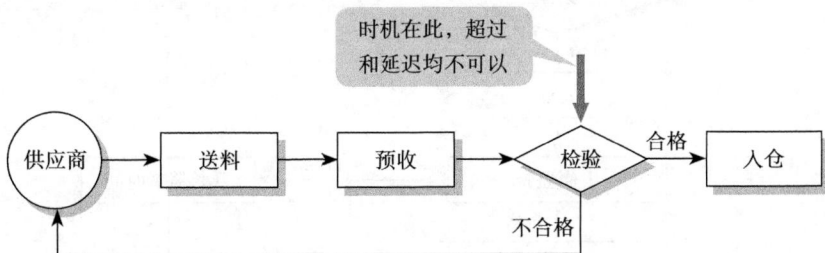

时机在此，超过
和延迟均不可以

供应商 → 送料 → 预收 → 检验 → 合格 → 入仓

不合格

图 7-15 进料检验的时机

IQC 部门在执行进料检验时，要遵循紧急材料优先检验、普通材料按计划检验、全检的材料定量且按计划检验的原则。

2．生产中发生的不良原料或材料

生产中发生的不良原料或材料要在退入仓后进行确认检验，检验生产中发生的不良原料或材料的时机如图 7-16 所示。

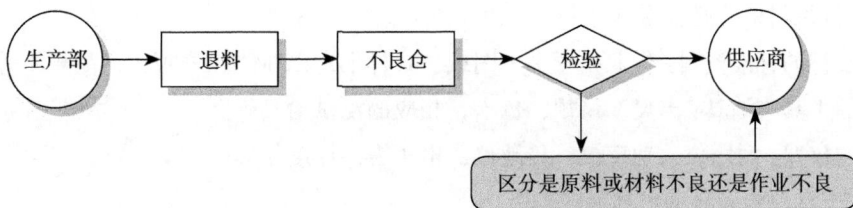

生产部 → 退料 → 不良仓 → 检验 → 供应商

区分是原料或材料不良还是作业不良

图 7-16 检验生产中发生的不良原料或材料的时机

155 IQC作业必备资格

企业应对原料或材料品质状况具有判定权的检查人员授予资格，资格证失效或未取得资格的人员不得从事该项工作。授予资格的程序如图 7-17 所示。

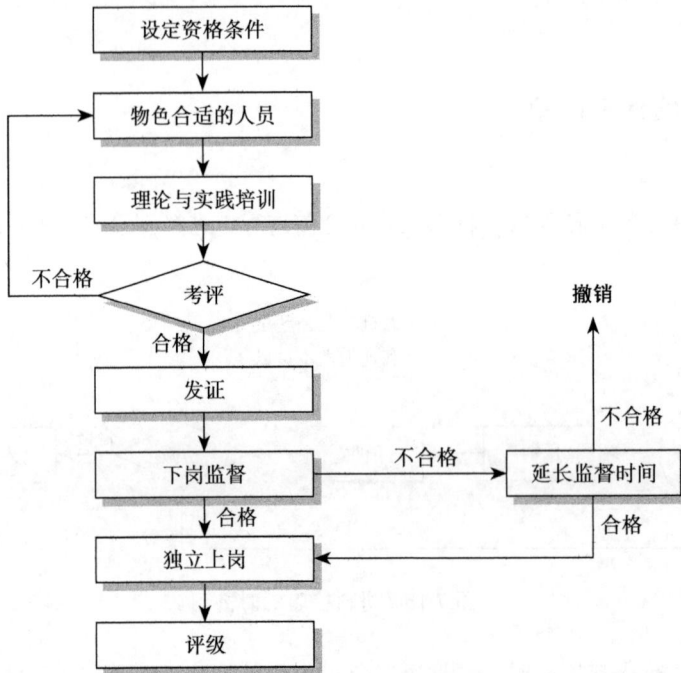

图 7-17 授予资格的程序

156 IQC作业必备用具与条件

1．批量材料检验必备用具

受控发行的标准资料：作业指导书、图纸、式样书、BOM[①]、样板、产品规格等。

有效的工具与治具：卡尺、量规、色卡，相应的测试治具等。

合格的仪器：耐压仪、功率仪、接地仪、电压表、厚度仪等。

2．试产材料检验必备用具

开发部批注的资料：图纸、式样书、BOM、规格等。

有效的工具：卡尺、量规、色卡等。

---

① BOM全称为"Bill of Material"，即物料清单。

合格的仪器：根据需要选定校准的仪器等。

3．有要求时的环境与设施条件

外观检验：40 瓦日光灯下，30 ～ 50 厘米的距离。

功能检查：屏蔽房、无尘室、防静电。

组装检查：使用距离本批送料最近的批次中的合格材料，没有时可使用标准样板组装。

受控发行的标准资料：作业指导书、图纸、式样书、BOM、样板、产品规格等。

有效的工具与治具：卡尺、量规、色卡，相应的测试治具等。

合格的仪器：耐压仪、功率仪、接地仪、电压表、厚度仪等。

4．供应商须提供的资料

供应商须提供的资料包括检验报告、QC PASS 报告或贴纸、说明书、服务卡、拆开包装后的再包装用材料等。

157 IQC部门对普通材料的常规检查流程

IQC 部门对普通材料的常规检查流程如图 7-18 所示。

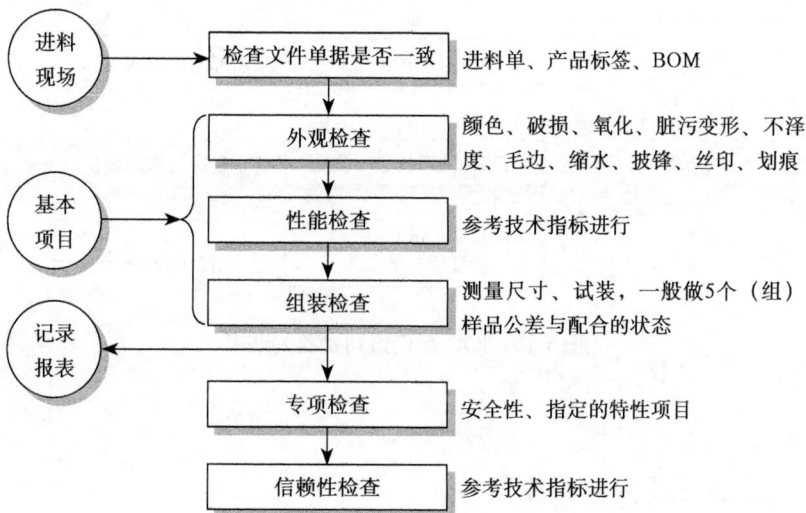

图 7-18　IQC 部门对普通材料的常规检查流程

158　IQC部门进料检验的节奏

为了保持进料检验的效果，IQC 部门必须使检查过程的各个步骤相互配合，并保持一定的节奏，如图 7-19 所示。

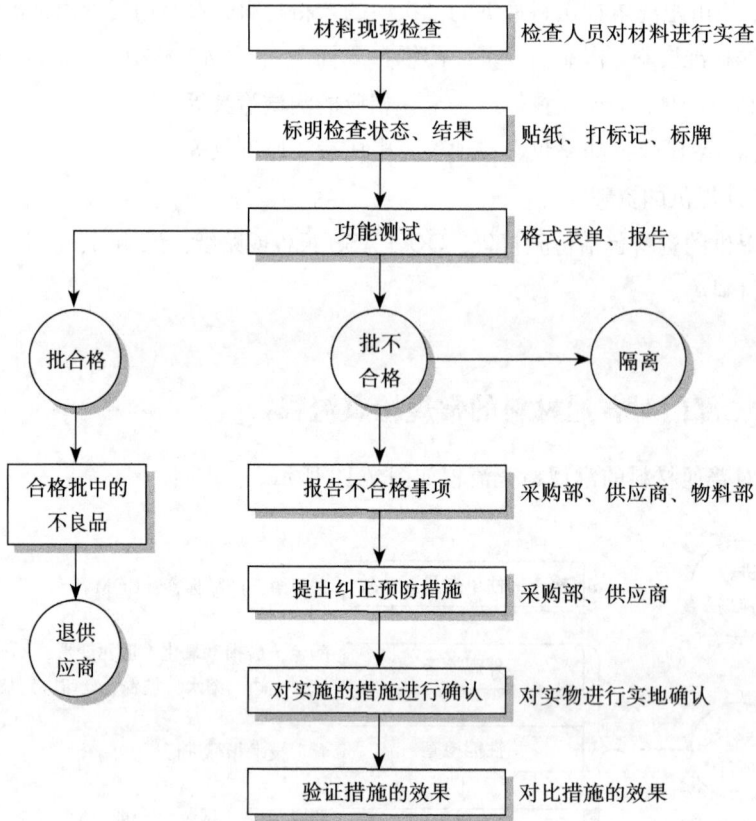

图 7-19　IQC 部门进料检验的节奏

159　IQC部门进料检验处理

企业应尽快处理 IQC 部门进料检验结果，处理流程如图 7-20 所示。

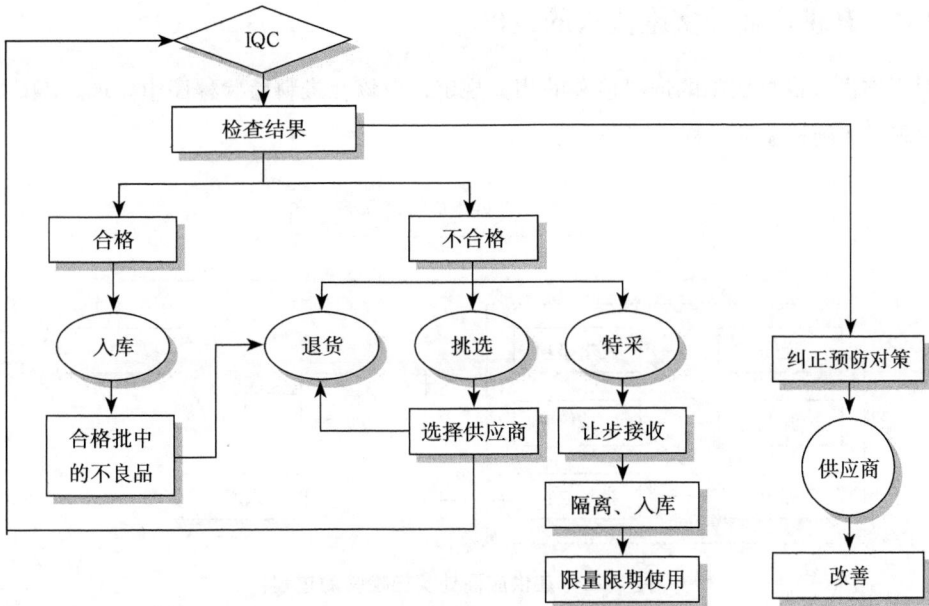

图 7-20　IQC 进料检验结果处理流程

160　对合格批中不良品的处理

合格批中不良品的处理方法如图 7-21 所示。

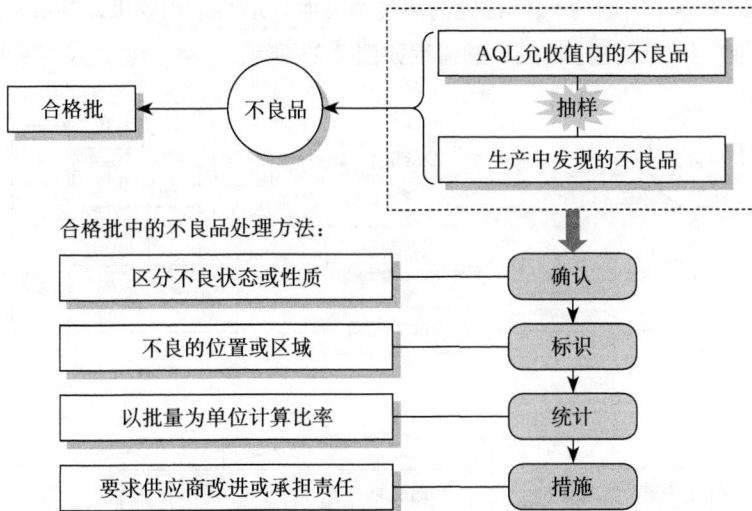

图 7-21　合格批中不良品的处理方法

161 在供应商处实施检查的过程

对于在供应商处实施的进料检验的相关规定，应该在进料检验程序中体现。IQC 人员在供应商现场实施检验的过程如图 7-22 所示。

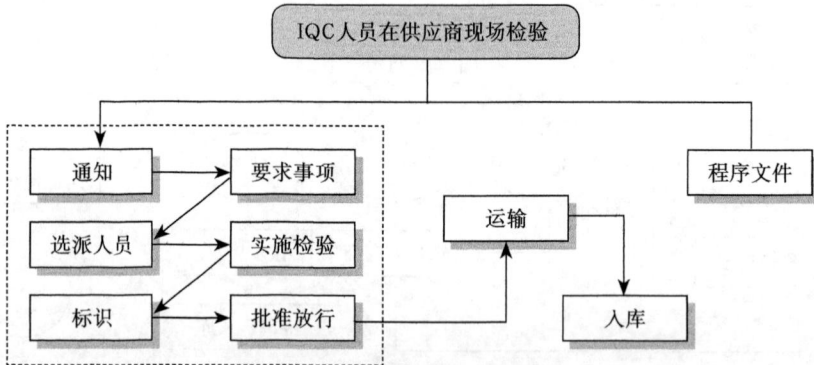

图 7-22 在供应商处实施检验的过程

162 持续改进进料品质

改进进料品质的责任者是供应商，而不是 IQC 人员，许多人常常把这一点搞错。IQC 部门的职责是使企业掌握主动权，也就是把供应商的被动改善变成企业要求下的主动改善。值得注意的是，千万不要因为 IQC 检验的不良率高而否定其工作效果，其实，这恰恰是 IQC 部门的价值所在。持续改进进料品质的流程如图 7-23 所示。

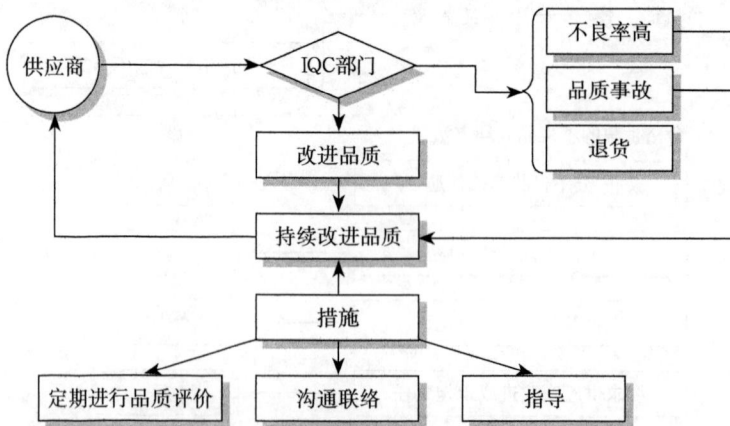

图 7-23 持续改进进料品质

第三节　进料检验作业控制

163　进料检验的场地要求

品质经理要为进料检验选择合适的场地,具体要求如表 7-2 所示。

表 7-2　进料检验的场地要求

场地要求	具体内容
一般要求	(1) 地点符合生产作业流程的要求,尽量接近作业现场,便于生产管理、零件调运和周转 (2) 规划和布置场地时,要考虑到测试设备、用具、工具箱、图纸柜、台案和椅凳等设施的布置,尤其要使产品或零件在检验场地存放和搬运方便 (3) 能够保障人身安全 (4) 在便于生产的前提下,尽可能与生产设备隔开 (5) 具有合理和足够的照明设施,光的颜色要同所检物品协调,光的方向和光的散射都要符合要求,要特别注意避免强烈的阳光直射
特殊要求	(1) 由于产品精度的提高,在检验时应保持对环境的精确控制 (2) 环境的温度、湿度和振动要符合测试条件,可采用空调装置保持场地的恒温 (3) 避免噪声、气味和其他外来因素的干扰,尤其在涉及感官检验时

164　进料检验的准备工作

一般来说,进料管理员在清点进料数量与包装方式后会立即发放"IQC 检验通知单"(见表 7-3),通知 IQC 部门执行进料检验。IQC 主管收到"IQC 检验通知单"后,应立即安排好进料检验人员,准备好工具。

表 7-3　IQC 检验通知单

编号：　　　　　　　　供应商：　　　　　　　　　　　　日期：＿＿＿年＿月＿日

被通知部门			IQC部门			
进号	品名	规格	检验项目	标准	检验结果	备注

制表人：　　　　　　　　　　　审核人：

165　开展质检派工工作

IQC 主管根据实际情况确定检验任务并进行派工，在派工时可以使用"IQC 质检派工表"（见表 7-4），但要注意以下两点。

（1）派工要看工时。

（2）派工要有针对性。

表 7-4　IQC 检验派工表

编号：　　　　　　　　　　　　　　　　　　　日期：＿＿＿年＿月＿日

产品	质检员	数量	大约耗用时间	检验方式	备注

制表人：　　　　　　　　　　　审核人：

166　确定检验标准

检验标准一般包括检验说明书和检验报告书这两类。在检验工作开始之前，品质经理应当组织相关人员确定检验标准。

1．检验说明书

检验说明书的内容包括检验操作步骤与检验方式，检验人员必须严格按照检验说明书进行检验。

2．检验报告书

检验报告书已列明检验项目的标准，检验人员只需按照实际结果填写报告即可。"进料检验报告书"的模板如表 7-5 所示。

表 7-5　进料检验报告书

编号：　　　　　　　　　计划日期：＿＿＿年＿月＿日　　　　　　　检验日期：＿＿＿年＿月＿日

供应商代码		供应商名称		进料批号	
进料编号		进料品名		型号	
批量数		允收数量		特采单号	

计量检验　　　　　　　抽样数：　　　　　　　质检员：

管制特性名称	单位	USL	SL	LSL	UCL	CL	LCL	权重	σ	Ca	Cp	Cpk	目标 Cpk	判定

综合指数：　　　　　　　计量值判定：□合格　　□不合格

最后判定		人工判定说明	

制表人：　　　　　　　　　　　　　　审核人：

167　开展进料检验工作

IQC 部门在接到仓库的通知后，应安排人员到进料暂放区进行检验。IQC 检验通常使用抽样检验的方法，即 IQC 人员根据制订好的抽样计划，从每一批中抽取一定数量的样品进行检验。

IQC 人员在抽样之前通常会制订一个抽样计划，根据检验的特性，抽样计划可以分为计数值抽样（检验缺陷和不良料）、计量值抽样（对物料的各种重要且可测量的特性进行检验）、特检分析抽样（主要是可靠性分析或成分分析）。

1．计数值检验

计数值检验是指对该批产品的样品做缺陷检查或不合格品检查，如毛边、污点、短脚、尺寸不对、破损、标签印错等。IQC 人员最好对照一个合格的标准样品逐项进行比对检验。

2．计量值检验

计量值检验是指从该批产品中抽取 50 ～ 300 个样品，对可直接测量的重要特性或参数进行测量，如各种尺寸、电子参数、重量、力度参数等，如果其中有个别样品超出原指定的规格或范围，检验人员可立即将其视为计数值检验的不合格品。

3．特种检验分析

特种检验分析简称"特检"，有些企业直接称其为"可靠性分析"或"等级评定"，它是指对产品做一些可靠性分析、等级分析、成分分析、安全性分析、功能分析等，还包括一些破坏性试验，如化学成分、含金量、含水量、5K 拉力、高压测试等。

这种检验通常不需要抽取很多的样品，只需少量产品，但需要很多相关的测试设备，如色差分析仪、高压测试仪等，同时还需要由专业工程师以上级别的人员来操作。

企业在使用这种测试时的投入相对较大，并且使用频率也不高，所以也有企业直接让供应商自己测试，然后约定双方的权责。作为产品品质的主要负责人，品质经理要做好对供应商的监督工作。

168　允收供应商进料

IQC 人员经验证后，若不合格品数量低于限定的不合格品数量，则应判该送检批进料为允收。IQC 人员应在"进料检验报告书"上签名，盖"检验合格"印章，并通知仓库收货。

169　拒收供应商进料

若不合格品数量高于限定的不合格品数量，则判该送检批进料为拒收。IQC 人员应及时在"供应商进料退货报告"（见表 7-6）上签名，盖"检验不合格"印章，经 IQC 主管或品质经理会签后，交仓库、采购部门办理退货事宜；同时，在该送检批进料外箱标签上盖"退货"字样，并挂"退货"标牌。

表 7-6 供应商进料退货报告

供应商：			进料类别：		报告编号：		
产品/配件名称：			编号：		颜色：		
工（订）单编号：			送货单编号：				
进料数量：			进料日期：___年__月__日		检验日期：___年__月__日		
检验 过程		问题/缺陷描述		CR（严重缺陷）	MA（主要缺陷）	MI（次要缺陷）	
	一般 检验						
		抽样数：____ 严重次品率：____%　　次品累计：____ 轻微次品率：____%　　允收数：____					
	特别 检验	检验项目	问题/缺陷描述		抽查数	次品数	次品率
品质管理员：___年__月__日			品质经理：		___年__月__日		
相关 部门 意见	销售部				主管：___年__月__日		
	工程部				主管：___年__月__日		
	生产部				主管：___年__月__日		
	仓库				主管：___年__月__日		
	其他				主管：___年__月__日		
处理 结果	□特采　□供应商来厂加工／挑选　□生产部加工/挑选 □退货　□冻结　□暂收						
品质经理：			___年__月__日		总经理：	___年__月__日	
说明：							
备注							

170　粘贴检验结果标签

进料检验完毕后，IQC 人员须对进料的状态进行标示，将标签贴在进料的包装箱上。常用标签如下。

（1）红色：代表不合格品。

（2）黄色：代表合格品。

在对进料状态进行标示时，必须在标签上标明进料检验时间、质检员、数量和规格，以便追溯（见图 7-24）。

```
名称：
数量：
规格：
合格□          不合格□          待检□
质检员：          时间：
```

图 7-24　进料检验标签

171　进料检验注意事项

IQC 人员在进行进料检验时应注意以下事项。

1．抽样要严谨

在进行进料检验时，考虑到人力、物力、成本、时间、进料特性等因素的影响，必须做抽样检验，而抽样检验本身存在一定的风险，不良料或不合格品可能会被漏检而进入生产线，也可能把合格品退给供应商，给企业造成间接损失。

2．客观公正地判定品质

进料检验有时会不够客观公正，其原因有以下几点。

（1）在进行进料检验的过程中，IQC 人员经常与供应商人员接触，这样就形成了一个"情感氛围"，IQC 人员容易放松对供应商的判定标准。

（2）IQC 人员受个人情绪影响，心情好时可能就认真一点，检验和判定就会较为慎重，心情差时可能就会马马虎虎。

（3）受 IQC 人员个性的影响，性子急的人在判定时容易主观。

品质经理应时常提醒 IQC 人员做到公正客观，同时还要教育 IQC 人员：若将不合格批放到制程上后发现物料问题，首先追究的是 IQC 人员的责任；若将合格批拒收次数过多，容易导致企业与供应商的关系恶化或特采后发现进料检验判定有误，这些情况都是要避免的。

3．以综合因素来判定

IQC 人员在进料品质检验中，可能会遇到品质与时间、成本、效率等相冲突的情况。例如，进料需要紧急上生产线，而 IQC 人员在检验进料时发现一些问题，按既定标准不能允收。又如，企业的采购策略是采用价格较低的物料，虽然与原定品质目标有一定差异，但还是有可能允收等。

4．尽量不要特采

企业一般在遇到以下四种状况时才会特采。

(1) 进料没时间检验，须紧急上线。

(2) 虽已判定为不合格批，但问题不是很严重，全部退货时间又不够，经过全检和挑选后可以使用，与供应商协商后已达成协议。

(3) 采用低价采购策略，而品质部的品质要求与标准未及时更改。

(4) 向供应商下订单时就达成某项协议，当发现不合格品时所有相关责任均由供应商承担，但这种状况不多。

特采不符合品质零缺陷的目标，往往是形势所迫。对一家严谨的企业来说，应尽量避免这些状况，否则会给产品品质带来诸多问题。

5．标签、标志清晰

在实际工作中，很容易出现在同一个时间段内相同或不同的供应商送来多个批次或多个品种的物料的情况。在抽样的作业过程中，也可能出现同时抽取多个、多种物料，如果不加以区分，很容易出现混乱，甚至分不清合格品、不合格品和待检品的情况。

因此，品质经理可安排相关人员用标签和标志来区分待检品、不良料、不合格品等，最好用不同颜色的标签进行标示。

172　记录检验不良状况

记录检验不良状况是指在计数值检验中，把检验出的各种缺陷和不合格品记录下来，将其作为进料品质最原始的记录，通常称其为"进料检验记录表"。"进料检验记录表"的内容包括：检验日期、检验人员、产品编号、产品型号、进料检验批号、供应商名称（有的用供应商代码）、规格、批量数、样本数、各种缺陷个数、不合格品数等。

173　记录各类测量数据

记录测量数据是指通过测量设备对进料的各种重要特性进行测量，将得出的数据记录下来。进料检验记录表如表 7-7 所示。

表 7-7　进料检验记录表

产品名称		规格型号		送检单号	
检验依据		进料数量		检验数量	
供应商			进料日期		
检验记录					
序号	检验项目	检验要求	检验记录	不良数	不良率
1	产品外观				
2	产品尺寸				
3	试装/性能				
4	产品包装				
5	其他检验				

检验结论：
□合格　　　　□不合格
　　　　　　　　质检员：　　　　　　日期：

不合格处置：
□退货　　□扣款　　□特采筛选　　□让步接收　　□另议
　　　　　　　　签名：　　　　　　日期：

其他部门意见：
　　　　　　　　签名：　　　　　　日期：

备注

174　开展分析工作

1. IQC 分析

IQC 分析是指对计数值检验的分析，也就是对该批进料的缺陷及不良料做简要的统计分析，如不良率、缺陷个数等，并将其当作进料品质判定的依据。大多数企业把 IQC 分析与计数值检验、AQL 判定合并到一起完成，这样效率更高。

2．质量分析

质量分析是指对计量值检验的分析，也就是对各记录的测量数据做统计分析，得出相应的品质指标和状态分析结果，并以 CPK 判定作为依据。在这个过程中有大量的计算工作，通常包括直方图并计算 Ca、Cp、Cpk 等品质指标，甚至可能需要做多品质特性管制图和 σs、σa 等图形，以便进一步深入分析品质。如果有可能，IQC 人员要尽可能使用专业软件来做。

3．工程分析

工程分析是指一些可靠性分析、成分分析、等级分析，包括抗油性、弹性、耐压性、部分破坏性试验、含水量、含金量、胶料等级等项目，一般会产生一个或多个测试值，甚至可能需要做可靠性计算，然后与企业和供应商共同认可的目标值进行比较或采用双方共同认可的等级界定方法，之后再做品质的判定。

175　有效开展特采工作

特采物料是指企业在特殊状态下采购进来的物料。特采通常分为两种情况，一种是进料检验被判为不合格，另一种是来不及检验，需要将物料紧急上线。品质经理要严格控制特采物料的品质，确保特采物料不影响正常生产。

1．可以特采的情况

（1）有轻微或次要缺陷，但不对产品功能造成影响或该缺陷不在产品表面位置。

（2）有严重缺陷，该缺陷对产品功能有重要影响，但经重新全检或挑选后可以使用。

2．坚决不能特采的情况

（1）规格完全不符或送错进料。

（2）存在严重缺陷且在后道工序及制程中不易发现缺陷的进料。

（3）新供应商进料且为关键物料。

（4）在整批物料中普遍存在一种以上主要缺陷的进料。

若非迫不得已，品质经理应该尽可能拒绝特采。即使采用，也要严格按照程序办理。

176　物料特采申请审核

开展特采工作须按程序进行，并要填写"特采申请表"（见表 7-8）。特采物料使用部门的人员在填写"特采申请表"时，最好加一个特采单号，以便追踪物料状态及开展品质分析。品质经理要督促相关人员做好特采的审核工作。

表 7-8　特采申请表

特采单号：

申请日期		申请单位		
数量		供应商		
检查记录编号		批号		
品名：	料（模）号：		品质异常处理单号：	
申请理由		今后对策	主管	申请者
品质异常状况			检查者：	
生产部门意见			生产经理：	
研发部门意见			研发经理：	
品质部门意见		□ 准予特采 □ 不予特采	品质经理：	
采购处理	单价×数量×扣款比例＝应扣金额	□ 扣款 □ 予扣款	采购：	
备注	（1）申请特采时应附上不合格品检查记录表（必要时附上实物） （2）监审流程：申请单位→生产→研发→品质→采购 （3）单价与数量由采购部门填写，依扣款比例确定 （4）正本由品质部门留存，副本分发给相关部门			

177　特采后的工作

1．偏差

在送检批物料全部不合格，但只影响生产速度，不会造成产品不合格的情况下，IQC 人员可在特批后予以接收。生产部、品质部须按实际生产情况估算耗费工时数，对供应商做扣款处理。

2．全检

送检批不合格品数超过规定的允收标准的，IQC 人员经特批后应进行全数检验，选出其中的不合格品，将其退给供应商，将合格品入库或投入生产。

在 IQC 部门判定进料不合格或来不及检验时，应由采购人员或仓库人员提出特采，并填写"特采申请表"，经 IQC 主管审核，再经品质经理或高层主管人员核准，将"特采申请表"的复印件或副本分别送到 IQC 人员、仓库人员手中，这是一个完整的特采程序。仓库人员应特别注明该批物料的状况并贴上标签，然后将其发到生产现场。

3. 重检

送检批几乎全部不合格，但经过加工处理后，企业可以接收进料。在此情况下，企业须抽调人力进行进料再处理。IQC 部门对加工后的进料进行重检，接收合格品，对不合格品开具"IQC 部门退货报告"，将其交采购部办理退货。

第四节　进料检验问题处理

178　线上进料问题处理

按进料批的性质，线上进料品质问题可分为两类，一类是特采进料的品质问题，另一类是 IQC 部门判为允收的进料批的品质问题。按发现品质问题的位置划分，线上进料品质问题可分为作业人员发现的品质问题和 IPQC 人员发现的品质问题。

1. 可以拆分的部件

若是可以拆分的部件，通常由作业人员在发现问题时拆分出来，并用不同颜色的箱子或筐单独存放，再由作业现场主管定期统一退还给仓库，或送去维修；不能维修的，由仓库人员提醒采购人员退给供应商。要特别注意，作业人员在转移物料时须标明物料的批号。

2. 不可拆分的部件

若是不可拆分的部件，通常由作业人员将整个半成品或成品用不同颜色的箱子或筐存放，作为废品退到仓库，再由仓库统一处理。

相关数据通常由生产部主管定期（一般每半天或每天）统计，如果能分清有品质问题的进料，则可将其交给负责进料检验的 IQC 人员，也可交给 IQC 主管或品质经理。如果分不清，则将不良料的样本和数量交给 IPQC 主管，由 IPQC 主管负责查清原因。IPQC 主管分析完数据之后，必须将分析结果交给 IQC 主管，由 IQC 主管记录到该供应商的进料质检记录中。

在移交过程中，一般要有书面记录，如采用"内部联络单"（见表 7-9），说明生产线上发现多少个进料品质问题、进料不合格件数及其批号。

相关人员在处理完毕后应将处理经过记录在"线上进料不良记录清单"中，如表 7-10 所示。

表 7-9　内部联络单

编号：　　　　　　　　　　　　　　　　　　　　日期：＿＿年＿月＿日

发件单位		收件单位	
发件人		收件人	
联络事项：			
			收件人签字：

制表人：　　　　　　　　　　　审核人：

表 7-10　线上进料不良记录清单

编号：　　　　　　　　　　　　　　　　　　　　日期：＿＿年＿月＿日

进料批号	检验批号	物料编号	进料性质	生产日期	投量	不良数	不良率
平均不良率（PPM[①]）							

制表人：　　　　　　　　　　　审核人：

① PPM 即 Parts Per Million 的缩写，意为百万分之。

179 允收进料问题处理

允收进料是指品质检验合格的物料，其品质问题不会对产品造成影响，因此，在生产线上发现的物料品质问题相对较少。

一般来说，允收进料即使有品质问题也是轻微缺陷，不会给产品造成严重影响，生产线上挑出来的物料一般是不用计算的，其线上物料不合格率应以 PPM 计算，并且以 IPQC 人员分析出来的结果为准。

计算线上物料不合格率时，必须按以下公式计算：

$$线上物料不合格率 ＝（累计不良数 ÷ 累计投量数）×100\%$$

180 进料后段重大品质问题处理

进料后段重大品质问题是指供应商交货后发生的重大品质问题，如作业人员受伤或企业大量产品报废，以及产品到客户或消费者手中出现大量的投诉、索赔等事件。进料后段重大品质问题对企业的危害是非常大的，甚至会导致企业倒闭。品质经理在处理此类问题时必须慎重。

1．判定问题原因

一旦发生问题，品质经理就要判定原因。在判定原因时，一定要慎重，并且要找到问题的根源，明确相关人员的责任。若是供应商的责任，则须尽快联系供应商；若不是供应商的责任，企业须对所有生产环节进行调查。

2．联系供应商

采购人员一般通过发送"供应商异常处理联络单"（见表 7-11）联系供应商，也可由高层主管人员出面联系供应商，并根据问题的大小及性质，对供应商进行严肃处理。

3．供应商认清问题所在

除了要在技术层面上让供应商认同，还要在物料追踪方面让供应商认可这是他们的物料，否则容易引发权责争议。

4．落实供应商的责任

企业根据自己与供应商签订的相关协议（如供货合同），落实供应商的责任。

表 7-11　供应商异常处理联络单

自：			至：		
电话：			E-mail：		
日期：			编号：		

以下原料或材料，请分析其不良原因，并拟定纠正措施和改善计划。					
料号		品名		验收单号	
交货日期		数量		不良率	
库存不良料		制程在制品		库存良料	

异常现象：

　　　　　　　　　　　　　　IQC主管：　　　　　质检员：

异常原因分析（供应商填写）：

　　　　　　　　　　　　　　确认：　　　　　　分析：

纠正措施及改善计划（供应商填写）：
暂时对策：
永久对策：

　　　　　　　　　　　　　　审核：　　　　　　确认：

改善完成确认：

　　　　　　　　　　　　　　核准：　　　　　　确认：

181　提出进料品质投诉

进料品质投诉是指供应商在物料供应品质方面违反双方达成的采购品质协议时，企业对供应商采取的一种通知与处理的措施。这是一种相对缓和的措施，严厉的措施可能就是索赔。

品质部提出进料品质投诉时，通常会填写"品质投诉单"（见表 7-12），并通过采购部发出。

表 7-12　品质投诉单

供应商代码		供应商简称			
联系部门		联系人			
电话		传真			
E-mail		日期			
投诉主题			性质	□普通	□紧急

投诉内容：
贵公司____年__月__日送货的_____（料号），型号为_____的_____产品，有_____的问题，造成我公司的_____等状况，请于____年__月__日前处理好此问题，并以此为诚。
另根据我公司与贵公司的_____协议，采取_____的处理，如有异议请来电。
另附××
　　　　××

备注：

　　　　　　　　　　　　　　　　　　　　　　　××公司采购部_____发
　　　　　　　　　　　　　　　　　　　　　　　____年__月__日

182　进料品质投诉的处理

为了加强企业与供应商之间的合作，品质经理可以将投诉划分为普通级、紧急级、重大级三个等级，并给出相应的严重程度权重，一般分别为1、2、3。

品质经理要根据一定时期内不同级别投诉的发生次数和重复次数采取相应的措施，一般可把三个月、六个月、一年作为一个时间段，具体如表 7-13 所示。

表 7-13　品质投诉等级划分与处理措施

等级		处理措施
普通级	单项发生1~2次	限时改善，并严重警告
	单项发生3~5次	降低供应级别，减少订单，限时改善，之后再评估
	单项发生5次以上	暂时取消供应商资格

等级		处理措施
紧急级	单项发生1次	降低供应级别，减少订单，限时改善，之后再评估
	单项发生2次	撤销已下订单，停止下新订单，重新进行评估
重大级		取消供应商资格

　　企业发出品质投诉单给供应商，供应商在正常状况下会立即回复。品质经理要督促相关人员将供应商的回复记录并保存下来。为了数据管理的方便，最好规范登记格式。内容必须包括品质投诉单号、原要求解决日期、实际解决日期、最后判定等项目。

第八章 制程品质控制

导读 >>>

制程品质控制就是对生产过程进行的品质控制,这是品质经理的一项重要工作。要想做好这项工作就要与生产部门进行有效的协作。

Q先生:A经理,我发现制程检验占日常检验工作的很大一部分。作为品质经理,我该如何开展制程检验工作呢?

A经理:开展制程检验工作和开展进料检验工作一样,你要明确制程检验人员的职责,通过设置专门的制程检验部门去管理制程检验流程,具体包括设置工序控制点,进行品质缺陷分级、首件检验、现场巡检和末件检验等。

Q先生:我发现在进行制程检验的过程中,经常会出现一些误差,怎样才能减少这些误差呢?

A经理:制程检验的误差主要有标准误差、测量误差、检验人员粗心大意导致的误差,还有一些程序性和技术性误差。你要分清误差的类别,然后采取有针对性的措施。

第一节　制程品质管理安排

183　制程品质管理的内容

制程品质管理是指企业在生产产品的过程中，为了确保作业人员、工序品质、产品品质等符合要求而实施的一系列检查、检验活动，具体内容如图 8-1 所示。

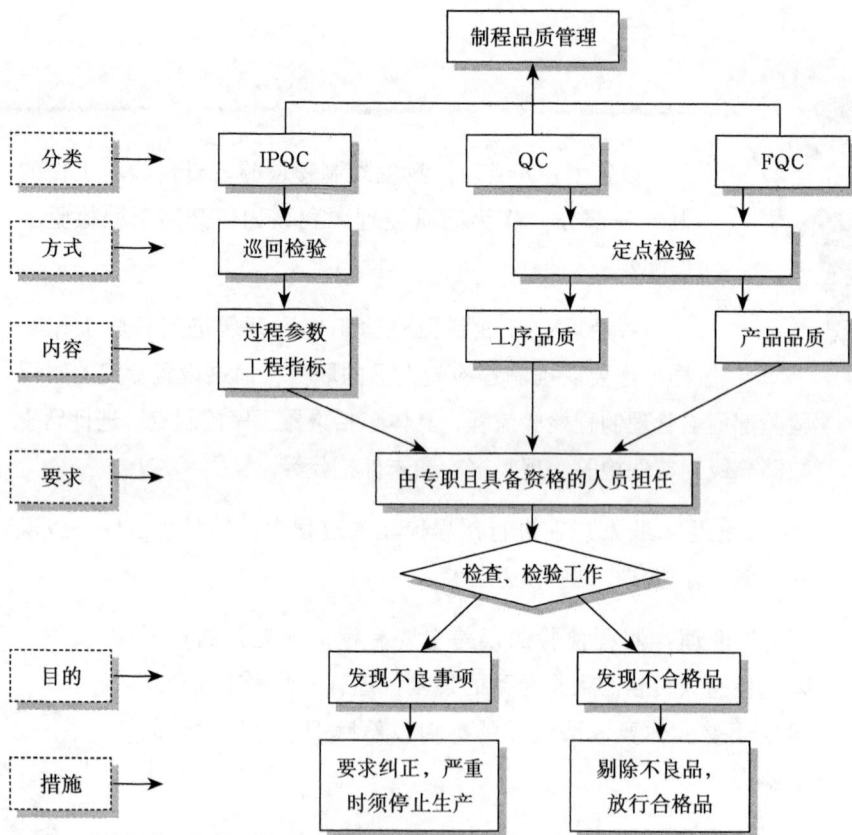

图 8-1　制程品质管理的内容

184　IPQC的工作方式

IPQC 的工作方式是对表检查，因此检查表是 IPQC 的重要工具。

1．设立检查要项的方法

设立检查要项的方法如图 8-2 所示。

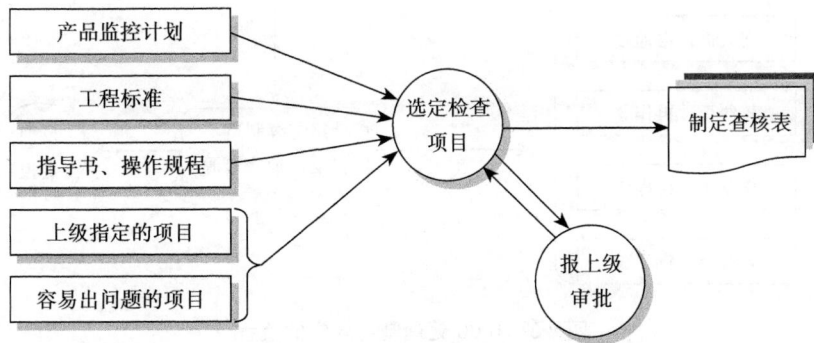

图 8-2　设立检查要项的方法

2．制定查核表

IPQC 查核表如表 8-1 所示。

表 8-1　IPQC 查核表

查核车间：				查核表编号：							备注
生产产品：				主要检查依据：							查核时段说明： 1=9：00 2=11：00 3=14：30 4=16：30 5=19：30 6=21：30
序号	工位号	查核项目	标准	各时段的检查结果						措施	备注	
				1	2	3	4	5	6			
特别事项记录												
作业人员：			检查：				批准：					

185　IPQC处理制程异常的流程

IPQC 处理制程异常的流程如图 8-3 所示。

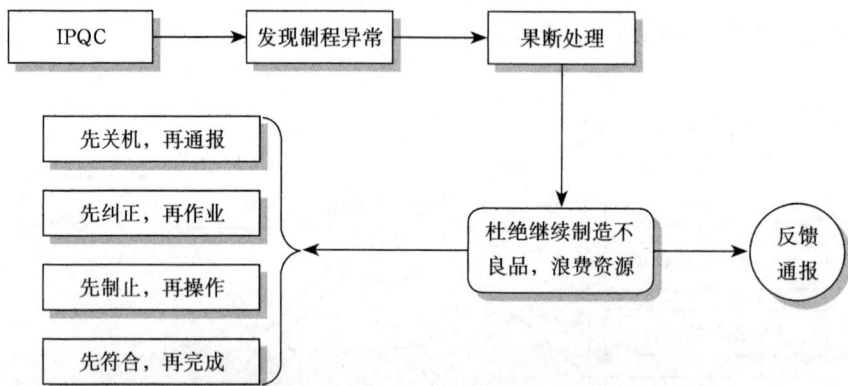

图 8-3　IPQC 处理制程异常的流程

186　开展制程检验前的准备工作

品质经理应要求制程检验人员在生产物料上线前阅读周生产计划表与派工单，了解当日生产的产品，然后做好准备。

1．了解产品信息

（1）不同的客户对品质的要求不同，因此制程检验人员需要去现场生产主管处查看生产订单。

（2）看是否有紧急上线的物料，如果有，检验要更加严格。

（3）看是否有特采物料，如果有，检验要严格一些。

（4）看是否为新产品。一般来说，员工都不熟悉新产品，若是新产品，则需与技术部联系。

（5）看是否有设计变更情况。如果有，则标准不一样，此时需要与技术部联系。

（6）看是否有已引发客户投诉的产品，注意客户投诉点。

（7）看是否有上次生产过程中出现过品质异常的产品，并要特别注意出现过品质异常的位置。

2．了解品质控制点

一般来说，在产品设计完成阶段，生产经理应将品质控制点告知品质部制程检验人员，要求他们在检验时特别注意品质控制点。

3．人员、工具准备

对于不同的产品所使用的检验工具不同，不同的企业所做出的质检安排也不同。下面是某公司机加车间制程检验人员配备表，供读者参考。

【实用案例】

××公司机加车间制程检验人员配备表

时间 ＼ 巡检员	赵××	钱××	孙××	李××	张××
星期一	机加A组	机加B组	机加C组	机加D组	机加E组
星期二	机加B组	机加C组	机加D组	机加E组	机加A组
星期三	机加C组	机加D组	机加E组	机加A组	机加B组
星期四	机加D组	机加E组	机加A组	机加B组	机加C组
星期五	机加E组	机加A组	机加B组	机加C组	机加D组
终检员	陈××		魏××		郭××
终检组长	邓××		吴××		
总负责：	车间品质经理：杨××				

187 品质缺陷严重性分级

1．品质缺陷严重性分级

品质经理要想更好地开展制程品质检验工作，就要对产品品质缺陷进行严重性分级，只有确定了严重性级别（见表8-2），才能使制程检验人员更有针对性地开展工作。

表8-2 品质缺陷严重性分级

严重性级别	安全性	产品功能性	产品寿命和可靠性	对产品装配的影响	对下道工序的影响	对产品外观的影响
致命缺陷（A）	直接影响产品安全，将引发安全事故	肯定会影响产品的主要功能	必然会影响产品的寿命和可靠性	—	—	—

（续表）

严重性级别	安全性	产品功能性	产品寿命和可靠性	对产品装配的影响	对下道工序的影响	对产品外观的影响
严重缺陷（B）	可能会影响产品安全，可能会引发安全事故	肯定会影响产品的一般功能	可能会影响产品的寿命和可靠性	肯定会造成装配困难	肯定会给下道工序造成很大困难	缺陷明显，严重影响产品外观
一般缺陷（C）	一般不会影响产品安全	一般不会影响产品的功能	一般不会影响产品的寿命和可靠性	可能会造成装配困难	肯定会给下道工序造成困难	对产品外观影响较大
轻微缺陷（D）	无影响	无影响	无影响	无影响	可能会给下道工序造成困难	对产品外观有些影响

2．严重性分级表示例

品质缺陷严重性分级只是一种管理规范，品质经理还要明确列出具体产品的缺陷项目、状况及严重性的级别，形成具体的品质缺陷严重性分级表。下面是某公司材料检验缺陷分级表，供读者参考。

【实用案例】

××公司材料检验缺陷分级表

材料类别	致命缺陷	严重缺陷	轻微缺陷
电子元器件	（1）可触及部位带电（2）耐压测试不符合要求	（1）参数、尺寸不符合要求（2）功能失效（3）氧化，不能上锡（4）开路、短路、无丝印、严重破裂	（1）零件标记、符号不清晰（2）轻微脱色
金属件	无	（1）尺寸不符合图纸和样板要求（2）有尖锐、刮手的披锋（3）外层电镀、油漆剥落，影响焊接（上锡不良）（4）变形，影响装配（5）生锈情况在2米距离外目测可见	（1）轻微凹痕，不造成尖角（2）外层电镀、油漆剥落，不影响上锡及外观（3）轻微生锈，在1米距离外目测不易察觉

(续表)

材料类别	致命缺陷	严重缺陷	轻微缺陷
塑料	无	（1）尺寸不符合图纸和样板要求 （2）缺丝印、错丝印以及颜色或丝印字体、符号不能清楚辨别 （3）破裂、损伤、塞孔、断柱、变形，影响外观和装配 （4）有披锋，手触有尖锐、刮手的感觉 （5）在2米距离外目测，可观察到刮痕、缩水、发白、气纹	（1）不影响装配和外观的轻微损裂 （2）在1米距离外目测不易察觉的外观问题
机械组合件	无	（1）参数、尺寸不符合要求 （2）功能失效 （3）缺零件和错零件；零件变形，影响功能和外观 （4）金属件锈蚀	（1）不影响外观的损伤 （2）轻微污迹，不影响功能

188 实施首件检验制

实施首件检验的目的是尽早发现在生产过程中影响产品品质的因素，预防批量性的不良或报废。产品经首件检验合格后方可正式投入生产。

首件检验的流程如图8-4所示。

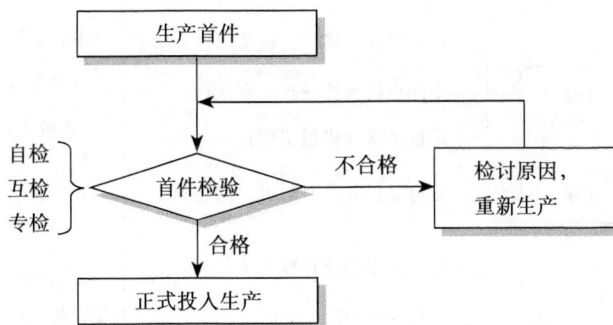

图 8-4 首件检验的流程

189　实施三检制

三检制是指送检的产品先由作业人员进行自检，然后由班组长或同事进行互检，最后由品质部制程检验人员进行专检，确定合格后方可继续加工。

1．自检

自检就是作业人员对自己加工的产品进行检验。自检时，作业人员需运用目测的方式判断本工序的生产是否合格，若合格则继续生产，若不合格则立即停工。作业人员在实施自检时，一定要确保作业内容全部到位，如果需要标记，作业人员则需在确认无误后打上规定的记号。自检的工作流程如图 8-5 所示。

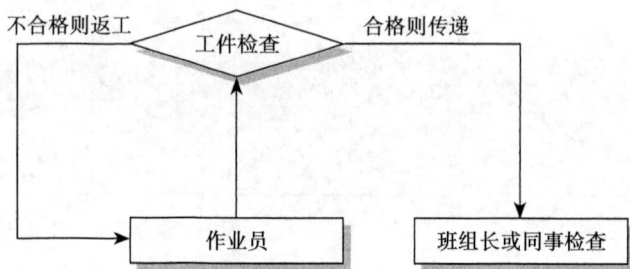

图 8-5　自检的工作流程

我们可以将自检进一步分为三自检制，即作业人员自检、自分、自记，如图 8-6 所示。

内容			确认者	评议者
作业人员	自检	首件自检（换刀、设备修理）	制程检验人员	制程检验人员
		中间自检（按频次规定执行）	班组长	班组长
		定量自检（班组实测）	检验人员	品质管理人员
	自分	不良品自分、自隔离、待处理	班组长	车间主管
	自记	检查各项票证并签字	品质管理人员	品质部
		填写三检卡	检验员	

图 8-6　三自检制

2．互检

互检是指班组长或下一道工序的作业人员确认首件产品是否合格，若合格则开始作业，若不合格则及时反馈或将其放在一边。作业人员确认产品合格后，有时需要在合格的产品上做"合格"标记，如图 8-7 所示。

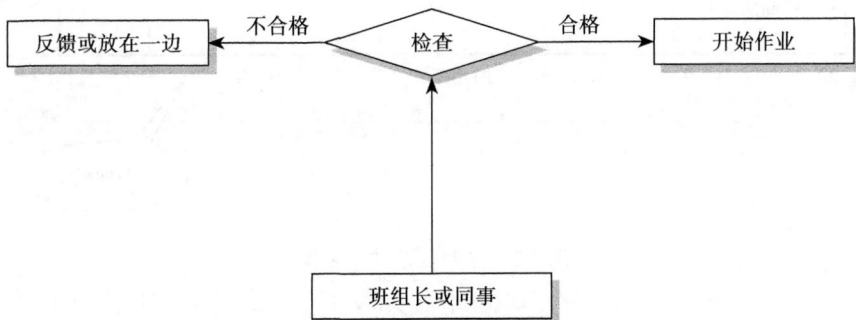

图 8-7　互检工作原理

3．专检

专检是指专门设立的检验工位（如 QC、FQC、IPQC 等）上的制程检验人员所实施的检验。首件检验是否合格应得到专职制程检验人员的认可，制程检验人员应给检验合格的首件产品打上规定的标记，并保持到本班或一批产品加工完毕为止。所有首件产品必需留样，以备与后续产品进行对比，看过程是否发生变化，并用记号笔标记以示通过首件检验。

若首件检验不合格，制程检验人员要与生产部进行协调，查明原因并采取措施，排除故障后重新进行加工、三检，直到合格后方可继续生产。

190　确定现场品质巡检的方法

在生产现场，巡检可分为按时检验法与按量检验法。

1．按时检验法

按时检验法是指在进行批量生产时，现场作业人员和制程检验人员按照作业人员 X 次／时（由各企业根据具体情况确定）、制程检验人员 Y 次／时（由各企业根据具体情况确定）的方式对产品实施抽检，每次的抽检数为 5 个，巡检的间隔时间必须在合理的范围之内，一般不超过 30 分钟，如图 8-8 所示。

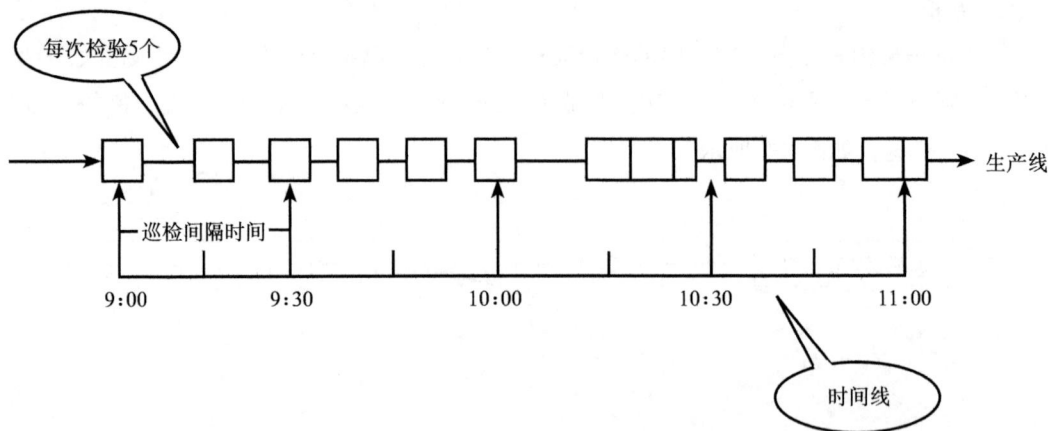

图 8-8　按时检验法示意图

2. 按量检验法

按量检验法是指在进行批量生产时，现场作业人员和制程检验人员按照作业人员 X 次／个（由各企业根据具体情况确定）、制程检验人员 Y 次／个（由各企业根据具体情况确定）的方式对产品实施抽检，每次的抽检数为 1 个，巡检的间隔时间根据产品确定，如图 8-9 所示。

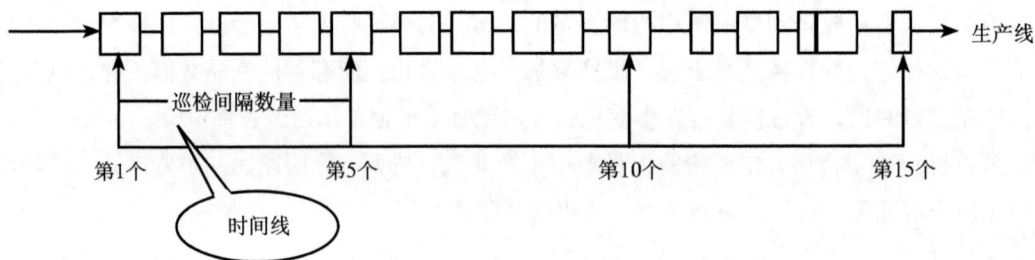

图 8-9　按量检验法示意图

191　设置巡检人数

品质经理或 IPQC 主管在设置巡检人数时应考虑以下因素。

（1）巡回时间。间隔时间越短，需要的人数越多。

（2）检查项目数量。项目数量越多，需要的人数越多。

（3）检查项目难度。检查项目难度越高，需要的人数越多。

巡检人数一般是由巡检与作业人员的比例决定的。下面是某公司的巡检人数设置方法，供读者参考。

【实用案例】

××公司巡检人数设置

××公司的机加车间拥有员工90人，规定巡回时间为30分钟，每次抽检数为1个，各类产品的平均检测项目数量为10项，每项需要花费1分钟。

设置方法如下。

（1）由于各类产品的平均检测项目数量为10项，每项需要花费1分钟，因此每个产品需要检测10分钟。

（2）巡回时间为30分钟，也就是说，当巡检人员检查完第三个人时，必须回来检测第一个，巡检人员与员工的比例应为1∶3。

（3）共有90个员工，90÷3＝30，也就是说，需要30个巡检人员。

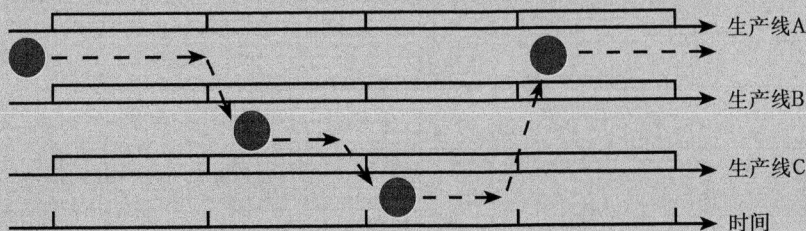

192 设置巡检工作频率

品质经理或IPQC主管在设置巡检频率时应考虑下列因素。

（1）生产难易度。生产难度越大，巡检频率越高。

（2）生产自动化水平。生产自动化水平越低，巡检频率越高。

（3）变异因素。变异因素越多，巡检频率越高。

（4）客户要求。客户要求越多，巡检频率越高。

（5）作业水平。作业水平越低，巡检频率越高。

巡检频率要根据现场实际情况确定，下面是某公司的巡检工作频率设置方法。

【实用案例】

××公司巡检频率设置

××公司为了确定巡检频率，特别制定了作业评分表。

作业评分表

项目＼等级	一级	二级	三级	四级	五级
生产难易度	1	2	3	4	5
生产自动化水平	5	4	3	2	1
变异因素	1	2	3	4	5
客户要求	1	2	3	4	5
作业水平	5	4	3	2	1

频率设置表

分值范围	频率设置
5～10	频率为35次/分钟
11～15	频率为30次/分钟
16～20	频率为25次/分钟
21～25	频率为20次/分钟

设置方法：

某产品的生产难易度为1级，生产自动化水平为1级，变异因素为2级，客户要求为3级，作业水平为4级，得分为13分。查频率设置表可知，巡检频率为30次/分钟。

193　设置半成品控制点

半成品是指经过一定的生产过程并已检验合格交付半成品仓库保管，但尚未完工，仍需进一步加工的中间产品。半成品不包括从一个生产车间转到另一个生产车间继续加工的自制半成品，以及不能单独计算成本的自制半成品。半成品在各个行业有不同的名称，例如，机电行业称其为"零部件"，电子行业称其为"元器件"，轻化工行业称其为"半成品"或"在制品"等。

半成品控制点主要根据其不稳定因素来设置，不稳定因素主要有下列几个。

（1）该产品在以前生产时发生过异常，有较多的不良记录。

（2）使用的生产设备不稳定。

（3）工装夹具、模具有不良情况。

（4）得到 IQC 人员对不良物料的信息反馈。

（5）新员工操作。

（6）投入了新产品、新材料或新设备。

第二节　制程检验实施

194　进行首件检验

1. 注意检测手法

检测产品时，制程检验人员的检测方式、方法、部位都要标准化。

图 8-10 中有三点，分别是 A、B、C。如果要检测某产品的直径，那么到底应该检测哪一点呢？有人会检测 A 点，也有人会检测 B 点，检测 A 点与检测 B 点的结果肯定不一样。如果本应以 B 为标准，而制程检验人员检测的却是 A 点，那么该产品就很有可能会被判定为不合格，这种检测手法显然是错误的。

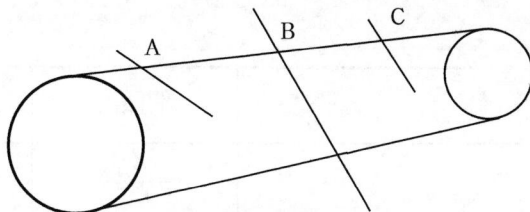

图 8-10　检测手法示意图

因此，为了保证检测的准确性，必须设定检验标准。例如，明确规定 B 点为标准，检测的时候就只能检测 B 点。

2．注意检验设备

如果检验设备失灵，那么检测结果就会出错。

在生产现场常常会出现这样的情况：两个制程检验人员对产品 YY 进行检验，一个用卡尺 A 测量，一个用卡尺 B 测量（见图 8-11），结果发现检测结果不一致，一个显示合格，一个显示不合格。到底是什么原因造成的呢？除了检测方式可能不一样,还有另外一个原因——其中一个卡尺可能存在误差。

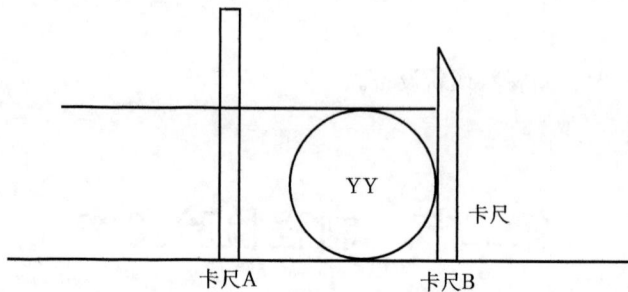

图 8-11　检验设备示意图

因此，制程检验人员在检测之前，必须保证检验设备的精确度。

195　记录首件检验结果

品质经理应督促制程检验人员在实施检验后做好检验记录工作，最好采用表格或报告的形式。制程检验人员使用"首件检验记录表"（见表 8-3）可以保证产品品质具有可追溯性。

表 8-3　首件检验记录表

编号：　　　　　　　　　　　　　　　　　　　　　　　日期：＿＿年＿月＿日

产品代号		首件编号	
产品名称		首件名称	
承制单位		作业人员		加工日期	

（续表）

工序	技术要求/检验依据	实测结果	量仪及编号	备注
结论	□合格	□不合格		
制程检验人员签字			报告日期	

196　巡检工作流程

巡检工作流程如图 8-12 所示。

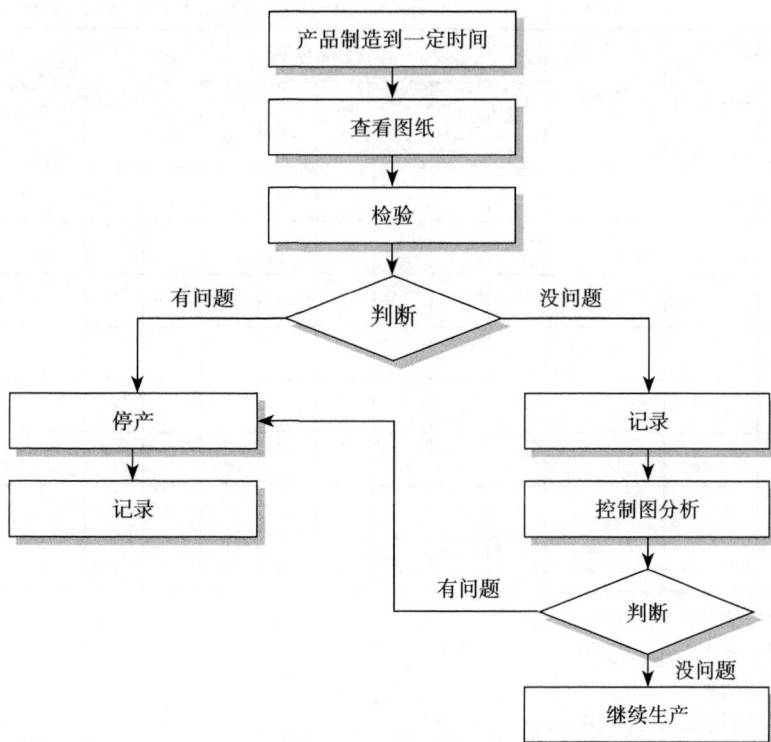

图 8-12　巡检工作流程

从图 8-12 可以看出，在巡检时有两个环节必须注意：一是记录，二是控制图分析。

197　做好巡检记录

IPQC 人员在巡检时必须做好巡检记录，将内容记入"巡检记录表"（见表 8-4）中。"巡检记录表"应包括下列项目：

（1）工序名；

（2）抽检数；

（3）批量；

（4）实测数据。

表 8-4　巡检记录表

编号：

产品名称		批量		日期：___年__月__日								班号	
项目	工序名	抽检数	图标数	实测数据								温度920℃～1000℃	备注
				一次	二次	三次	四次	五次	六次	七次	外观		
备注	1. 表面不能有裂纹、缩水、砂孔 2. 剖件内不能有缩水、裂纹 3. 铸件皮层要均匀 4. 化学分析每天要进行两次以上 5. 溶液温度每天要检查三次以上												

制表人：　　　　　　　　　　　　　　　　审核人：

198　处理巡检问题

IPQC 人员在巡检过程中发现问题时，要及时指导作业人员或联系相关人员予以纠正。问题严重时，要及时报告 IPQC 主管或品质经理，并向生产部门发出"纠正／预防措施要求单"（见表 8-5），要求其及时改进。

表 8-5　纠正／预防措施要求单

TO：　　　　　　　　　　　　　　FR：

日期：　　　　　　　　　　　　　地点：

问题类别： □进料异常　　　□制程异常 □不符合要求　　□其他
现时状态：
问题描述： 经办人：　　　　　　审核人：
原因分析： 经办人：　　　　　　审核人：
纠正／预防措施 经办人：　　　　　　审核人：

199　对末件进行检验并记录

末件检验是在批量加工完成后对加工的最后一件或几件产品进行检验验证的活动。

末件检验工作应由 FQC 人员和作业人员共同进行，检验合格后，双方应在"末件检验记录表"（见表 8-6）上签字，并把记录表和末件实物（大件可只做检验记录）拴在工装上。

表 8-6　末件检验记录表

编号：　　　　　　　　　　　　　　　　　　　　　　　　　　　日期：＿＿＿年＿月＿日

产品号		工序号	
产品名称		产品规格	

作业流程	检验项目	检验要求	检验方法	检验结果
综合判定				

制表人：　　　　　　　　　　　　　　　审核人：

200　末件检验异常处理

1. 可判定情况

若 FQC 人员可自行判定，则须填制"FQC 检验问题报告"（见表 8-7），根据不合格程度，做出返工、重检、退料、挑选、报废等处理决定。

表 8-7　FQC 检验问题报告

编号：　　　　　　　　　　　　　　　　　　　　　　　　　　　日期：＿＿＿年＿月＿日

产品名称		编号		工单编号		机号	
生产部门				抽检时间			
抽检数量				不合格品数量			
不合格描述							
生产部回复							

制表人：　　　　　　　　　　　　　　　审核人：

2．不可判定情况

对于此类不合格品，FQC人员应请求上级如FQC主管或品质经理予以判定，按判定意见予以标示，并监督相关部门对其进行隔离存放。

201　进行半成品品质检验

1．半成品检验的注意事项

半成品检验除了要重复制程检验对产品的外观、尺寸、用料所做的品质检验，还要特别注意以下几方面。

（1）结构性验证，按工艺图及品质标准验证。

（2）功能性试装和公差测量，保证产品在装配阶段不受影响。

（3）特性验证。

（4）装箱数量准确性检查。

2．确定检验方式或类型

检验人员进行半成品品质检验时，一般采用抽样计划进行检验，按AQL值判定是否允收。

3．反馈与处理品质异常

（1）可判定情况

检验人员若可自行判定，则须填写"半成品检验问题报告"，根据不合格程度，做出返工、重检、退料、挑选、报废等处理决定。

（2）不可判定情况

对于此类不合格品，检验人员可请求上级予以判定，按判定意见予以标示，并监督相关部门对其进行隔离存放。

202　半成品检验记录

IPQC人员根据当班的验货结果，填写"半成品抽查日报表"（见表8-8），被检部门签字认可后，一联交品质部存档，另一联交被检部门保存。

表8-8　半成品抽查日报表

编号：

生产部门/班组：　　　　　机号/组长：　　　　　班次：　　　　　日期：____年__月__日

生产单编号	产品编号	产品名称	产品规格	颜色	生产单数量	生产时间	生产数量	样本数	次品分类			判定结果				缺陷描述
									CR	MAJ	MIN	P	H	S	R	

说明：CR=严重，MAJ=主要，MIN=次要，P=合格，H=冻结，S=拣用/企业加工，R=退货。

203　半成品例外放行

若因生产急需须将未经检验及试验的半成品转入下一道工序，则品质经理须在检验报告上签字，IPQC人员须在半成品标记上标明"例外放行"字样，生产部门须保证该批物料批次明确，以确保其具有可追溯性。

所有以例外放行方式送到生产线的半成品必须由IPQC人员参照品质经理签发的样品拣出良品，并经IPQC确认后方可用于生产，拣出的不良品经确认后须退回来源部门（见图8-13）。

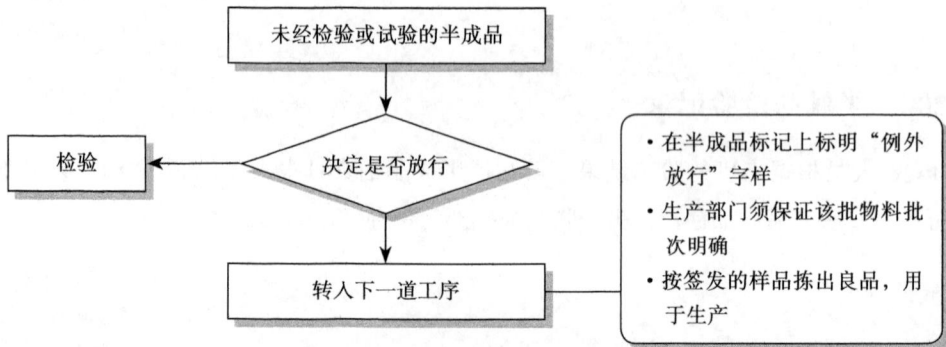

图8-13　半成品例外放行的控制

204　产品包装检验要求

产品包装从入库到发送到顾客手中，整个过程必须保证包装完好无损，符合顾客要求。

产品的包装应符合科学、牢固、美观和适销的要求，在正常的储运、装卸条件下，应保证从产品发货之日起，至少一年（出口产品至少两年）内不因包装不善而产生锈蚀，不出现降低精度、残损或散失等现象，特殊要求按双方协议执行。

产品入库时，仓库管理人员应认真检查产品的外包装、标识、捆扎及数量，不符合要求的必须拒收。

205　产品包装检验项目

产品包装是产品生产的最后环节，经过此环节的产品将会入库或直接发给客户，因此这一环节的品质控制相当重要，品质经理要督促检验人员严格检验产品包装。产品包装检验项目如表 8-9 所示。

表 8-9　产品包装检验项目

项目	具体操作
材料	检查包装箱是否牢靠、是否符合规定
方法	检查是否按照客户要求包装，如一个大箱装几个小箱子
外观	包装前是否按要求对产品进行了油封、油漆、润滑（必要时）和外观检验
标志	产品合格证书（或标志）的编号与包装箱编号是否相符，包装箱上的客户名称、地址、邮编以及防雨、堆放等标志是否正确
随机文件	按装箱清单核对产品说明书、产品合格证书、附件和备件工具

206　产品包装检验记录

产品包装检验人员根据当班的实际巡检结果，将具体情况按类别及时填写在"包装巡检日报表"的相应栏目中，具体案例如下。

【实用案例】

××公司品质部包装巡检日报表

拉台号：F组		班次：1班		组长：王××		日期：20××-12-14					

本班生产工单	序号	生产时间	工单编号	产品或工模编号	产品名称	外箱数	内箱数	工单数量	生产数量
	1	12-14	003	16235	水龙头	10	100	108	100
	2	12-14	004	46235	水龙头	10	100	102	100
	3	12-14	005	56235	水龙头	10	100	102	100
	4	12-14	006	23235	水龙头	10	100	102	100

检查项目 \ 巡检记录	第1次	第2次	第3次	第4次	第5次	第6次	第7次
产品打字	×	OK	OK	OK	OK	OK	OK
零件	OK	OK	×	OK	OK	OK	OK
把手	OK	OK	OK	×	OK	OK	OK
心轴组	OK	×	OK	OK	OK	OK	OK
内包装	OK	OK	×	OK	OK	×	OK
说明书	OK	OK	OK	×	OK	OK	OK
排杆组	OK	OK	OK	OK	×	OK	OK
花洒	OK	OK	OK	OK	OK	OK	OK
正侧唛	OK	OK	OK	OK	OK	OK	OK
功能检验	OK	OK	OK	OK	OK	OK	OK
产品外观	OK	OK	OK	OK	OK	×	OK

不合格项目	序号	时间	不合格项目及说明	生产签认	不合格项目处理	改善结果确认	备注
	1	12-14	产品打字	王××	返工	等待	
	2	12-14	零件	王××	更换	完成	
	3	12-14	把手	王××	更换	完成	
	4	12-14	心轴组	王××	更换	完成	
	5	12-14	内包装	王××	更换	完成	
	6	12-14	说明书	王××	更换	完成	
	7	12-14	排杆组	王××	更换	完成	

PQC：张××	PQC组长：马××	品质经理：杨××

备注：在巡检记录栏内，打"OK"表示合格，打"×"表示不合格

207　包装品质异常处理

产品包装检验人员在巡检过程中发现不合格品时，须及时填写"产品检验报告"（见表 8-10），经审核后交生产部改善，并跟踪改善结果，直至合格为止。

表 8-10　产品检验报告

编号：　　　　　　　　　　　　　　　　　　　　　日期：＿＿年＿月＿日

生产部门		组别		班次		负责人	
工单编号		产品编号		产品名称		唛头	
工单数量		检验批量		生产累计		生产日期	

检验记录	检验项目	检验数量	检验结果、不良描述	缺点数、收货标准		
	内外箱外观、唛头					
	装箱数量、款式					
	功能					
	安全性及可靠性					
	产品外观					
				CR	MAJ	MIN

判定	□合格　　□不合格退回生产　　□让步接收 检验员：　　　复核：　　　审批：
生产部意见	□返工　　返工时间： □申请让步　　申请让步原因： 经办人：　　　主管：
让步处理	□同意　□不同意　　业务部　　　□同意　□不同意　　QC部　　　□同意　□不同意　　仲裁

复检记录	检验项目	检验数量	检验结果、不良描述	缺点数、收货标准		
	功能					
	产品外观					
				CR	MAJ	MIN

复检判定	□合格　　□不合格退回生产　　□让步接收 检验员：　　　复核：　　　审批：

第三节　制程检验误差控制

208　标准误差产生的原因

标准误差是指由品质标准不明确引起的检验误差。标准误差产生的原因如下。

1．标准不统一

图纸、工艺和技术文件规定不统一。例如，有些图纸规定了某个检验点，而工艺文件却没有做出规定，制程检验人员在现场巡回检验时，往往严格遵守工艺文件，忽略了产品图纸的要求，结果导致漏检。

2．图纸不清

图纸上含糊不清的文字或图形使制程检验人员产生了错误的理解。

3．标准不完善

标准不完善包括下列几种情况。

（1）标准不够明确。

（2）使用的检验手段不当。

（3）检验手段不完备。

209　标准误差的预防措施

1．进行品质特性重要性分级

设计人员要对品质特性的重要性进行分级，并在图纸、工艺和检验文件中标出来，或编制专门的品质特性重要性分级表。

2．制订检验计划

制订检验计划是防止发生标准误差的有效措施。

3．开展首件复核检验

对标准误差的发生频次进行分析，可以发现多数标准误差出现于新产品首次上线投产时。图纸、工艺刚修改后，特别是产品图纸或工艺简图只改尺寸、形位公差等标注信息，未按比例改图形并调配新的制程检验人员，是造成标准误差的重要原因。为了做好首件检验，开展首件复核检验是一项有效的措施。制程检验人员要注意及时更换生产现场已破损、染有油污、过时的图纸和工艺文件。在绘图、描图和校对时，制程检验人员要注意防止文字和图形不清等问题。

210　测量误差产生的原因

测量是检验过程中非常重要的程序，品质经理应要求制程检验人员熟练掌握和应用测量误差的基本知识，这样才能减少因测量造成的检验误差。

1．标准器具误差

按规定，用于比较测量的标准器具有量块、标准线纹尺等，在检验现场还常常使用各种标准件和校对件，这些标准器具都不可避免地存在着一些误差，这些误差必将直接反映到测量结果中，造成测量误差。

2．测量器具误差

企业常用的测量器包括千分尺、游标卡尺、百分表等各式万能量具、机械量仪、电感量仪、气动量仪以及各种光学设备。造成测量误差的原因主要有以下几个方面。

（1）设计原理有误。

（2）生产装配存在误差。

（3）调整方法不正确，例如，没有调到零位，放大比例不准确，因而产生测量误差。

（4）测量器具因使用磨损而产生测量误差。

3．测量方法误差

由于采用的测量方法不同，测量时产生的误差也不一样。此外，测量方法误差还包括因为测量基准面的选择不当、安装定位方法和瞄准方式不正确等引起的误差。

4．测量环境条件误差

在测量过程中，温度、振动、测力和灰尘都会造成测量误差。其中，温度误差与测力误差对测量的影响最大。

（1）温度误差。在测量长度时规定的标准温度为20℃，但实际上由于种种原因，被测件的温度和测量器具的温度往往与标准温度有偏差。另外，被测件与测量器具的材料不同，线膨胀系数也不同。不同材料的线膨胀系数如表8-11所示。

表 8-11　不同材料的线膨胀系数

材料	线膨胀系数（α）	材料	线膨胀系数（α）
钢	11.5×10^{-6}	铬	8.4×10^{-6}
铸铁	10.4×10^{-6}	镍	13×10^{-6}
铝	24×10^{-6}	镍合金	15.2×10^{-6}
黄铜、青铜	18.5×10^{-6}	不锈钢	$10 \times 10^{-6} \sim 18 \times 10^{-6}$
紫铜	16.5×10^{-6}	硬质合金	5.5×10^{-6}
铝合金	27×10^{-6}	玻璃	$6 \times 10^{-6} \sim 9 \times 10^{-6}$
银	19.7×10^{-6}	石英	0.5×10^{-6}
金	14.3×10^{-6}		

（2）测力误差。绝大多数测量均为接触测量，为了保证测量器具的测头与被测件紧密接触，需要有一定的测力，这会造成被测件表面和测头产生弹性变形。这种变形程度一般不明显，在普通测量和相对测量时可以不考虑，但在采用绝对法进行精密测量，或测量细铜丝、铝丝直径以及橡胶、尼龙制件等较软零件时，就必须考虑由测力造成的测量误差。

211　减少测量器具误差

为了减少测量器具的误差，质检人员除了要正确地使用测量器具，还要按照规定对测量器具进行校准，关于校准的内容与要求请参阅第五章。

212　防范测量方法误差

测量方法误差的防范措施如图 8-14 所示。

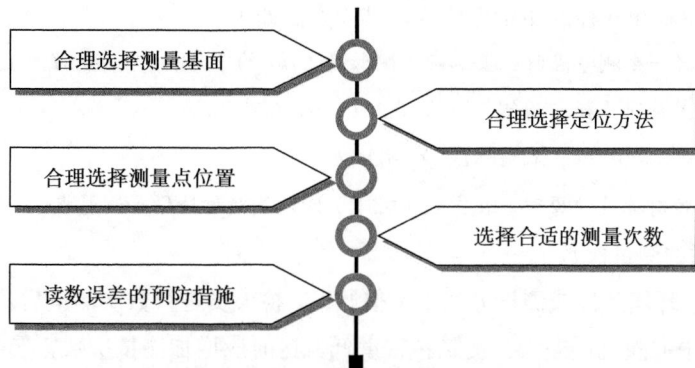

图 8-14 测量方法误差的防范措施

1. 合理选择测量基面

选择测量基面应遵循基面统一原则，也就是使设计基面、工艺基面、装配基面和测量基面都在零件的同一个面上，确保不产生定位误差。在实施工序检验时，测量面应与工艺基面保持一致，以安装在机床夹具上的定位面为测量基面；在实施零件完工检验时，应以装配基面为测量基面。在选择测量基面时，有时因各种条件所限，不能实现基面统一，此时质检人员须采用辅助基面，并注意以下几点。

（1）选择精度较高的尺寸或尺寸组的表面作为辅助基面，以减少定位误差的影响。

（2）在被测尺寸较多时，应选择与被测尺寸关系密切的表面作为辅助基面，以免在测量各种尺寸时，因更换基面产生误差。

（3）基面的稳定性要好，以免因定位不稳造成测量误差。

2. 合理选择定位方法

合理选择定位方法是指根据零件的形状选择合适的定位方法。例如，以平面定位时要注意由工作台倾斜引起的定位误差。在以内孔表面定位时，为了减少定位误差，可采取下列措施。

（1）单件产品可按内孔的实际尺寸配制专用的检验芯轴。

（2）批量产品可按内孔的尺寸公差制作一组尺寸不等的分组芯轴。

（3）采用阶梯芯轴或锥度芯轴。

3. 合理选择测量点位置

在检验工作中，质检人员若不注意测量点的位置，往往会造成错检、漏检。例如，有交叉槽或孔的磨加工内径，没有测量槽孔边缘，形状复杂和易变形的零件没有测量因变形造成局部超过标准差的位置。因此，质检人员在这些因特殊原因需要设置测量点的位置以外，通常需要按长度决定轴和孔径的测量点位置，具体方法如下。

当$n=1$，即选择一个测量点时，要选在被测长度（L）的中部，即$X_1=0.5L$。

当$n=2$时，要对称地选择在两侧，即$X_1=0.21L$，$X_2=0.79L$。

当$n=3$时，可选$X_1=0.15L$，$X_2=0.5L$，$X_3=0.85L$。

当$n>3$时，可按对称最佳原理，在中点（$0.5L$）的两侧对称地增加测量点。

4．选择合适的测量次数

若测量设备、环境条件或测量方法不是很好，质检人员进行数次测量后发现测量值分散，则说明测量结果中的随机误差大、测量精密度低，这时应增加测量次数，选取多次测量结果的算术平均值，以减少误差。

5．读数误差的预防措施

读数误差也称"视差"，是指在测量过程中，眼睛瞄准主尺刻度与游标刻度（或指针与刻度盘）读数时，因主尺刻度与游标刻度不在同一平面上，或指针与刻度盘有一定距离，眼睛的瞄准位置不同而产生的误差。

当在刻度的垂直位置进行瞄准读数时，因为视力总有差异，很容易产生偏斜，于是便产生了视差。视差常与被测件的形状特点、刻线宽度和照明条件有关，其计算公式如下：

$$\Delta=htg\varphi$$

式中，h表示主尺刻度面与游标刻度面的距离或指针与刻度盘的距离，φ表示眼睛瞄准方向与垂直于刻度表面（或刻度盘）方向的夹角。

213　控制环境因素

品质经理应尽可能控制影响测量结果的环境因素。例如，品质经理可以规定，测量长度时应在恒温20℃进行，将温度对测量误差的影响降到最低。品质经理在日常工作中应对各项测量工作进行检查，发现不利的环境因素要及时解决。

214　减少粗心大意误差

许多检验误差往往是由制程检验人员的粗心大意造成的，包括下列几种情况。

（1）责任心不强。一位情绪不佳或者不认真对待工作的制程检验人员很容易因粗心大意而使检验结果产生误差。

（2）在任务急、时间紧的情况下，如果制程检验人员的检验敏感性不强，就极容易引发检验误差。

企业可针对制程检验人员的粗心大意可采取下列防范措施。

（1）采用确保不出差错的检验方法，如表 8-12 所示。

表 8-12　确保不出差错的检验方法

方法	示例
多余法	复核检验，重复检验，设警钟、警报等
递减记数法	设计连锁检验程序，按顺序逐项检验
自动防止故障法	对用于检验锯齿形螺纹的环规要明确规定施进方向，可有效防止加工出错

（2）将检验内容简化。可设置障板将他人负责的检验项目遮住，集中精力检验自己负责的项目；也可根据需检验的品质特性对形状复杂、检验品质特性多的零件进行编组，分别由两个或两个以上的制程检验人员各检其中一组，这样由繁化简能有效防止检验误差的产生。

（3）建立标准样品，采用比较法。将经过认真加工、检验合格的首件作为标准件，进行对比。

（4）采用自动化检验。对于大批量的重复检验，若采用自动化检验装置，只要装置正常稳定，就不会产生误差。

（5）采用样板检验。以模具检验为例，通常都是先生产若干块样板，用其来检验模具的尺寸、形状和位置，通过与样板进行对比便可一目了然地看出差错。

（6）进行覆盖检验。提供画有指导线或公差线的透明纸，制程检验人员在判断零件尺寸大小或位置时可以大大简化检验程序，减少检验误差。

（7）采用检测放大设备。采用放大镜、扩音器以及其他检测放大设备，提高发现品质特性缺陷的能力。

215　减少程序性误差

程序性误差是指因生产不均衡，在制程（工序）检验点或完工检验点混乱地堆放着待检产品和检验过的产品，或由于标识不清，已检与未检、合格与不合格产品难以辨别而引起的误差。

企业可以通过明确鉴别标志和严格调运手续减少这种误差，一般可采用分区堆放、涂色堆放和标志堆放等方法。

216 减少技术性误差

技术性误差是指制程检验人员因缺乏检验技能而产生的误差，其具体原因如下。

（1）缺乏技术知识，如看不懂剖视图。

（2）检验技术不熟练，如不会使用 0.001 毫米内径表测量内孔，不会使用三针测量螺纹中径等。

（3）制程检验人员有生理缺陷，如视力异常，看不准量具读数等。

针对技术性误差的防范措施如下。

（1）选择符合岗位要求的人员来做制程检验。

（2）进行岗位培训，不断提高制程检验人员的技术水平，使之胜任制程检验工作。

（3）总结、推广优秀制程检验人员的工作经验和技巧，及时分析错检、漏检的原因，吸取教训，引以为戒。

（4）安排有生理缺陷、不宜做检验工作的人员去做其他适当的工作。

（5）对制程检验人员进行应知、应会的考核及漏检（错检）率考核，向合格者颁发证书，确保持证上岗。

217 减少明知故犯误差

明知故犯误差的表现形式如表 8-13 所示。

表 8-13　明知故犯误差的表现形式

引起原因	表现形式
管理引起	（1）当产量、品质、成本等指标发生矛盾时，容易出现不严格遵守品质标准的现象 （2）习惯性的前松后紧。靠月末突击完成任务，检验人员压力较大，容易造成月末检验松懈的现象 （3）技术文件不统一，容易造成工序之间互相扯皮 （4）检验人员反映的正确意见和要求得不到支持，检验人员限于条件，只能勉强放行 （5）对于有意的弄虚作假现象，检验人员不能正面抵制

（续表）

引起原因	表现形式
检验人员引起	（1）品质意识差，私自放宽标准，认为差一点达不到标准没有大碍 （2）怕得罪人，不敢坚持原则 （3）责任心差，工作中漫不经心，怕脏怕累，马虎草率 （4）缺乏检验知识，不懂装懂

减少明知故犯误差的措施如下。

（1）建立品质保证体系，明确相关人员的品质职责和权限。

（2）管理者以身作则，消除可能引起明知故犯误差的弊端。

（3）选用经过培训并已经证明能坚持原则、能胜任检验工作的人员来从事检验工作。

（4）明确规定检验人员的职责、权限及奖惩办法。

（5）实施复核检验和定期审核。

218　对检验工作进行抽查

企业高层管理者如董事长、总经理等均可对检验人员的工作进行定期或不定期的抽查，品质经理可以陪同抽查，抽查对象为品质部的检验人员。抽查范围如图 8-15 所示。

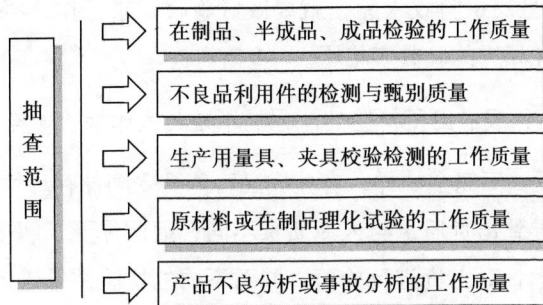

图 8-15　抽查范围

第九章　成品与出货品质管理

导读 >>>

　　实施成品品质管理的目的是防止有缺陷的产品入库或出厂。品质经理要对成品进行严格的检验，因为这是控制产品品质的最后一关。

　　Q先生：A经理，生产出成品后，需要进行入库前检验，这时品质部要注意哪些事项呢？

　　A经理：作为品质经理，你要掌握成品入库检验项目、检验要求和检验流程，并做好入库拒收处理工作。一旦决定验收入库，就要做好验收记录工作，将验收情况详细地记录在相应的验收表格中。

　　Q先生：成品出货检验的流程是不是与入库检验一样呢？

　　A经理：不完全一样，有些成品可能会受到储存环境或储存时间的影响，导致出货质量与入库质量不同，因此你要了解出货检验流程，对出货进行检验，并对不同的检验结果进行核查。

第一节　成品与出货品质管理安排

219　FQC（QC）作业的安排

品质经理要使每一件产品的品质都能得到保证，除了要确保制程符合标准，还要对产品实施全数检验，所以 FQC 或 QC 是必需的。但是，由于生产方式的自动化程度不同或者产品特性不同，检验方法也有所不同。

一般情况下，FQC（QC）作业应按如下方式安排。

(1) FQC（QC）作业属于定点检验工位，设定的点要便于检验。

(2) 流水线生产作业要确保 QC 岗位的检验时间与工位平均作业时间相当，否则就要分解工位，让两个或更多的人共同完成。

(3) FQC（QC）作业一般是全检，其检验方式如图 9-1 所示。

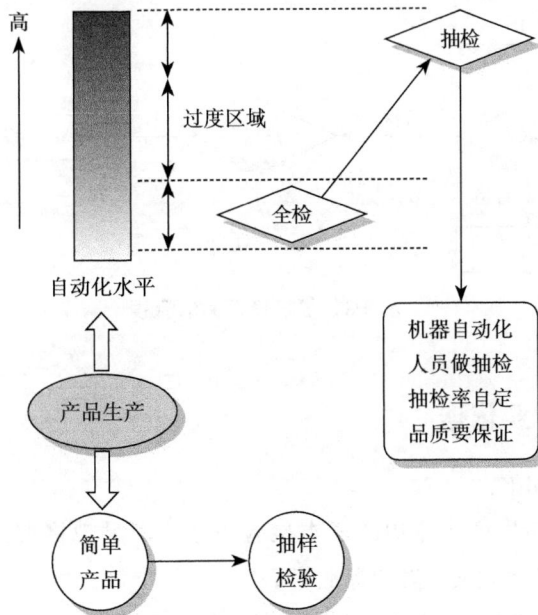

图 9-1　FQC（QC）的检验方式

220　表示FQC检验产品合格的方法

表示 FQC 检验产品合格的方法如图 9-2 所示。

图 9-2　表示 FQC 检验产品合格的方法

221　复检修理品

对 FQC 剔除的不良品实施修理后，品质经理一定要进行 FQC 复检，合格后方可放行，但修理和复检的次数应该有所限制，因为即使是一个好的产品，被修理几次后也会变成次品。

复检修理品的流程如图 9-3 所示。

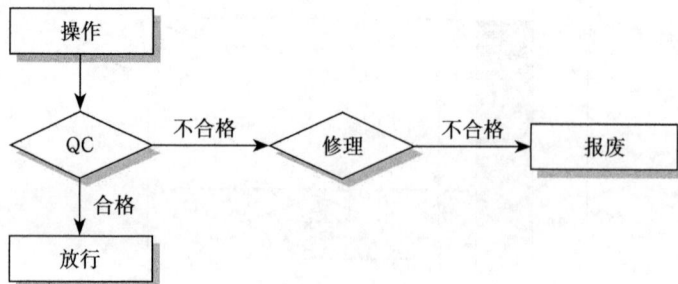

图 9-3　复检修理品的流程

222　FQC的作业依据

FQC 的作业依据如下：

（1）检验标准，如生产指令单、成本检验规范、产品规格书、样板、样机、CDF[①]、BOM、工程变更单、技术发文、客户标准等；

（2）检验记录，如内部 FQC 检验报告、客户指定报告等。

---

① CDF是Component Date Fam的缩写，即元器件清单表。

223　OQC的工作流程

OQC 是品质部下属的一个科别，其职责是保证成品品质，与其关系最密切的部门是物料部。OQC 的工作流程如图 9-4 所示。

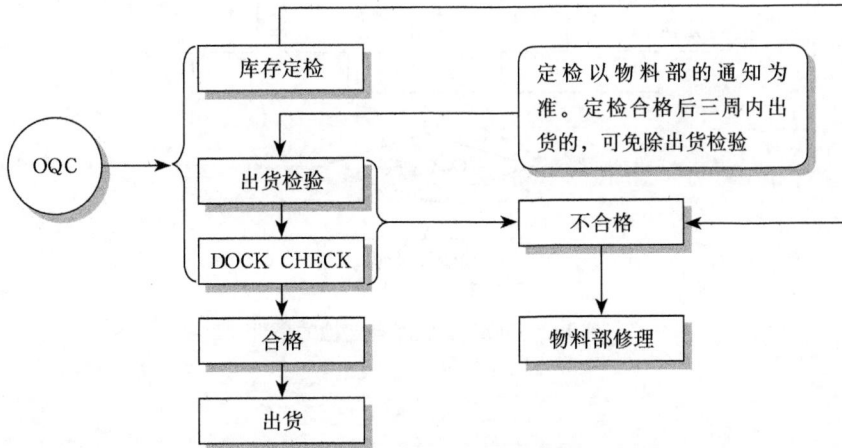

图 9-4　OQC 的工作流程

224　OQC实施出货检验的条件

OQC 实施出货检验的条件如图 9-5 所示。

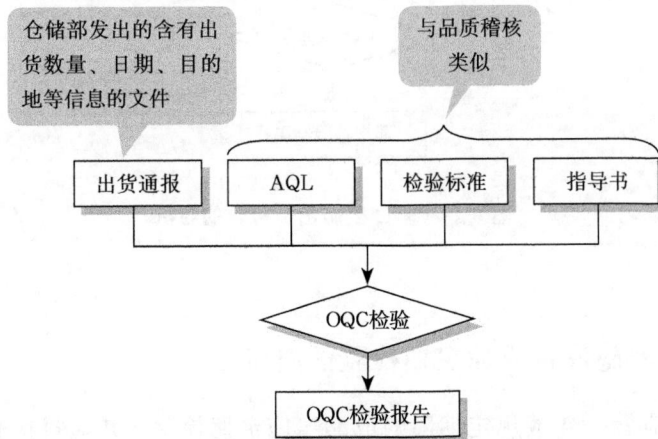

图 9-5　OQC 实施出货检验的条件

225　OQC实施库存定检的条件

OQC 实施库存定检的条件如图 9-6 所示。

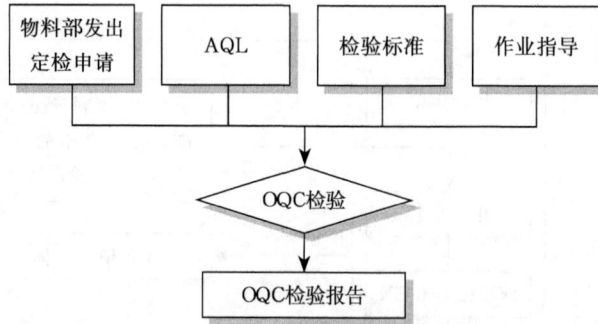

图 9-6　OQC 实施库存定检的条件

226　OQC实施出货检验的时机

OQC 应于出货前一周内进行出货检验并通报检验结果，如图 9-7 所示。

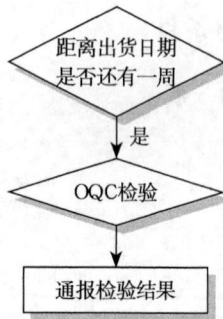

图 9-7　OQC 实施出货检验的时机

227　OQC实施库存成品定期检验的时机

OQC 应对库存满一年或规定期限的成品实施定期检验，并通报检验结果，如图 9-8 所示。

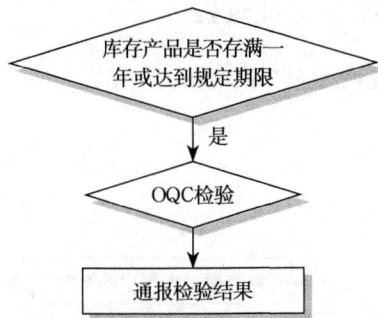

图 9-8　OQC 实施库存成品定期检验的时机

228　OQC实施抽样检验的流程

抽样检验依据 AQL 标准进行。OQC 实施抽样检验的流程如图 9-9 所示。

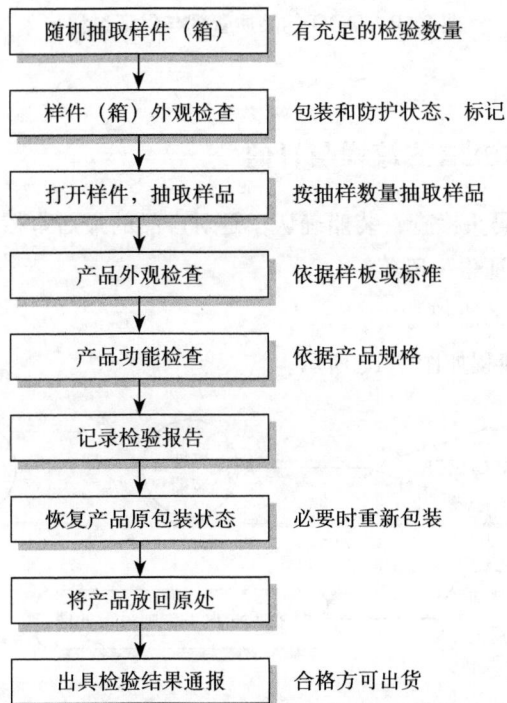

图 9-9　OQC 实施抽样检验的流程

229 OQC的品质管理与保证过程

OQC 的品质管理与保证过程如图 9-10 所示。

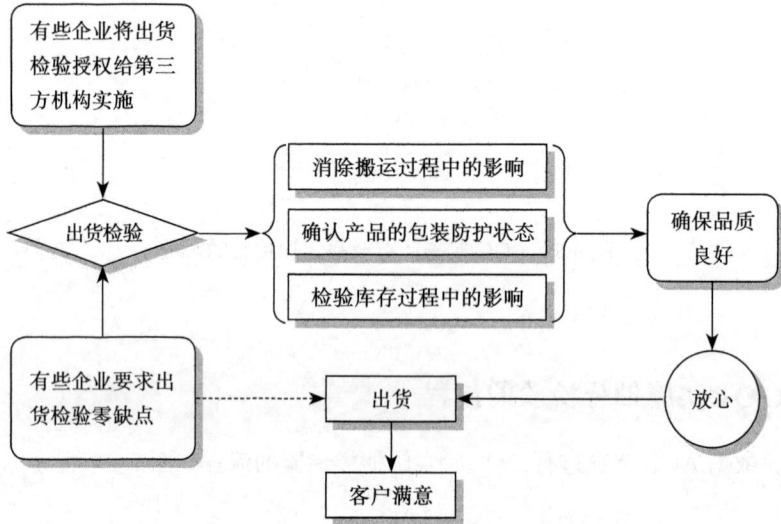

图 9-10 OQC 的品质管理与保证过程

230 DOCK CHECK的流程与目的

DOCK CHECK 即码头检查、装船确认，是对产品的最后审核。此项工作结束意味着对产品生产过程的品质保证告一段落。

1. DOCK CHECK 的流程

DOCK CHECK 的流程如图 9-11 所示。

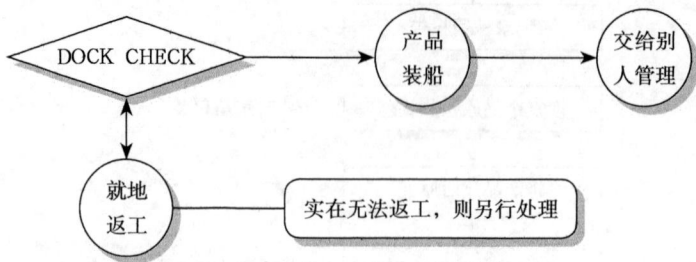

图 9-11 DOCK CHECK 的流程

2．DOCK CHECK 的目的

DOCK CHECK 的目的如下：

（1）防止出错货，即预防出货的产品与要求不符，如产品型号、规格、数量、种类不符等；

（2）确认产品的标识状态和防护措施是否满足相关要求。

231　DOCK CHECK的检验内容与记录检验报表

1．检验内容

DOCK CHECK 的检验内容主要包括：

（1）确认出货文件与所出货物的一致性；

（2）确认箱头纸、标贴纸的正确性；

（3）确认所出产品全部经过 OQC 检验且检验合格；

（4）确认订单满足要求；

（5）确认产品的流水号码正确。

2．DOCK CHECK 记录检验报表

相关人员完成 DOCK CHECK 作业后，要及时将检验结果记录在检验报表上。"DOCK CHECK 记录检验报表"的格式如表 9-1 所示。

表 9-1　DOCK CHECK 记录检验报表

日期：

产品名：		目的地：		批号：
型号：		订单号：		批量：
出货数：		起始流水号：		完结流水号：
NO．	检查项目	确认内容		备注

（续表）

检验事项纪要：	
特别事项说明：	检查结果
检查员：	批准人：

232　实施DOCK CHECK的地点

DOCK CHECK 是产品交运的最后检查环节，交运方式的不同，实施 DOCK CHECK 的地点也会不同。例如，当货柜车到公司来拉货时，DOCK CHECK 的地点就在公司的货仓门口。

第二节　成品入库检验

233　成品入库检验项目与要求

1．成品入库检验项目

成品入库检验项目包括产品功能、产品外观、产品结构、产品尺寸（安装尺寸、连接尺寸）、易于检验的性能、包装及包装物。

2．成品入库检验要求

成品入库检验要求如下。

（1）按照产品标准或检验作业指导书规定的入库验收项目，逐条逐项进行检验。

（2）随产品供应的附件、备件应纳入成品入库检验的范围并认真实施。

（3）产品的合格证（或其他品质证明文件）、随机技术文件应纳入成品入库检验的范围，并进行核对与验收。

（4）产品包装与包装物品质应纳入成品入库检验的范围并认真实施。

（5）成品入库检验的记录应齐全、准确。

234　成品入库检验流程

成品入库检验流程如下。

（1）核对待检品。生产部门将待检品送至检验区，检验人员核对"入库单"与待验品的料号和品名是否相符。

（2）检验准备。按"入库单"上的料号及品名调出该产品的检验规范，准备必要的设备与测试程序。

（3）执行检验。以每一包装为一检验批进行抽检。

（4）允收批处理。检验人员依照检验规范进行检验并判定允收后，给该批粘贴允收标签，在检查表上填写检查结果核对允收数量及品名后，在"入库单"上签名或盖章。

235　成品入库拒收处理

成品入库拒收处理的要点如下。

（1）检验人员按检验规范进行检验后，如果检验批达到退货水准，检验人员应拒收该批，并粘贴拒收标签。

（2）检验人员填写"最终抽验不合格品分析表"（见表9-2），将此表随拒收批产品退回生产部门。生产部门收到退货批后，须对退货批进行全检处理，并将不良原因及改善方式填入"最终抽验不合格品分析表"。

表 9-2　最终抽验不合格品分析表

编号：　　　　　　　　　　　　　　　　　　　　日期：＿＿＿年＿月＿日

TO：	产品：
序号：	检验日期：
检验者：	原测试者：
不良现象：	回复期限：
分析与说明：	责任部门：□生产部　□技术部　□其他
责任部门对策： 责任部门主管：	

（续表）

返工结果：	
	生产部经理：
对策确认：	
□结案　　□继续追踪　　　检验人员：	
分发：□生产部　□品质部	

制表人：　　　　　　　　　　　　　审核人：

（3）对于该批退货产品，生产部门应先判断是否为人为疏忽造成，若属人为疏忽，应立即改善；若不属人为疏忽，则转交技术部分析，并由责任部门制定改善方案。

（4）责任部门拟订改善方案并将"最终抽验不合格品分析表"送回检验部门，由检验人员确认改善对策能否有效执行，经确认核准后，生产部门方可进行返工。

（5）检验部门对已处理的退货品重新进行检验。

（6）业务部门发出"成品品质异常联络单"（见表9-3），经相关部门会签，最后由品质部裁决，正本送回业务部门，副本分发到相关部门。

表9-3　成品品质异常联络单

编号：　　　　　　　　　　　　　　　　　　　　日期：＿＿＿年＿月＿日

料号		品名		业务部申请者	
产品		数量		主管	
提出原因：					
会签部门	同意	不同意	条件同意	说明	
裁决：					
分发：					

制表人：　　　　　　　　　　　　　审核人：

（7）若裁决允收，则最终检验人员将拒收标签改为允收标签，并在"最终抽样不合格品分析表"上注明"成品品质异常联络单"编号；若未核准，则维持前述拒收批的处理方式。

（8）品质部须将"成品品质异常联络单"归档，作为日后追查的依据，至少保存一年。

236　成品入库验收记录

为了防止因漏检导致有缺陷的产品入库，品质经理应编制成品检验标准程序，督促检验人员认真填写"成品验收登记台账"（见表9-4），并存档备查。

表 9-4　成品验收登记台账

编号：　　　　　　　　　　　　　　　　　　　　日期：＿＿年＿月＿日

产品型号及产品名称		交检批号		交检批量		验收日期	
验收条件				验收项目及要求			
机器编号	检测（试验）结果				判定结论	装配工	质检人员	备注
	A项	B项	C项	D项				

制表人：　　　　　　　　　　　　　　　审核人：

第三节　成品出货检验

237　成品出货检验的内容

出货检验的内容与入库检验的内容有相似之处，检验人员可从入库检验的项目中选择一部分，具体内容如表9-5所示。

表 9-5　出货检验的内容

检验点	具体内容
外观检查	检查产品是否变形、受损，配件、组件、零件是否松动、脱落、遗失
尺寸检验	测试产品是否符合规格，零配件尺寸是否符合要求，包装袋、盒、外箱尺寸是否符合要求
特性验证	检验产品的物理、化学特性是否产生变化，及其对产品的影响程度
寿命试验	在模拟状况和破坏性试验状态下，检测产品寿命
测定产品抗衡能力	测定产品抗拉力、抗扭力、抗压力、抗震力等方面是否符合品质要求
产品包装和标识检查	1．检查产品的包装方式、包装数量、包装材料的使用情况，单箱装数是否符合要求 2．标识纸的粘贴位置、标识纸的书写内容、外箱的填写是否符合规范 3．纸箱外包装是否有品质检验"PASSED"印章

238　成品出货检验流程

产品在入库前已经进行了严格的检验，一般无须进行出货检验，但在下列情形下必须进行出货检验。

（1）仓库储存环境（如温度、湿度）对产品有影响时，必须进行出货检验。

（2）对保质期有严格要求的产品必须进行出货检验。

成品出货检验流程如图 9-12 所示。

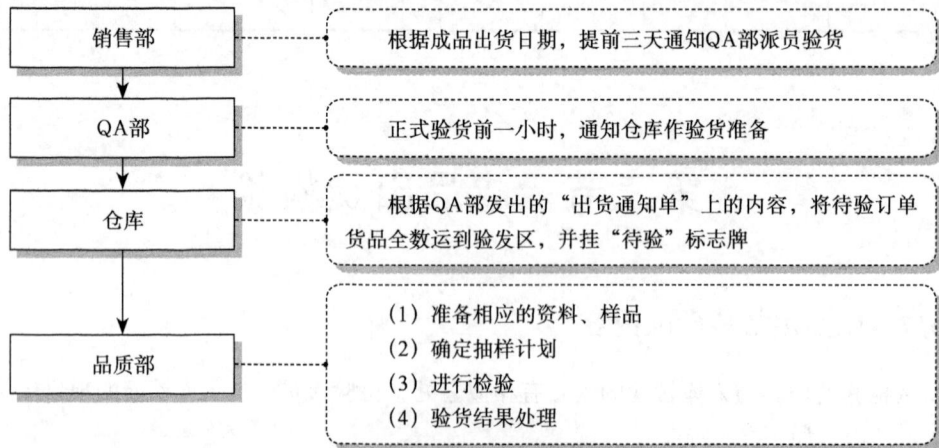

图 9-12　成品出货检验流程

239　对不同检验结果的处理措施

检验人员根据不合格品的确认结果，判定该批产品是否允收。

1．允收产品

对于允收批（单）产品，检验人员要在其外箱逐一盖"QA PASSED"印章，并通知仓库收货。

2．拒收产品

对于拒收批（单）产品，检验人员应挂"待处理"标志牌，仓库不得擅自移动此类产品。

240　做好检验记录工作

检验人员在完成所有验货后应及时填写"成品出货检验报告"，将其交品质经理签字，并将此期间产生的所有表单一起交给品质部保留。表9-6为"成品出货检验报告"的范本，供读者参考。

表 9-6　成品出货检验报告

编号：

客户	××	订单	003单	产品	水龙头	数量	100
检查箱号		第2箱		检查数	3个	日期	20××-12-15

(1) 主要缺点AQL：1%　　(2) 次要缺点AQL：4%							
包装说明	(1) 外箱 正唛： 003569A2 侧唛： 00A364B	(2) 内箱 净重： 毛重： 材积：		落地试验			
				重量：10千克/箱 数量：4套（台）/箱 箱数：1箱 落下高度：10厘米 落下次数：5次			

项次	不良记录	缺点判定			检验项目	检验结果	
		CRI	MAJ	MIN		试验前	试验后
1	外观检查	0	0.2	1.3	(1) 包装的完整性	OK	OK
2	尺寸检验	0	0	0.2	(2) 包装结构的坚固性	OK	OK
3	特性验证	0	0	1.3	(3) 产品特性检查	OK	OK

（续表）

项次	不良记录	缺点判定			检验项目	检验结果	
		CRI	MAJ	MIN		试验前	试验后
4	寿命试验	0	0	0	（4）产品结构检查	OK	OK
5	抗衡能力	0	0	0	特殊试验		
6	产品包装	0	1.0	2.5			

判定	□出厂 □返修 □全检	厂长		品管	主管	检验员	备注	
		杨××		张××	李××	王××		

241 客户质检员验货

如果客户要求安排自己的质检员进行验货，品质经理可以安排人员陪同验货，程序与企业自身检验程序相同，但要填写"客户验货记录单"（见表9-7）。验货完成后，由陪同人员将"客户验货记录单"一式两份交品质经理签字，一份由品质部保存，另一份交给客户。

表9-7 客户验货记录单

编号：　　　　　　　　　　　　　　　　　　　　　　　　　　　　　　日期：＿＿年＿月＿日

客户名称：		客户型号：		本厂型号：		检查数量：	
检查项目	标准	方法		检查结果		不良描述	
				合格	不合格		

制表人：　　　　　　　　　　　　　　　　　审核人：

242　粘贴成品标识

粘贴成品标识是品质检验工作的重要组成部分，相关人员在完成这项工作时应做到以下几点。

（1）成品标识的内容一般包括产品的型号、件号、名称、规格、厂名、商标等。对于大批量生产的产品，还应标明批次号、生产日期等。

（2）成品标识的形式一般有粘贴标签、挂标牌、打钢印、记号笔手写、喷墨打印、电笔刻蚀和条形码等，也可采用随行文件（如流转单）的形式。

（3）成品标识的粘贴部位一般在产品上、包装上、料架上、专用手推车上、工位器具上和座位上等。

（4）成品标识必须正确、清晰、牢固。发现成品标识被破坏时，应做好标识移植。

第十章　工序品质管理

导读 >>>

工序是产品制造的基本环节，一般包括加工、检验、搬运和停留。工序品质控制是指为了把工序品质的波动限制在要求范围内所进行的品质控制活动。

Q先生：A经理，我认为工序品质管理非常重要，我应该怎样加强工序品质管理呢？

A经理：工序品质管理确实非常重要。要想做好工序品质管理，你首先要了解影响工序的各种因素，如作业人员、生产设备等，同时采取必要的控制措施。其次，你还要了解工序检验流程与相应的工序信息。

Q先生：那么，如何设置与管理工序品质控制点呢？怎样才能有效改善工序呢？

A经理：工序品质控制点的设置与管理不只是品质部门的工作，还需要技术与开发部门的支持。你要明确工序改善的对象，积极改善工序，生产出最好的产品。

第一节　日常工序管理

243　影响工序的因素

影响工序的因素主要有人（Man）、机器（Machine）、材料（Material）、方法（Method）、环境（Environment）等，简称"4M1E"。对工序品质的控制事实上就是对这五大要素的控制。

行业不同、产品不同，工序条件也不一样，因此工序的主导因素各不相同，不同企业所采取的措施也会有所不同。根据工序的不同情况，企业需要采取相应的措施进行控制，以达到控制工序品质的目的。

影响工序的因素如图 10-1 所示。

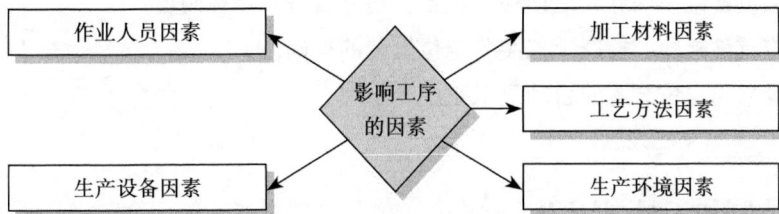

图 10-1　影响工序的因素

244　控制作业人员因素

任何机械加工都离不开人的操作，即便是最先进的自动化设备，也要由人来操作和控制。

1. 造成作业人员失误的主要因素

（1）品质控制意识差。

（2）操作时粗心大意。

（3）责任心不强。

（4）不遵守操作规程。

（5）操作技术不熟练。

2．控制措施

（1）加强品质意识教育，增强作业人员的责任心，并建立质量责任制。

（2）进行岗位技术培训，让作业人员熟悉并严格遵守操作规程。

（3）加强作业人员的自检和首检工作。

（4）采用先进的自动加工方法，减少对作业人员的依赖。

（5）广泛开展 QCC 活动，增强作业人员自我提高和自我改进的能力。

245　控制生产设备因素

1．影响因素

生产设备运行正常是保证企业生产出符合质量要求的产品的主要条件之一。生产设备的精度稳定性和性能可靠性、配合件的间隙、定位装置的准确性等都直接影响工序品质特性的波动幅度。

2．消除生产设备造成的质量波动的措施

（1）加强设备维护保养，定期检测设备，建立设备日点检制度。

（2）实施首件检验，检查工艺装备定位安装的准确性。

（3）尽量采用定位装置的自动显示系统。

246　控制加工材料因素

在机械加工中，工件材料的余量不均匀或硬度不均匀会引起切削力的变化，导致工件产生弹性变形，进而影响工件的加工精度。针对这类问题的主要控制措施包括加强对物料的检验，提高毛坯的精度，合理安排加工工序等。

247　控制工艺方法因素

加工方法、工艺参数和工艺装备等的合理性以及贯彻执行工艺方法的严格程度都会对工序品质产生影响。

对此，品质经理可以采取以下控制措施。

（1）制定正确、合理、先进的工艺方法。

（2）优化工艺参数，保证加工质量，提高生产效率。

(3) 保持工艺装备的精度，做好维修工作，进行周期检定，并加强对刀具的保管。

(4) 对关键工序采用控制图管理。

(5) 严格遵守工艺纪律，对贯彻执行操作规程的情况进行检查和监督。

248 控制生产环境因素

这里所说的生产环境是指生产现场的温度、湿度、振动、噪声、照明、室内净化和现场污染程度等。生产工序不同，所需的环境条件也不相同，因此，企业应根据不同的工序要求选择合适的环境。

249 工序管理的流程

1．制订计划

为了生产出符合要求的产品，企业必须根据生产材料、生产设备、工具、生产方法以及生产条件合理地制订计划。

2．认真贯彻操作规程

企业应在"三定"（定人、定机、定工种）的基础上实行"三按"（按标准、按图纸、按工艺）生产，严格遵守工艺纪律，严肃查处违纪者，对作业人员这个主导因素加以控制，确保工序品质。

3．检查操作规程的贯彻情况、操作方法和作业效果

工序中导致质量变动的因素多与4M1E有关。检验人员在检查操作方法等是否正确的同时，还要在工序各处确认操作结果，以达到早期发现异常的目的。

在生产中实行"三检制"（即自检、互检、专检），检查工序必要的操作，并将质量状况记录在控制图上，以保证工序的稳定。

250 工序异常的应对方法

当发现工序异常时，现场检验人员不仅要尽早处理，还要查出工序异常的原因，做好预防措施。处理异常情况时，现场检验人员应考虑下列问题。

(1) 是否继续生产。

（2）异常的原因是什么，如何及早发现并排除异常。

（3）对于产品异常，如何做好检查、分选、修理等善后工作。

（4）应采取哪些措施才能防止异常状况重复出现。

前两项是针对工序的应急措施，第三项是针对产品的应急措施，有时还不得不采取暂时的应对措施。在实际工作中，品质管理人员常常在采取了应急措施之后，就认为异常已经完全得到解决。可是，仅采取前三项措施是无法减少异常的发生次数的，还须进一步查找原因，制定防止异常状况重复出现的方案。要注意，工序异常的责任不能完全由生产部门来承担，还应由工艺、设备、工具、生产、检验、质量管理等相关部门共同承担。

251 用控制图进行管理

在工序管理中，最重要的就是控制图，正如我们常说的："质量管理始于控制图，终于控制图。"

1. 管理步骤

通过控制图进行工序管理的步骤如下。

（1）确定控制图的特性值。

（2）选定控制图，确定抽样及测定方法。

（3）收集某一时期的数据，画分析用控制图。一方面注意分层、分群，另一方面检查是否处于控制状态。如有必要，还要运用专业技术、假设检验、参数估计、相关统计方法进行工序分析，若有控制界限以外的点，须查明波动原因，使控制图标准化。

（4）当已确定标准时，用各个数据画出直方图，与标准进行比较。如果不能达到标准，应采取提高工序能力的措施，并重新收集数据，画出直方图。

（5）若控制图基本上反映了控制状态，直方图又能达到标准要求，则应把分析用的控制图的控制界限线延长，使其成为工序控制用的控制图的控制界限。

（6）将以后加工的工件特性值数据标注在图上。

（7）若画在图上的点出界，应立刻查明原因，切实采取措施。

以上步骤可以使工序处于可控状态，确保生产出合格的产品。

2. 检查控制图

对工序控制用的控制图要每年、每半年或每季度进行一次检查，检查内容如下：

（1）明确用它管理什么样的工作；

（2）特性值是否合适；

(3) 排查异常、调节、检查三者之间有无混淆；

(4) 控制图所使用的控制标准是否合适；

(5) 导致异常出现的原因有无变化；

(6) 采取的处理措施是否恰当，有无改善的必要，措施的结果是否良好。

第二节 品质控制点设置

252 了解品质控制点的内涵

品质控制点的内涵如下。

(1) 一道工序加工出来的产品或零件的某一项特性值，如性能、精度、粗糙度、硬度等。

(2) 一道工序的关键特性或重要的工艺条件，如铸造中的铁水温度，造型中的型砂透气性、水分等，机械加工中的尺寸精度、形状精度和位置精度等。

253 了解品质控制点的类别

品质控制点可分为不同的类别，具体如下。

(1) 以品质特性值设置的品质控制点，适合批量生产。

(2) 以设备设置的品质控制点，适合单件设备加工。

(3) 以工序设置的品质控制点，适合热加工和热处理等。

254 设置品质控制点的条件

凡符合下列条件之一的，都应设置品质控制点。

(1) 根据品质特性的重要度分级，对 A 级的品质特性必须设置控制点，而且是永久的。

(2) 工艺上有特殊要求，或对下道工序有较大影响的。

(3) 品质不够稳定，加工中发现的不合格品较多的工序和部位。

(4) 品质反馈发现的对客户有重大影响的产品和项目。

255　设置品质控制点的流程

设置品质控制点须按照一定流程进行，具体如下。

（1）工艺部门和品质部门牵头组织所有相关部门，找出所有影响工序品质的控制点，并编制品质控制点明细表（见表10-1）。

（2）工艺部门和品质部门组织相关人员，根据产品和工序品质特性进行品质特性分级，即明确影响产品和工序质量的因素。

（3）工艺部门和品质部门根据品质特性，从"品质控制点明细表"中选择那些对工序质量影响较大的控制点，将其设置为品质控制点。

表 10-1　品质控制点明细表

产品名称：　　　　　　　　　　　　　　　设备：

序号	零件号及名称	工序号	控制点编号	控制点名称	技术要求	检测方式	检测工具	检验频次	质量特性分级			管理手段
									A	B	C	

256　编制品质控制点的相关文件

为了加强对品质控制点的管理，应编制品质控制点的相关文件，具体措施如下。

（1）工艺部门绘制品质控制点流程图，品质部进行工序分析，找出影响控制点品质特性的主要因素，并编制"工序品质分析表"（见表10-2）。

（2）设备、工具、计量等部门根据"工序品质分析表"中与本部门有关的主导性要素编制"设备工艺装备点检卡"（见表10-3），并制定管理办法。

（3）以上文件由主管工艺部门的管理者审查。

（4）工艺部门将已经审查通过的工艺文件分发给相关部门。

表 10-2 工序品质分析表

工序分析用纸										
略图：						图号				
						品名				
					材质：		每台个数：			
					制作台数：		制作个数：			
					调查者：					
					调查时间：					
个数	总距离	总时间	工序符号	工序	作业者	机械设备	夹具工具测量器具	容器放置方法	改善要点及其他	

表 10-3 设备工艺装备点检卡

卡片编号： 　　　　　　　　　　　　　　　　　　　　　　　　日期：____年__月__日

编号	型号及名称	设备（工装）周期点检卡			设备（工装）使用单位		
					车间		
加工产品名称		零件号		零件名称		工序号及名称	
质量特性要求		负责点检部门			负责点检人员		
序号	周检精度项目	允许界限值	周期	第一次点检	第二次点检	第三次点检	第四次点检
				日期	实测值	日期	实测值	日期	实测值	日期	实测值

257 品质控制点审核

1．收集和处理品质控制点信息

品质部门现场检验人员负责收集各部门的品质信息，反馈到各主管部门，并报工艺部门。

2．审核评价品质控制点的要点

设置品质控制点之后，企业应根据具体运行状况定期进行审核评价，审核要点如下。

（1）每季度对各品质控制点的活动情况进行审核评价。

（2）品质控制点的审核以建点前后品质状况和工序能力指数的变化为主要依据。

（3）审核品质控制点各种文件是否完备，能否正确指导开展品质控制点活动。

（4）审核能否正确运用各种品质管理工具。

（5）审核工序能力指数能否真正满足产品品质要求。

（6）每季度进行一次工序能力检验。

3．建立品质控制点的审核标准

工艺部门主导，品质部门配合，共同建立品质控制点审核标准，即对品质控制点进行划分，具体分为合格品质控制点和不合格品质控制点，下面是某公司的品质控制点审核标准，供读者参考。

【实用案例】

××公司品质控制点审核标准

项目 ＼ 控制点类型	优秀控制点	合格控制点	不合格控制点
工艺贯彻率	95%	90%	低于90%
一次交验合格率	高于该工序规定1%	达到该工序规定	低于该工序规定
工艺纪律审核分数（以生产班组工艺纪律细则为依据）	96分以上	90～95分	低于90分
控制文件，原始记录	齐全、正确、活动正常	正确、1～2项记录欠完善	原始记录不完善，超过3项（次）
品质审核评价	合格	合格	不合格

4．实施品质控制点审核

工艺部门和品质部门按照审核标准对品质控制点进行审核，根据审核结果的不同做不同的处理：对于优秀控制点，应保留，对于合格控制点，也可保留，但要改进；对于不合格控制点，要及时废除，然后选择新的品质控制点。

第三节 工序改善管理

258 工序改善的对象

工序改善的对象一般分为两类，如表 10-4 所示。

表 10-4 工序改善的对象

类型	内容	特点
偶发性的质量缺陷	主要是指由系统性因素造成的质量突然恶化，须采取措施进行消除，防止同一缺陷重复发生，使工序处于可控状态	对产品质量的影响大，产生质量缺陷的原因明显，易采取措施予以消除
经常性的质量缺陷	由长期性因素引起的质量变化，使产品质量长期处于不正常的水平，须采取措施改变现状，使之达到正常水平	对产品质量的影响不明显，质量缺陷产生的原因复杂、不易发觉，但时间长了就会影响企业的经济效益

259 工序改善的流程

工序改善的流程如图 10-2 所示。

| 掌握问题的要点 | (1) 明确工序改善的方针和目的
(2) 掌握关系到产品质量特性的工序情况和发生的质量不良情况
(3) 列举问题的要点 |

| 确定需要解决的主要问题和要达到的目标 | (1) 用排列图来分析问题，确定需要解决的主要问题
(2) 确定要达到的目标
(3) 确定采取措施的有效程度 |

| 确定从事改善工作的组织及其分工 | (1) 建立负责改善工作的小组，确定负责人
(2) 确定改善的期限
(3) 制订改善计划 |

| 掌握工序现状，分析产品质量特性 | (1) 运用技术和实践经验分析产品质量特性，并绘制特性要因图
(2) 用检查表收集相关资料和数据
(3) 用统计方法分析工序改善对产品质量的影响，必要时可运用过去的数据，以及分层的日常数据、试验数据，采用直方图、管理图、散布图、假设检验、参数估计等方法进行分析
(4) 归纳分析结果 |

| 制定改善方案并组织实施 | (1) 研究、讨论导致问题发生的主要原因，确定改善方案
(2) 制定临时制造标准和操作标准
(3) 按临时标准进行操作 |

| 确认改善效果、措施，并进行标准化 | (1) 检查结果，确认改善效果
(2) 如果有效果，就把临时标准确定为正式标准
(3) 如果效果不够理想，就重新分析，采取其他措施 |

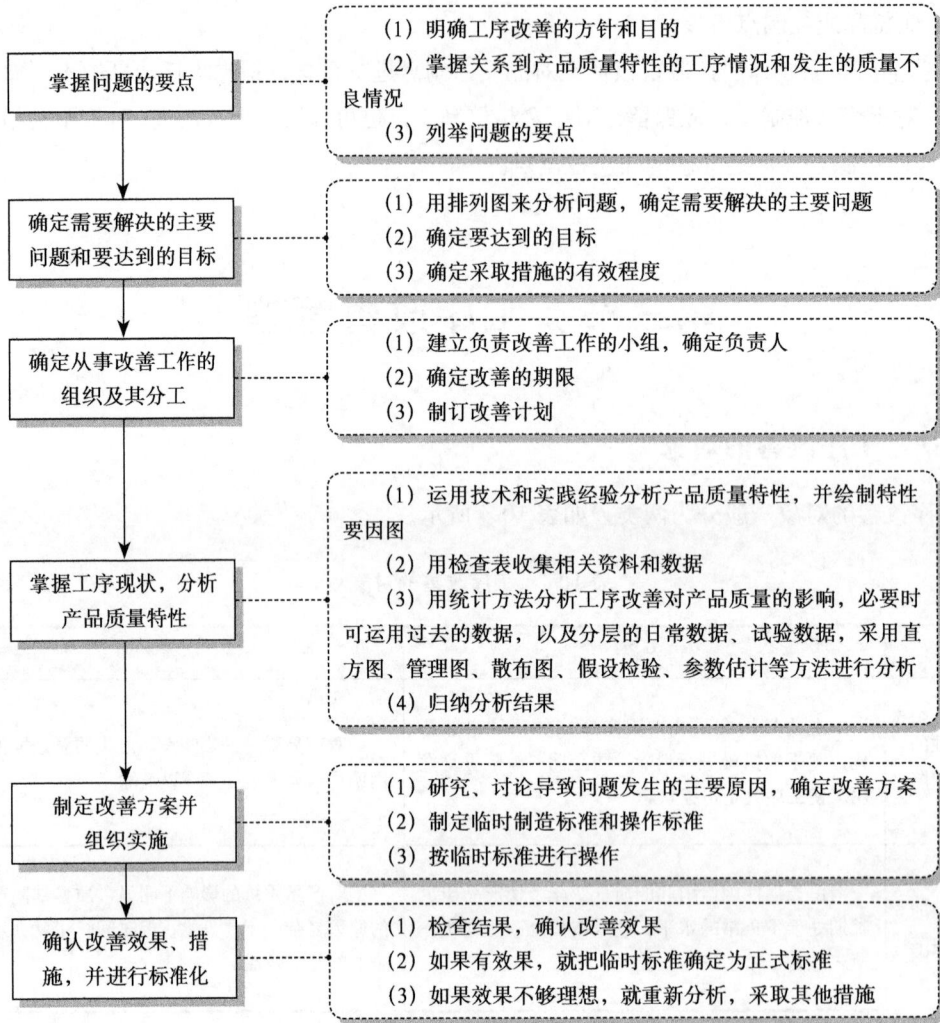

图 10-2　工序改善的流程

260　工序改善报告

品质部要针对改善效果提出正式报告（见表 10-5），并将它作为技术档案保存。在报告书中，要说明改善目的、改善结果、责任人、期限、调查分析方法、技术分析与对策，以及今后需要改进的问题等。

表 10-5 工序改善报告

编号： 日期： ___年__月__日

工序号		改善期限		责任人	
工序现状与问题：					
改善目的：					
改善结果：					
调查分析方法：					
技术分析与对策：					
今后需要改进的问题：					

261 工序改善的注意事项

工序改善的注意事项如表 10-6 所示。

表 10-6 工序改善的注意事项

序号	事项	具体内容
1	检查基础数据的真实性	采用不正确的数据得出的结果是无用的，甚至会带来弊端。因此，必须通过检查抽样方法和测定方法等证实数据的真实性
2	尽量运用简单的方法	在一般情况下，对于现场存在的问题，运用简单的工具就能解决。如无必要，不宜使用复杂的分析方法
3	充分理解分析方法	分析方法均有前提条件和运用范围，计算步骤错了，分析结果也会错
4	必须运用与专业技术相结合的分析方法	在运用分析方法之前，要找出哪些因素对产生不合格品的影响最大，应在什么时候进行试验等，然后再做技术上的分析
5	当得出与过去经验不同的结论时，应检查相关内容	(1) 抽样的测定方法是否正确 (2) 计算上有无差错 (3) 是否用错了统计分析方法 (4) 对结论的理解是否错误等
6	统计结论时要注意用语	应使用简明易懂的语言，避免使用晦涩的词汇

第四节　工序品质信息控制

262　工序品质信息的来源

工序品质信息是开展工序品质控制活动的主要依据。企业应严格管理工序品质信息，使信息的收集、整理、传递、处理能够做到准确、及时。

工序品质信息的来源如下：

（1）作业人员自检的结果及发现的质量问题；

（2）检验人员在生产过程中发现的质量问题；

（3）客户（如下道工序、其他工段、车间、分厂及使用者等）反映的品质信息；

（4）质检人员及其他人员（如工艺人员、班组长、车间主任等）掌握的品质信息。

263　工序品质信息的日常处理

品质经理要按时整理每日、每月、每季度的品质信息并进行分析和处理，然后将其填入相应的"品质信息反馈表"（见表10-7）中。

表 10-7　品质信息反馈表

编号：　　　　　　　　　　　　　　　　　　　　　　　日期：＿＿＿年＿＿月＿＿日

反馈部门要求	序号	反馈内容	要求效果	责任部门	要求时间
品质部门意见				质量计划调度通知编号	
责任部门意见				签字：	

制表人：　　　　　　　　　　　　审核人：

264　工序品质突发信息处理

对于突发性品质信息，品质经理应及时填写"突发信息处理反馈表"（见表10-8），并立即将其反馈给高层主管，以便迅速处理。

表10-8　突发信息处理反馈表

编号：　　　　　　　　　　　　　　　　　　　　　　　　　　　日期：＿＿年＿月＿日

突发事件描述	发现人：
紧急处理对策	签字：
责任部门意见	签字：

制表人：　　　　　　　　　　　　　　　　　审核人：

265　工序品质信息反馈流程

各种品质信息应按规定路线和方式进行传递和反馈，工序品质信息的反馈流程如图10-3所示。

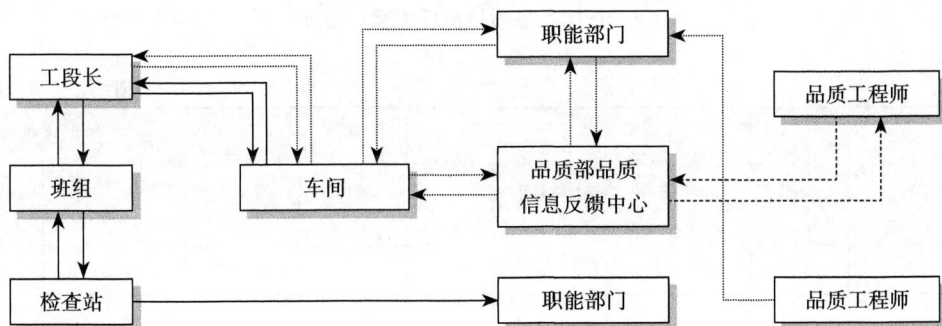

注：图中"———"代表一般品质信息，"----------"代表重大品质信息，"————"代表工段、班组不能自行解决的品质问题。

图10-3　工序品质信息的反馈流程

266   工序品质信息反馈办法

品质经理应制定品质信息反馈管理办法，内容主要包括品质信息反馈中心的职能、反馈内容及程序、反馈的各级职责与权限、反馈活动方式以及信息储存的方式与要求。

267   工序品质信息反馈登记

品质经理应督促相关人员将品质反馈信息随时登记造册，并建立相关台账，以便查询，相关汇总表和台账如表 10-9 和表 10-10 所示。

表 10-9   品质问题反馈汇总表

编号：   日期：____年__月__日

序号	反馈部门		反馈项目及内容		项目要求		要求完成时间	
质检人员	信息处理		制表		____年__月__日		品质计划调度通知编号	
	质调员		审核		____年__月__日			
接受单位			收表人		____年__月__日		反馈表编号	

制表人：   审核人：

表 10-10   品质信息反馈登记台账

编号：   日期：____年__月__日

序号	反馈部门	反馈时间	信息内容及要求	要求解决时间	责任部门	接收人签字	信息处理结果及返回时间	调度处理	
								调度单号	措施计划号

制表人：   审核人：

第十一章 日常产品管理

导读 >>>

日常产品管理主要包括样品管理和不合格品管理这两个方面，它们都关系到企业产品的质量，品质经理必须加强对这两方面的管理。

Q先生：A经理，公司的样品很多，我不知道该怎样管理，您能给我一些建议吗？

A经理：你要多花点时间熟悉这些样品，然后做好对每一种样品的管理工作。另外，由于每个样品都不太一样，因此你还要对其进行分类管理。

Q先生：不合格品一直是企业重点控制的对象，我如何才能做好对不合格品的管理工作呢？

A经理：不合格品的产生往往会对企业的日常经营造成比较严重的影响。你可以从不合格品的评审工作做起，重点做好不合格品的标识、隔离、返修、报废等工作。不要忘记对不合格品进行分析和统计，只有经过分析和统计，你才能知道不合格品的具体情况，并有针对性地进行控制。

第一节　企业样品管理

268　企业样品的主要类别

样品的种类有很多，主要包括推销样品、参考样品、测试样品、确认样品、成交样品、产前样品、生产样品和出货样品等。

1．推销样品

推销样品是指用于境内外参展的实物。推销样品一般是从一批产品中抽取出来的，或是由生产、使用部门设计加工出来的，它能够代表今后交货品质的实物。企业展示推销样品的目的是通过实物形态向公众展示产品的品质全貌。

2．参考样品

参考样品是指企业向客户提供的仅作为双方谈判时参考用的样品。参考样品与成交样品的性质不同，不作为正式的检验依据。样品仅供客户作为品质、样式、结构、工艺等方面的参考，为双方对产品的某一方面达成共识创造条件。

3．测试样品

测试样品是指企业交由客户检验产品品质的样品。如果测试结果达不到客户的要求，客户可能不会下单订货。

4．确认样品

确认样品是指企业与客户双方认可的样品。在加工好确认样品后，相关人员必须将其交品质部门评估。企业只能将经过品质部门评估且认定为合格的样品发送给客户。评估重点包括以下几个方面。

（1）样品是否与客户要求完全一致。

（2）样品各个部位的尺寸是否与客户的图纸完全一致。

（3）样品的颜色和包装是否与客户的要求完全一致。

（4）样品的数量是否与客户的要求完全一致。

（5）企业是否有留样。企业至少保留一件留样，以便作为日后生产的实物依据。

269　样品生产控制工作

样品生产控制包括进度控制和技术控制。前者确保样品按时完成生产，后者确保样品按照设计思路完成制造。品质经理应该为样品生产控制制定一套工作流程，如图 11-1 所示。

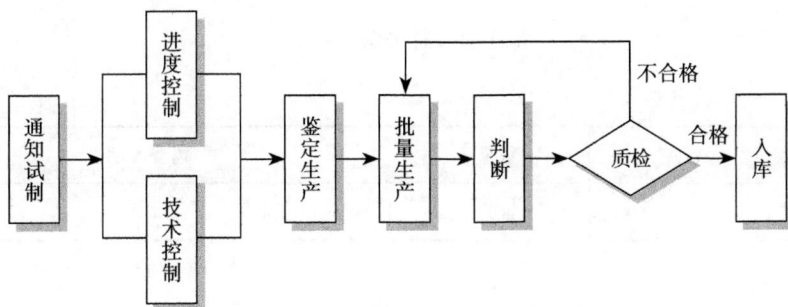

图 11-1　样品生产控制流程

270　采购、外发样品管理

采购样品是指在采购前，随"采购单"向新供应商递送的样品。递送采购样品的目的是明确对拟采购物料的品质要求，规范采购作业。外发样品是指产品或物料外发加工制作时，随"外发加工制作单"一起递送给外发厂商的样品，它主要被用来明确加工品质要求。采购、外发样品的控制程序如下。

1. 样品申请

采购部门因作业要求需要样品时，可根据采购、外发资料填制"样品制作申请表"（见表 11-1），并注明所需样品的品名、规格、颜色、数量和需求日期等内容，经部门主管审批通过后，交生产部门安排生产和制作样品。

2. 样品制作与检验

采购部门将"样品制作申请表"送交生产部。生产部根据样品的性质决定样品的制作方式，具体有如下三种方式。

（1）样品由品质工程师按样品原样复制。

（2）提取仓库存货，可直接开"领料单"领取。

（3）需要重新生产的样品由承制部门领料生产。

3．样品验收

样品经测试合格后，生产部需将样品连同"样品制作申请表"一起交给品质部进行品质检验，检验通过后再将样品交给申请部门。申请部门核对样品是否齐全，样品单上是否有"PASSED"印章，如无误，则签收并核对样品单。

表 11-1 样品制作申请表

编号：   日期：＿＿年＿月＿日

样品名称		数量		需要时期	
客户		目的	□确认 □开发 □试作		
制作方法				参考资料：	

制表人：   审核人：

271 客户样品管理

客户在正式下单前，企业应依据客户的要求向客户提供经过品质检验的产品。若得到客户的确认，则此样品可作为客户下单后企业生产的依据。客户样品的控制程序如下。

（1）销售人员按照客户的要求（如图样、实物）开立"样品制作单"，经部门经理审核后由生产部按要求制作，并填写"送样记录表"（见表 11-2）。

表 11-2 送样记录表

编号：

变更通知日期		变更次数		确认书回签日期	
确认书回签		□是		□否	
工程样品负责人		图纸		确认书	
起始日期		预定完工日期		实际完成日期	
备注					
量产是否困难		□是		□否	

（续表）

说明一				
说明二				
新开模	□是　　　　□否		已开模	□是　　　　□否

业务：　　　　　　　工程：　　　　　　　物料：　　　　　　采购：

（2）生产部按"样品制作单"的要求进行生产，并开具"产品物料清单"，将其交仓库查核物料。若有物料存量不足，则应及时填写"物料请购单"，将其交采购部门办理采购。

（3）生产部门将制作完成的样品及确认书交给品质部检验，检验通过后再交给销售部，由销售部送交客户确认。若客户签返确认书或下达订单，则视为客户已确认。若客户确认不合格，则由销售部通知生产部重新制作，相关人员要将具体情况记录在"送样记录表"中。

（4）生产部对客户确认的送样资料进行整理，并依客户类别将送样资料及技术文件归档，文件及资料包括工程图纸、包装图纸、产品物料清单等。

（5）客户下单后，品质部提供的相关资料及样品将作为生产部门的生产依据。

272　复制生产用样品

新产品试产时，生产部应根据开发部的样品复制生产用样品，然后交给品质部进行检验。品质部对检验合格的样品进行编号，将样品用透明胶袋等封装，并附上相应的样品标签，同时填写"样品管理清单"（见表11-3）。

表11-3　样品管理清单

编号：

版本		页码	
文件编号		生效日期	
目的			
适用范围			

（续表）

品名	编号	封样日期	有效日期	样品来源	管理人
本文件修订状态记录					
修订编号	修订内容	修订日期	修订人	审核人	审批人

编制人：　　　　　　　　　审核人：　　　　　　　　　批准人：

做完上述工作后，品质部将样品发放给生产车间。品质部发放样品时应要求生产车间相关人员填写"生产样品发放登记表"（见表11-4）。

表11-4　生产样品发放登记表

编号：　　　　　　　　　　　　　　　　　　　　　　日期：＿＿年＿月＿日

样品名称	编号	样品情况			样品回收		
		时间	数量	借用人	时间	数量	品质情况

制表人：　　　　　　　　　审核人：

273　管理生产用样品

生产用样品的管理工作主要包括以下几个方面。

（1）生产用样品确认。品质部应定期对生产用样品进行确认，并将确认结果记录在"样品管理清单"中，同时更换样品上的确认标签。

（2）生产用样品变更。产品发生变更时，品质部应及时发放新的生产用样品并回收旧的生产用样品。若来不及制作新样品，则应在旧样品上做好变更说明。

（3）生产用样品管理。品质部负责对生产车间样品的使用情况进行监督管理，还要保存好"样品管理清单"和确认记录。

274 收集检验用样品

检验用样品的类别如下。

（1）客户或销售部门、生产部门提供的样品。

（2）在授权人签发的特殊情况下，让步接受的样品。

（3）品质部按要求收集每张生产单的成品标志样品和物料、配件样品。

所有样品收集完成后，由部门负责人统一移交和登记。

275 分发检验用样品

根据生产作业的需要，品质部应将不同类型的样品分发给使用人员，即班组负责人或其代理人，还要记录样品分发情况，做好签收手续。

276 处置检验用样品

检验用样品的处置方式如下。

（1）样品管理员根据样品类型对样品进行区域划分并编码。

（2）按编码填写"明细登记表"，并建立样品档案。

（3）将样品按类型放到相应的位置。

277 检验用样品的使用管理

检验用样品的使用管理内容如下。

（1）各部门向样品室管理员申请借取样品时，须填写"样品取用登记表"（见表11-5）。

（2）样品管理员应对借出的样品做好记录，并要求借用人签名。

（3）借用人应严格保管样品，以防遗失或损坏，用完后及时归还样品。

（4）样品管理员应及时监督、追回借出的样品，并对样品的完整性进行检查。若样品有遗失或损坏，应立即汇报，并调查原因。

（5）经批准借出样品时，借用人必须有相应的批准手续，样品管理员须做好记录。

（6）借用人如需续借样品，须重新办理借用手续。

（7）若样品管理员不慎遗失样品，应立即汇报，并说明遗失样品的名称、种类和遗失原因，并要求补签样品。

表11-5　样品取用登记表

单据类别：　　　　　单位：　　　　　班组：　　　　　单据号：

日期	借用人	部门	品名规格	品名代号	品级	数量	出库单位	代号

注：该单一式两联，第一联为存根，第二联交借用人。

制表人：　　　　　　　　　　审核人：

278　样品变更及报废流程

样品变更及报废流程如下。

（1）样品管理员收到某种产品的新样品后，应及时处置旧样品。

（2）对于需要更改的样品，样品管理员应在样品上做出标示，写明更改内容，并提醒使用者注意。

（3）经批准须回收某种样品时，样品管理员应在样品档案中注销该样品，并申请补签新样品。

（4）对于相关部门通知须停止使用或已经失去效果的样品，样品管理员要及时申请报废。

（5）样品管理员应不定期地整理与检查样品。

第二节　不合格品管理

279　不合格品的种类

经检验凡品质特性不符合图样、技术条件的零部件和成品均为不合格品。不合格品分为废品、返修品、超差利用品这三类。

(1) 废品：不符合标准且不能修复、不能降级使用、不能再利用的不合格品。

(2) 返修品：经过返修可达到合格品或超差利用品要求的产品。

(3) 超差利用品：经检验不符合图样、技术条件要求，但尚能满足使用要求，无需返修即可利用的不合格品。

280　不合格品的产生原因

不合格品管理是品质经理日常管理工作的重要组成部分。不合格品的产生原因主要集中在产品开发和设计、机器与设备等方面，如表 11-6 所示。

表 11-6　不合格品的产生原因

原因	具体示例
产品开发和设计方面	(1) 产品设计的制作方法不明确 (2) 图样、图纸绘制不清晰，标码不准确 (3) 产品设计尺寸与生产用零配件、装配公差不一致 (4) 对废弃图样的管理不力，生产中误用废旧图纸
机器与设备方面	(1) 机器安装与设计不当 (2) 机器设备长时间无校验 (3) 刀具、模具、工具品质不良 (4) 量具、检测设备精度不够 (5) 温度、湿度及其他环境条件对设备产生不良影响 (6) 设备加工能力不足 (7) 机器设备的维修、保养不当
材料与配件方面	(1) 使用未经检验的物料或配件 (2) 错误地使用物料或配件

（续表）

原因	具体示例
材料与配件方面	（3）物料、配件的品质变异 （4）使用让步接收的物料或配件 （5）使用替代物料，事先未经过精确验证
生产作业方面	（1）片面追求产量，忽视质量 （2）操作人员未经培训就上岗 （3）未制定生产作业指导书 （4）对生产工序的控制不当 （5）操作人员缺乏品质管理意识
品质检验与控制方面	（1）未制订产品品质计划 （2）试验设备超过校准期限 （3）品质规程、方法、应对措施不完善 （4）没有形成有效的质量控制体系 （5）高层管理者的品质意识不足 （6）品质标准不准确或不完善

281　不合格品的评审流程

相关人员必须将不合格品隔离放置并且标识清楚，能让工作人员清楚地区分。不合格品被隔离后，应该如何处理还需要经过进一步的验证，以决定能否再利用。

不合格品的评审流程如图 11-2 所示。

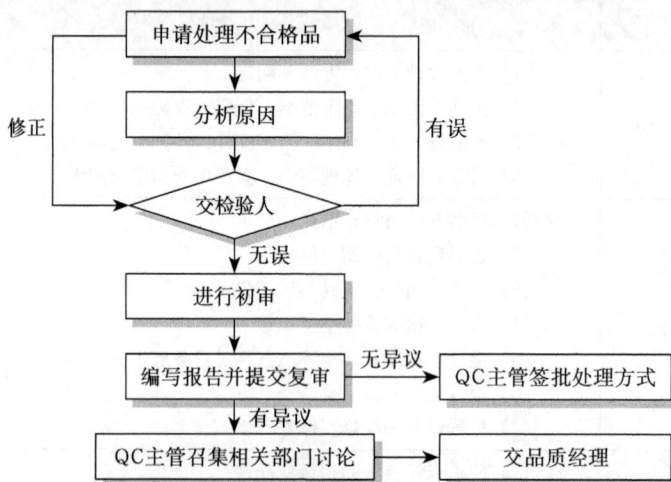

图 11-2　不合格品的评审流程

282　对不合格品提出处理意见

发现不合格品的部门必须于当天发出"不合格品处理通知书"（见表 11-7），并把不合格品交给品质部进行复查与评审。

表 11-7　不合格品处理通知书

编号：　　　　　　　　　　　　　　　　　　　　　　　　　日期：＿＿＿年＿月＿日

产品名称		型号		发生部门	
检验数量			不合格品数量		
不合格情况说明： 检验人员：					
处理意见： 现场品质主管：					
回复栏： 品质经理：					

283　对不合格品进行初审

品质部根据"不合格品隔离管制表"（见表 11-8）核查申请处理的不合格品的型号、数量是否齐全，原因是否明确。若有误，则退回申请部门修正；若无误，则安排相关检验人员到场初审。

表 11-8　不合格品隔离管制表

编号：　　　　　　　　　　　　　　　　　　　　　　　　　日期：＿＿＿年＿月＿日

名称	编号	型号	数量	不合格原因	隔离措施

制表人：　　　　　　　　　　　　审核人：

初审结束后，初审员须填写"不合格品评审报告"（见表 11-9），并将其交 QC 主管复审及判定。

表 11-9　不合格品评审报告

不合格品名称		编号		工单编号		机号	
生产部门		检验时间			检验数量		
不合格描述：							
初审意见：							

填写人：　　　　　　　　　　审核人：

284　对不合格品进行终审

检验人员按照物品不合格程度、初审员的初审意见和申请部门的处理建议进行综合分析，决定最终的评审方式及判定结果。

1．符合性评审（QC 评审）

若相关部门对初审判定结果无异议，则由 QC 主管签批不合格品的处理方式，并按此方式处理不合格品。

2．分级处理程序

（1）若相关部门对初审判定结论有异议，则由 QC 主管召集相关部门开会讨论，讨论内容包括以下几个方面。

①能否实行偏差接受。

②能否进行挑选。

③能否进行返工、返修或其他处理。

④能否转为暂存。

⑤退货或报废。整体分解后，合格部件可作为辅料使用。

（2）相关部门负责人针对讨论意见，在不合格品评审报告的相应栏内签字确认。

（3）QC 主管将各部门签字后的"不合格品评审报告"交给品质经理与总经理审批。

3．处理不合格品

品质部按最终批准意见处理不合格品，对处理过程进行跟踪监督，并及时记录。

4．品质部对允收入仓的允收品进行分类标示

（1）返工后，在允收品及挑选后的允收品的外箱上盖"特采"字样，以示区别。

（2）在暂收品的外箱上盖"暂收"字样。

285 不合格品管理的准备工作

不合格品管理的准备工作如下。

（1）制定不合格品控制程序，并予以公告。

（2）制定相关的原始记录票证、登记台账和统计汇总报表，如废品通知单、返修品通知单、不合格品回用申请单、不合格品推移图、排列图、废品处理清单、废品统计表等。

（3）规定各类不合格品的标志符号，并准备相应的印章。

（4）设立各类不合格品隔离、存放地点，如废品隔离室或隔离区域等。

（5）确定并掌握不合格品的统计方法。

286 填写不合格品单

检验人员在发现不合格品后，一定要按齐全、统一、正确、清晰的要求，认真填写不合格品单，填好不合格品数量、缺陷部位、不符合标准的具体数据、责任者（坚持做到责任者签字或盖章）等所有栏目。

287 不合格品的标示要求

为了避免不合格品被误用，企业所有的外购货品、在制品、半成品、成品及待处理的不合格品均应有品质识别标志，具体要求如下。

（1）凡检验合格的产品，在外包装上均应有合格标志或合格证明文件。

（2）不合格品应有不合格标志，并隔离管制。

（3）品质状态不明的产品应有待验标志。

（4）未经检验、试验或未经批准的不合格品不得进入下一道工序。

288　不合格品标示物分类

1．标志牌

标志牌是用木板或金属片做成的小方牌。品质部按货品属性或处理类型将相应的标志牌悬挂在物品的外包装上，以示区别。

企业可将标志牌分为"待验""暂收""合格""不合格""待处理""冻结""退货""重检""返工""返修""报废"等。标志牌主要用于标示大型物品或成批产品。

2．标签或卡片

标签或卡片通常也称"箱头纸"，它们主要用于标示装箱产品和堆码管制的产品或材料、配件。一张标签或卡片只能标示同类物品，标签示例如表 11-10 所示。

（1）使用时，QC 人员将物品判别类型标注在上面，并注明物品的品名、规格、颜色、材质、来源、工单编号、日期和数量等。

（2）在标示品质状态时，QC 人员按物品的品质检验结果在标签或卡片的"品质"栏内盖相应的 QC 印章。

表 11-10　标签示例

生产部门/班组		员工	
品名规格		颜色	
产品编号		侧唛	
工单编号		数量/单位	
检验人员		日期	

3．色标

色标一般为正方形（2 厘米 ×2 厘米）的有色贴纸，它既可直接贴在物品表面的规定位置，也可贴在产品的外包装或标签纸上。

色标的颜色一般有绿色、黄色、红色，具体的意义与粘贴位置如表 11-11 所示。

表 11-11　色标的颜色与粘贴位置

颜色	意　义	贴置位置
绿色	代表受检产品合格	一般贴在物品表面右下角易于看见的地方

（续表）

颜色	意义	贴置位置
黄色	代表受检产品品质暂时无法确定	一般贴在物品表面右上角易于看见的地方
红色	代表受检产品不合格	一般贴在物品表面左上角易于看见的地方

289　不合格品标示

1．进料不合格品的标示

品质部进料检验人员检验时，若发现不合格品且不合格品数量达到企业进料品质拒收标准，检验人员应在该批（箱或件）货物的外包装上挂"待处理"标牌，然后报部门主管或经理裁定处理，并按最终审批意见改挂相应的标志牌，如"暂收""挑选""退货"等。

2．制程中的不合格品标示

下面是某公司制程中不合格品标示要求，供读者参考。

【实用案例】

××公司制程中不合格品标示要求

1．在生产现场的每台机器旁边、每条装配拉台、包装线或每个工位旁边设置专用的不合格品箱。

2．对于员工自检出来的或制程检验人员在巡检中判定的不合格品，员工应主动将其放入不合格品箱，待该箱装满或该工单产品生产完成时，由员工清点数量，并在容器的外包装表面指定的位置贴上箱头纸或标签，经所在部门的检验人员盖"不合格"字样或"REJECT"印章后，搬运到现场划定的不合格区域整齐摆放。

3．每个箱内只能装同款、同色、同材质的不合格品，不得混装。

4．所有不合格品的表面不能有包装物和标签纸等附属物。若企业无法确定该批货品的品质，需要外部专家或客户确认，质检人员可在该批货品外包装上挂"待处理"或"冻结"标牌以示区别，并将该批货品摆放在指定的周转区等待处理结果。

3．库存不合格品标示

库存不合格品的标示内容如下。

（1）品质部检验人员定期评定库存产品的品质，将其中的不合格品集中装箱或打包，并在产品的外包装上挂"不合格"标牌或在箱头纸上逐一盖"REJECT"印章。

（2）对暂时无法确定是否为不合格品的产品，品质部检验人员可在其外包装上挂"待处理"标牌，等待处理结果。

290　不合格品区域的规划

隔离不合格品可通过规划不合格区域并对其实行管制来实现。

（1）品质部应在各生产现场（制造／装配或包装）的每台机器或拉台的每个工位旁边配备专用的不合格品箱或袋，用来收集生产过程中产生的不合格品。

（2）品质部应在各生产现场（制造／装配或包装）的每台机器或拉台的每个工位旁边专门划出一片专用区域，用于摆放不合格品箱或袋，该区域即为不合格品暂放区。注意，此区域的不合格品摆放时间一般不超过 8 个小时，即当班工时。

（3）品质部应在各生产现场和楼层规划出一定面积的不合格品摆放区，用于摆放从生产线上收集来的不合格品。

（4）相关人员要对所有的不合格品摆放区均要用有色油漆进行画线和文字标注，区域面积的大小视该单位产生的不合格品数量而定。

291　不合格品区域的使用规定

品质经理应与生产部共同制定不合格品区域的相关使用规定，规范不合格品管理工作。不合格品区域的使用规定的具体内容如下。

（1）在任何不合格品区域内只能摆放本部门产生的不合格品。

（2）在不合格品区域内不得摆放合格的产品、物料或配件。

292　不合格品区域的标示办法

品质经理应制定不合格品区域标示办法。下面是某公司对不合格品区域的标示办法，供读者参考。

【实用案例】

××公司对不合格品区域的标示办法

1. 被检验人员判定为不合格品的产品，当所在部门无异议时，仓库须安排人员将不合格品集中打包或装箱，检验人员在每个包装物的表面盖"REJECT"印章后，由现场工作人员将包装物送到不合格品摆放区，按类型堆栈、叠码。

2. 被检验人员判定为不合格品的产品，当所在部门有异议时，按下述办法处理。

（1）由部门管理人员与所在部门的质检组长以上级别的品质管理人员进行交涉。

（2）该批货物若不能在2小时内解决，检验人员须挂"待处理"标牌，由现场工作人员将货物送到品质部指定的位置摆放。品质部须向上级（总经理）请示如何处理该批货物。

293　不合格品的返工与返修

返工、返修是指对不合格品进行重新加工和修理，使其品质达到规定要求。

（1）品质部在对返工、返修作业进行管制时要注意掌握好允收标准，并向返工和返修人员阐明品质要求与要点，掌握在制品品质检验与试验的方法，记录返工品的品名规格、数量，对返工品进行重检。

（2）返工后的产品经检验合格后方可放行。如果返修后的产品经检验虽然不符合规定要求，但能满足预期的使用要求，品质部在办理让步手续后可以放行。品质部要对返工、返修的产品做好记录（见表11-12），以便日后开展统计分析工作。

表11-12　不合格品修理记录表

编号：　　　　　　　　　　　　　　　　　　　　　　　日期：＿＿＿年＿＿月＿＿日

修理日期		不合格品生产拉台			
序号	不合格品名称	不合格品编号	不合格现象	不合格原因	修理数量	修理结果检验

制表人：　　　　　　　　FQC：　　　　　　　　审核人：

294 对不合格品做出报废处理决定时的考虑因素

品质部在对不合格品做出报废处理决定时，必须考虑以下几点内容。

（1）报废是否会造成较大的经济损失。

（2）采用整体报废还是部分报废。

（3）不合格品的组件是否可以拆卸下来为其他产品所用。

（4）如果进行批量报废，应注意在报废批中能否检出部分允收品。

295 不合格品报废的申请程序

品质部收到"报废申请表"（见表 11-13）后必须进行认真核对，并指派 QC 主管或主管助理级的品质管理人员亲临现场核查，在确定该产品确实无法再利用时，才能批准报废申请。

表 11-13 报废申请表

编号：　　　　　　　　　　　　　　　　　　　　　　　　　　日期：＿＿年＿月＿日

品名	规格	报废申请原因	单价	报废数量	金额	备注
检验人员意见：			品质经理意见：			

制表人：　　　　　　　　　　　　　　审核人：

296 不合格品报废申请的审批权限

一般来说，品质部对报废品的审批权限如表 11-14 所示，具体实施细则依企业规模而定。

表 11-14 报废品的审批权限

审批责任人	审批权限
QC主管	1. 金额在200元以内的，或占工单总数3%以下的物料或产品的报废申请，可直接签署报废指令 2. 超出此限额时，必须经品质经理或总经理核准

审批责任人	审批权限
品质经理	1．金额在1000元以内的，或占工单总数7%以下的物料或产品的报废申请，可直接签署报废指令 2．超出此限额时，必须经总经理核准

297　不合格品统计

对于废品、返修品、回用品，品质部均须根据"废品通知单""返修品通知单""回用申请单"等原始票证定期进行分类统计，按月对生产车间进行考核。车间生产班组还应对不合格品进行日统计，并填入相应的图表中，以便掌握与分析品质问题的波动趋势，及时采取改进措施。

在对不合格品进行统计工作时，品质部要重点做好废品统计，企业可事先设计废品统计卡片、统计台账等。

298　不合格品分析

品质部在不合格品分析工作中，要重点做好废品分析，因为废品分析是一项复杂的工作。为了做好废品分析工作，品质部在充分发挥检验部门的重要作用的同时，还要积极组织相关部门和生产人员参与其中。废品分析的具体形式如下。

1．现场废品分析会

现场废品分析会是指发动相关部门、员工积极参与废品分析，特别是遇到废品原因不清、责任不明等情况时，宜采用现场废品分析会的形式，按"三不放过"原则（废品原因不清不放过、责任者没有受到教育不放过、没有预防措施不放过）追查和分析。

2．废品分析报告

品质部、车间和班组要每月统计废品数据，具体可采用废品统计卡片（见表 11-15）、废品统计台账（见表 11-16）等表格，运用排列图、因果分析图等统计工具进行分析，提出当月废品统计分析报告。报告要着重指明当月废品中的关键项目并分析废品率升降的原因，以便相关部门抓住关键问题，采取有效措施降低废品率。

表 11-15　废品统计卡片

编号：　　　操作员：　　　分厂及班组：　　　检验员：　　　日期：＿＿＿年＿＿月＿＿日

日期	工序	合格数	产值	工废数	工废价值	备注
小计						
组长：　　　　　　　　　　　　填表人：						

制表人：　　　　　　　　　　　　　审核人：

表 11-16　废品统计台账

编号：　　　　　　　　　　　　　　　　　　日期：＿＿＿年＿＿月＿＿日

日期	工序	合格数	产值	工废数	工废价值	备注
小计						

制表人：　　　　　　　　　　　　　审核人：

第三节　做好产品防护

299　产品防护的内容

产品防护是指现场工作人员在搬运、储存、包装、交付的过程中对产品加以控制，以避免零部件、在制品、成品在待出货期间发生品质异常。

300 产品的搬运防护

在搬运产品的过程中，没有使用适当的搬运工具，搬运的方法和路线出错，吊车等搬吊器具没有定期维护检查，操作人员未经培训上岗，对特殊产品没有按照要求进行搬运等情况都会造成产品损坏、变质或受到污染。

为了保证产品的质量和搬运的效率，企业必须做好以下几点。

（1）企业应制定明确的搬运管理要求和搬运作业指导书。

（2）选择合理的搬运方式，减少重复性搬运，尽量降低搬运难度（见图11-3）。

图 11-3 搬运方式示意图

选用传送带或者用车搬运明显比人工搬运的效率高，而且能更好地保护产品，但要注意以下几个方面。

（1）对相关工作人员进行教育培训，特殊工种必须确保持证上岗。

（2）对搬吊工具进行定期或不定期的巡检及维护。

（3）采取责任追究制度，防止野蛮装卸和搬运。

301　产品包装防护

产品包装的材质、方法不当或者包装箱没有清晰的标识，都会影响产品品质。企业在做产品包装防护工作时应从以下几点入手。

（1）明确产品包装上的标识，如产品名称、数量、规格、制造日期、批号、有效期、合同编号及特殊搬运条件。

（2）选择包装材料时应充分考虑其对产品品质的影响，避免产品在包装中因滑动而受损（见图11-4）。

（3）企业须在包装工序设立检查环节，以此加强对包装工作质量的控制。

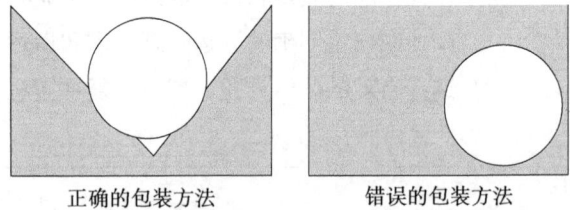

正确的包装方法　　　　错误的包装方法

图 11-4　包装方法示意图

302　产品储存防护

在产品储存阶段容易出现产品变质或损坏，因此产品储存防护十分重要，企业必须设置专门的储存室存放物料。但是，很多企业没有为易受温、湿度影响的产品配备能控制温、湿度的物料间；油漆、油品等易燃易爆物品没有隔离储存；室外储存的物品没有必要的防护措施；仓库内储存物资没有登记、检查、标识及保持环境清洁等。

企业应建立仓库管理制度，切实规范仓库管理。企业应根据储存产品的特性来配置适宜的储存环境，建立管理台账，做到储存产品账、物、卡相符。另外，企业应制定产品堆放管理标准及仓储区域规划图，保证产品堆放的位置、高度及使用的容器符合产品的特点。

第十二章　品质成本控制

导读　>>>

品质经理在开展品质管理的过程中，必须采取各种办法节省成本、提高效益。品质经理可以通过品质成本分析，按照各项成本的不同要求有针对性地开展成本控制工作。

Q先生：A经理，如何开展品质成本分析工作呢?

A经理：首先你要了解品质成本的构成、品质分析的内容，掌握品质分析的方法，然后针对各项品质成本进行有针对性的分析，如预防成本分析、鉴定成本分析、内部故障成本分析、外部故障成本分析等。当然，不要忘了编写"品质成本分析报告"。

Q先生：那么，该如何控制现场成本呢?

A经理：你可以建立不合格品检查系统，灵活运用作业标准书、QC工程表以及QC七大手法。你可以综合运用这些工具和方法，以获得最佳效果。

第一节　品质成本管理

303　品质成本分析的有关内容

1．品质成本总额分析

品质经理需核算计划期的品质成本总额，并与上期品质成本总额或计划目标值进行比较，分析其变化情况，从中找出变化原因和变化趋势，从而掌握企业产品品质的整体情况。

2．品质成本构成分析

品质成本的不同项目之间是互相关联的，品质经理应通过核算内部故障成本、外部故障成本、鉴定成本和预防成本分别占运行品质成本的比例，以及计算运行品质成本和外部保证品质成本占品质成本总额的比例来分析企业运行品质成本的项目构成是否合理，使企业了解达到比较合理的品质成本水平。

3．品质成本与企业经济指标的比较分析

品质经理需计算出各项品质成本与企业的整体经济指标，如占企业销售收入、产值、利润等指标的比例，用以分析和评价品质管理水平。

4．故障成本分析

预防成本、鉴定成本和外部品质保证成本的计划性较强，而造成故障成本的偶然因素较多，因此，故障成本分析往往会成为查找产品品质缺陷和品质管理工作的薄弱环节。

304　品质成本分析方法

1．指标分析法

指标分析法主要计算增减值和增减率这两大类数值。假设 C 为品质成本总额在计划期与基期的差额，即

$$C = 基期品质成本总额 - 计划期品质成本总额$$

假设其增减率为 P，则有

$$P = C \div 基期品质成本总额 \times 100\%$$

其余品质成本均可以此类推。

2．品质成本趋势分析法

进行品质成本趋势分析的目的是掌握企业品质成本在一定时期内的变化趋势。品质成本趋分析可分为短期趋势分析和长期趋势分析。一年内各月的变化情况分析属于短期趋势分析，五年以上的情况分析则属于长期趋势分析。

趋势分析可采用表格法和作图法两种形式，前者以具体的数值表达，准确、明了；后者以曲线表达，直观、清晰。

3．排列图分析法

排列图分析是品质管理的一种基本方法，是指根据不同的分析目的，把品质缺陷进行分类，并按数值大小排列，在品质成本分析中则按品质成本高低进行排列。

305 预防成本分析

预防成本分析的主要内容如表 12-1 所示。

表 12-1 预防成本分析

成本项目	成本说明	成本分析内容
品质控制工程	(1) 品管体系的稽核与评价 (2) 数据的分析与纠正措施 (3) 控制设备的设计与改善 (4) 检验、量测治具的设计 (5) 可靠性工程的计划	(1) 工作人员工资 (2) 品管人员和主管的工资 (3) 协助参与工作人员的工时费用
品质会议	(1) 企业各级品管会议（月、周） (2) 品质改善的专案会议 (3) 因品质问题召集的会议 (4) 其他与品质相关的会议	(1) 非品管人员开会时间乘以工资率或以实际工资比例计算 (2) 出差、交通费用
品管活动	(1) 改善提案活动 (2) 品管宣传活动 (3) 外界的品管观摩、研讨会 (4) 加强品质意识的宣传活动	(1) 以实际发生的费用计算 (2) 以参加活动的人员工时乘以工资率估算费用
新产品审核	(1) 新产品试制费用 (2) 购买同类产品进行比较分析	以实际发生的费用计算，由开发人员提供

（续表）

成本项目	成本说明	成本分析内容
品管训练	(1) 公司内部品质培训课程 (2) 外界举办的品管培训班 (3) 品管书籍、杂志	(1) 人力资源部提供 (2) 后勤部门提供
供应商调查、评鉴与辅导	(1) 新供应商调查 (2) 进料品质问题点辅导改善 (3) 品质水准评估	(1) 协助人员的工资及交通费用 (2) 工作人员工时费用
其他	(1) 其他品质计划 (2) 文具、纸张与杂项开支 (3) 其他为防止不良发生而产生的费用	(1) 依比例分摊 (2) 以实际发生的费用计算

306 鉴定成本分析

鉴定成本分析的主要内容如表 12-2 所示。

表 12-2　鉴定成本分析

成本项目	成本说明	成本分析内容
进料检验	(1) 内外购物料、零件的验收 (2) 场地设备、水电、搬运设备 (3) 检验人员 (4) 其他文具、工具等必需品	(1) 工作人员工资 (2) 场地费依分摊比例计算 (3) 水电费依分摊比例计算 (4) 其他依每月实际费用计算
制程品质控制	(1) 线上检查人员工时 (2) 巡回抽查工时	依工作人员工资计算
成品品质检验	成品检验人员工时	依品管人员工资计算
检测设备的保养与校正	(1) 设备保养、管理工时 (2) 设备校正分摊费用 (3) 设备送外校正费用 (4) 设备修护费用	(1) 工作人员工资 (2) 依规定比例分摊 (3) 依实际发生费用计算
检测设备折旧费	(1) 为检查产品、零件的品质所使用的设备 (2) 可靠性试验所用的设备	依公司规定的折旧分摊年限平均分摊
材料、成品检查的耗损	破损、试验、损耗的物料或成品	依品质部及开发部提供的实际损耗计算
可靠性实验费	(1) 工作人员工时 (2) 损耗的物料及相关费用	(1) 工作人员工资 (2) 依实际发生的费用计算

（续表）

成本项目	成本说明	成本分析内容
委托试验、认证及其他费用	（1）委托技术监督局或其他检验机构的试验费 （2）申请国内外各类品质认证的费用	（1）依实际发生费用计算 （2）损耗的零件或物料并入计算 （3）申请时发生的费用 （4）定期缴纳的认证费 （5）其他杂项开支依实际发生的费用计算

307　内部故障成本分析

内部故障成本分析的主要内容如表 12-3 所示。

表 12-3　内部故障成本分析

成本项目	成本说明	成本分析内容
报废	加工后因品质不良而无法修理的半成品或成品的制造成本（须扣除剩余价值的金额）	（1）由正常加工损耗的物料不算 （2）非因作业不良的不算
重新加工	产品未达到品质标准需重新加工而产生的工时及物料等费用	（1）修理人员的工资 （2）处理人员的工时 （3）修理损耗的零件物料
闲置时间损失	因品质问题导致停产而产生的直接工时及制造费用	依工资率、费用率及人数计算
其他	（1）进料不良造成的损失 （2）处理品质不良矫正工程所产生的费用 （3）重新检验费用 （4）故障分析费用 （5）降为次级品所产生的损失	（1）依实际发生的费用计算 （2）由品质部和技术部提供

308　外部故障成本分析

外部故障成本分析的主要内容如表 12-4 所示。

表 12-4　外部故障成本分析

成本项目	成本说明	成本分析内容
服务物料支出成本	（1）保证期间内免费更换零件而产生的物料费用 （2）因其他原因未能收费而产生的零件成本	由业务部提供资料，依实际发生的费用计算
投诉处理损失	因客户投诉而产生的费用，如工时、差旅费、邮寄费等	（1）依实际发生的费用计算 （2）由品质部及业务部提供
折让损失	（1）因品质欠佳折价出售而产生的损失（如库存过久导致内部折卖或廉价出售） （2）因品质欠佳造成的客户索赔损失	由业务部、生产部提供
逾期交货赔偿	因品质不良而延迟交货所付的赔偿金	（1）依实际发生的金额计算 （2）由财务部提供
新品退换损失	产品售出后，因客户不满而产生的退换损失	搬运工时、整新工时、修理工时及物料费等依实际发生的金额计算
服务费用	保证期间内免费服务的工时、交通费、设备费	依本公司规定费率、计件支付的金额计算
其他	（1）派人员前往各地提供支持服务而产生的费用 （2）因售后品质不良而造成的损失（商誉损失等）	（1）工作人员的差旅费、工时费用依实际发生计算 （2）订货生产因品质不良而取消订单的，依实际损失计算

309　编写品质成本报告

品质成本报告是基于品质成本分析的书面文件，它是企业品质成本分析活动的总结性文件，由品质经理主持编写，供企业高层决策使用。品质成本报告的内容繁简各异，形式多种多样。品质成本报告按时间可分为定期报告和不定期报告，按书面形式可分为报表式、图表式和陈述式。

品质成本报告的内容一般包括品质成本发生额的汇总数据、原因分析和品质改进对策，具体内容如下。

（1）品质成本计划的执行和完成情况，以及与基期的对比分析。

（2）品质成本的四项构成比例的变化分析。

（3）品质成本与主要经济指标的效益比较分析。

（4）典型事例和重点问题的分析及处理意见。

下面是某企业品质成本报告表，供读者参考。

【经典范本 02】品质成本报告表

品质成本报告表

分类	项目	细目	费用	总计	所占比例
①预防成本	a. 品质工程				
	b. 品质会议				
	c. 品管活动				
	d. 新产品审核				
	e. 品管教育训练				
	f. 协力厂辅导				
②鉴定成本	a. 进料检验				
	b. 制程管制				
	c. 成品管制				
	d. 破坏性试验				
	e. 委托试验费				
	f. 量仪校验费				
	g. 检验设备折旧				
	h. 可靠性实验费				
	i. 实验损耗费				
③内部故障成本	a. 报废				
	b. 重新加工				
	c. 因品质问题停工的损失				
④外部故障成本	a. 服务材料损失				
	b. 投诉处理损失				
	c. 折让损失				
	d. 逾期交货赔偿				
	e. 新品退换				
	f. 服务费用				

（续表）

分类	项目	细目	费用	总计	所占比例
⑤	品质成本总计=①+②+③+④				
⑥	制造成本				
⑦	销售额				
⑧	品质成本占制造成本比例=⑤÷⑥				
⑨	品质成本占销售额比例=⑤÷⑦				
备注					

310　编写品质成本报告时的注意事项

品质经理在主持编写品质成本报告时要注意以下事项。

1．品质成本报告的内容与形式视报告呈送对象而定

（1）呈送给高层领导的报告要简明扼要地说明品质成本的总体情况、变化趋势、计划期内取得的效果以及主要存在的问题和改进方向。

（2）呈送给中层部门的报告除了要报告总体情况，还应根据各部门的特点进行专题分析，使其能从中发现自己部门的主要问题与改进重点。

2．品质成本报告呈送给高层领导的次数

品质成本报告呈送给高层领导的次数相对少一些，若企业规模大且没有发生异常变化，可一个季度呈送一次；对于中层领导，可一个月呈送一次。若情况有异，可每十天报告一次，以便各级领导及时处理品质问题。

第二节　现场品质成本控制

311　重新评估设计方案

为了维持品质、降低成本，品质经理有必要重新评估原来的设计方案或产品规格，发现问题应及时予以纠正。同时，品质经理还应视情况对该产品重新进行设计审查。

312　改善生产技术

品质经理从改善生产技术角度也能够找到降低成本的方法。改善生产技术的要点如下：

(1) 省略工序；

(2) 改善专用工具；

(3) 减少抽检数；

(4) 简化加工步骤（顺序）；

(5) 引进自动机或者半自动机。

313　降低物料使用成本

降低物料使用成本的措施具体如下。

(1) 通过选择两家供应商的方式促进竞争。

(2) 提出成本降低率目标，让现场生产人员研究在何处可降低成本。

(3) 如果企业有外协加工，则须加强对外协加工厂家的物料管理。

(4) 定期出具"物料使用情况报告"，使现场人员了解物料使用情况，强化对物料的使用管理。

314　降低检验环节的成本

降低检验环节的成本的具体措施如下。

(1) 视情况缩短抽检时间，减少抽检次数。

(2) 改善检验工具，提高检验精度。

(3) 加强对检验人员的培训，使其熟练掌握检验方法，减少因失误而产生的成本。

(4) 建立检验责任制，对出现检验失误的员工进行批评教育，促使其改进。

315　发现和排除加工现场的浪费

加工现场的浪费也容易增加品质成本，因此，必须严格控制加工现场的浪费，具体措施如下。

(1) 发现、排除加工时间以外被浪费的时间（与生产计划、等待、检查等相关的无效时间）。

(2) 优化现场人机配置。

(3) 培训多能工，使其掌握多项技能，减少冗员造成的浪费。

(4) 防止供应物料的拖欠及交期延误。

316　建立不合格品检查系统

1. 建立不合格品检查系统要考虑的因素

建立不合格品检查系统时，品质经理须考虑以下三个因素。

(1) 确定测定品质特性的检查方法。

(2) 根据品质判定基准判断是否合格。

(3) 用规定的装置进行检查。

2. 各阶段的检查方法

不同的阶段有不同的检查方法，具体如表 12-5 所示。

表 12-5　不同阶段的检查方法

序号	检查方法	具体内容
1	进货检查	对于外发加工品或购入品，检查其是否符合品质要求，根据外加工企业的品质水平选择检查方式
2	工程间检查	判定是否可以把某个加工品从上一道工序移动到下一道工序，目的是制成 QC 工程表，确认其品质特性
3	最终检查	检查完成的产品能否满足客户要求的所有事项，选择与已经实施的工程检查内容无重复的、合理的检查项目

3. 检查方式和判定基准的选择

为了合理地实施检查，品质经理应确定检查方式，制定合格与否的判定基准。

(1) 检查方式。检查方式包括全数检查和抽样检查。在抽样检查的情况下，可选择以下检查方式中的任何一种。

①基准型抽检：在按新规定购入的产品或批量品质完全合格的情况下实施。

②选别型抽检：在全数检查不合格的情况下实施。

③调整型抽检：在根据外发单的品质水平调整检查的情况下实施。

（2）检查基准的确定。在确定检查基准时，要基于图纸或规格书决定检查项目和公差范围。若是外发品，根据外发企业的品质水平调整检查项目的范围。

（3）检查记录。将检查结果记录下来，累积的数据可作为将来采取无检查方式（相当于免检）的依据。

4．试验、检查装置的管理

管理试验、检查的装置或计测器具对正确检查来说是很有必要的。

（1）计测装置的维护管理。对于用于试验、检查的所有装置和器具，按不同精度购入、调整、保管，并根据附上的管理号码、不同的计测目的进行正确的管理。

（2）校正管理。对试验装置和器具实施定期校正管理，确保测量精度。在使用前须进行点检，在企业内部设置校正用的基准器，在企业外部定期实施校正。

317　灵活运用作业标准书

1．作业标准书的作用

作业标准书描述了产品在各工序内的作业方法，是生产过程中不可缺少的工具。作业标准书还有以下作用。

（1）缩小因作业者的不同而产生的差异。

（2）以有形的载体记录熟练者的技巧。

（3）提高生产管理的精度。

（4）有助于实施基于标准时间的作业。

（5）可作为多能化、外发单化的实施资料。

（6）可作为作业改善的基础资料。

2．由生产方式决定的作业标准书的种类

作业标准书必须与生产方式或作业种类相匹配，并灵活运用到减少不合格品的活动中。

（1）加工、组装方面有工艺流程图表、QC 工程表、作业标准书、部品表和图纸、工程规格。

（2）装置方面有工艺流程图表、QC 工程表、作业标准书、M－M 图表、工程规格、设备点检、检查表。

3．为了减少不良的作业标准书的运用方法

对于不合格品多的工序，品质经理要用以下方法来减少不合格品。

（1）调查是否有作业标准书，若没有，则要制作作业标准书；若有，则应重新审查作业标准书的内容。

（2）调查作业者是否根据作业标准书操作。

（3）再次计算工序的不良率，分析其发展倾向。

（4）若不良率没有降下来，则要重新审查作业标准书的内容，特别是使用的设备、专用工具、操作顺序等。

318　灵活运用QC工程表时的要点

1．QC工程表的作用

QC工程表是品质管理的重要技术资料，它具有以下作用。

（1）可用于现场作业的管理。企业可根据QC工程表内的工程顺序、管理项目、品质特性等品质管理项目来提高品质。

（2）有助于制造技术的提高。明确由技术部门设立的目标品质和实际品质之间的关系，有助于提高制造技术。

（3）可用于作业者的教育训练。QC工程表可以明确品质保证的要点，所以也能运用到对作业者的教育、训练之中。

（4）可用于品质不良的分析。在掌握品质异常处理方法的同时，品质经理还必须了解品质不良的状况（如部位、严重性等）与品质要求之间的关系，并提出改善品质的措施。

2．QC工程表记载的内容

QC工程表记载的内容如下：

（1）工序号，以10为单位编制工序号（如10、20）以及每一道工序的作业内容；

（2）管理点、管理项目和品质特性；

（3）管理方法、时间、试验、计测器、管理方式、检查方式、规格和制造基准；

（4）标准时间；

（5）异常情况的处理方法；

（6）文件修订内容。

319　灵活运用QC工程表时的注意事项

通过 QC 工程表，品质经理可防止不合格品的产生，提高品质水平。灵活运用 QC 工程表时的注意事项如下。

（1）QC 工程表可作为确立品质保证系统的基本文件，应在导入品质系统时就制定好。

（2）QC 工程表不仅可以运用到现场作业中，而且可以运用到事务作业中，还可以运用到业务发生错误时的纠正中。

（3）须在监督者的现场作业中使用。

（4）可在对不合格品进行处理和原因追踪时使用。

（5）可作为作业改善的依据。

320　掌握QC七大手法

品质经理应充分掌握 QC 七大手法。QC 七大手法具体内容如表 12-6 所示。

表 12-6　QC 七大手法

序号	检查方法	具体内容
1	关联图法	通过明确复杂要因相互交织的因果关系，找出解决品质问题的方案
2	KJ法	通过团队协作解决复杂的品质问题
3	系统图法	从系统上不断追求解决品质问题的最佳方法
4	矩阵图法	利用多元思考方法明确品质问题
5	矩阵数据解析法	对分配、列举在矩阵图上的数据进行整理
6	PDPC法	根据品质问题的性质预测将会发生何种状况（过程决定计划图）
7	鱼骨箭头图法	对重要品质问题实施进度管理

第十三章　QCC活动运作

导读 >>>

QCC是英文Quality Control Circles的缩写，意为品管圈，也称"质量控制圈""质量小组"等。QCC活动有助于解决工作中遇到的各种问题，可以提高产品质量和工作效率。

Q先生：A经理，我觉得可以在企业内部推动QCC活动。QCC活动有助于解决工作中遇到的问题，提高工作效率和产量，降低不良率，提升员工的士气。

A经理：嗯，这个想法不错！QCC通常是由同一个工作场所的员工（6人左右）自发形成的，他们分工合作，运用品管的简易统计手法分析问题，解决工作中遇到的各种问题，以达到提高产品质量和工作效率的目的。

Q先生：但我不知道如何开展该项活动。

A经理：你可以先好好学习一下QCC活动的运作要领，然后在企业内部推行，我会全力支持你。

Q先生：好的。

第一节　QCC活动的组织

321　QCC小组的组建原则

企业组建QCC小组时应坚持员工自愿参加、自愿结合、自愿组合的原则。

QCC活动是员工日常工作之外的一种活动，企业只能通过示范、鼓励等手段来吸引员工参与，而不能用强迫的手段，否则就会失去应有的效果。

企业在解决重大问题或须跨车间、跨部门协作才能完成的课题时，可通过下达行政指令组建QCC小组。但在吸收QCC小组成员时，企业仍须尊重员工意愿，坚持自愿参加的原则。

322　QCC小组的组建方法

QCC小组的组建方法如下。

（1）自上而下的组建。在开展QCC活动的初期阶段，企业根据当年品质工作的难点和重点，有计划、有步骤地组建QCC小组。

（2）上下结合的组建。上级部门推荐课题和任务，与下属单位协商确认课题，职工自愿参与组建QCC小组。

（3）自下而上的组建。这是QCC活动的成熟期，基层职工共同参与制定企业的质量方针和质量目标，确定课题，自由组建QCC小组。

随着QCC活动的日益成熟，企业可以在不同的阶段使用不同的方法。QCC活动往往是一个从不自主到自主的过程。

323　促进QCC活动的措施

1. 加强教育培训

QCC活动是否广泛、能否不断提高，关键在于教育培训。企业要把QCC教育纳入员工培训计划（见表13-1），明确规定员工每年都要拿出一定的时间参与培训。

表 13-1　QCC 教育培训计划表

课程名称	培训对象	培训内容	时间安排	计划日期	实际日期	组别	讲师

（1）举办各种类型的学习班。企业可根据员工的职务、层级，举办各种类型的学习班。例如，针对中层以上干部的重点培训班，针对技术管理干部的深化提高班，针对班组长和广大员工的知识普及班。企业也可以自己培训领导干部、质量管理专（兼）职骨干，由部门或车间培训一般干部、职能人员和普通员工。

（2）注意教育的针对性和有效性。不同类型的小组的学习内容要有所区别，企业要根据不同的课题设计不同的学习内容。

2．管理者以身作则

企业的管理者要重视和支持各部门开展 QCC 活动，有条件的可亲自参加，提出自己的看法与建议，并鼓励下一级的领导也参与进来。这样才能做到层层鼓励，增强各级干部和员工参与的积极性。

3．完善 QCC 管理

（1）建立必要的管理制度。企业不仅要建立必要的制度以保证 QCC 活动及其管理程序的标准化和程序化，还要在年度计划里做出针对 QCC 活动的规定，例如，一年召开几次成果发表会，相关专（兼）职人员多长时间指导、检查一次小组活动的情况等。

（2）加强日常活动管理。QCC 活动管理首先是课题管理，开展课题管理时要做到"三看三落实三强调"。

①看课题是否合理，落实课题类型，强调课题的针对性。

②看课题是否制定了目标，落实目标的可行性，强调目标的先进性。

③看课题的活动计划，落实课题完成预计时间，强调活动的有效性。

4．做到五个结合

（1）QCC 活动与班组建设相结合。企业在实施 QCC 活动时，要把班组完成上级下达的各项指标的难点及薄弱环节与课题结合起来，要把班组升级、争先进的管理问题与课题结合起来，要把班组的管理经验与科学的管理方法结合起来，不断提高班组管理水平。

（2）QCC 活动与合理化建议相结合。企业在实施 QCC 活动中，特别是在制订措施计划时，应该积极开展合理化建议活动，既可以采取由小组成员提出的方式，也可以采取由两三个小组成员共同提出的方式。

（3）QCC 活动与方针目标相结合。每家企业都要制定方针目标和每年的工作重点，并层层落实，直至落实到班组和个人。现场型 QCC 小组要经常活跃在班组，通过上一级的目标寻找班组的问题，然后确定班组目标，制定班组的对策，以 QCC 活动的形式解决问题。

（4）QCC 活动与素养建设相结合。开展 QCC 活动不仅要创造物质成果，也要提高员工的个人素养，还要与培养精神风貌、职业道德、思想品德有效地结合起来。

（5）QCC 活动与专业管理相结合。品质管理部门要为 QCC 活动提供有针对性的课题。企业开展 QCC 活动时要将改进管理方法与关键问题结合起来，使 QCC 活动成为以专业管理为主的活动，逐步形成专业管理战线，最终建立全员品质管理网络。

324　发表QCC活动成果

1．形式为目的服务

发表 QCC 活动成果的目的如下：

（1）使与会者能听懂、看清、学到知识；

（2）创造人人实现自我的机会。

发表 QCC 活动的形式要有利于实现这两个目的。

2．分层要求，区别对待

发表成果的过程一般是从基础班组到车间总厂，再到生产部门，最后到企业总部，需要经过很多层级。因此，在组织发布会时，其规模、人员、对象、目的等都是不同的。

一般来说，越基层的发表应越简单、越大众化，发表的人数则越多越好。如果有可能，谁做出的成果，就由谁上台讲解，这样可以体现集体智慧和团队精神。越高层的发表要求越高，发表的人数越少，示范性越强。

3. 求实简化

成果发表是群众性的活动，会议要简化，报告时间、内容要简短，成果报告尽量取其精华部分，无须面面俱到。

325　发表QCC活动成果前的准备工作

1. 发表前的准备工作

发表前的准备工作主要包括确定发表形式、推选发表人、演练、纠正措施、准备发表等。

2. 组织部门在发表前要做的准备工作

(1) 制定评审方案。

(2) 建立评审小组。

(3) 组织初评成果材料。

(4) 确定发表形式。

(5) 做好会前准备，包括拟订日程，确定品管小组发表顺序，准备投影仪、计时器等。

(6) 召开会议。

326　QCC活动成果的发表形式

QCC活动成果的发表形式主要有以下几种。

1. 现场发表

这种形式多用于中小型企业以及大型企业的分厂、车间和工段。由于大家对产品、工艺、设备等情况都有大体的了解，只要简单介绍，听众就能领会，因此没有必要进行详细介绍。发表人可根据QCC小组的成果报告和平时通过检查了解到的情况，先确立其真实性和可靠性，再发表其主要内容。现场发表的方式如图13-1所示。

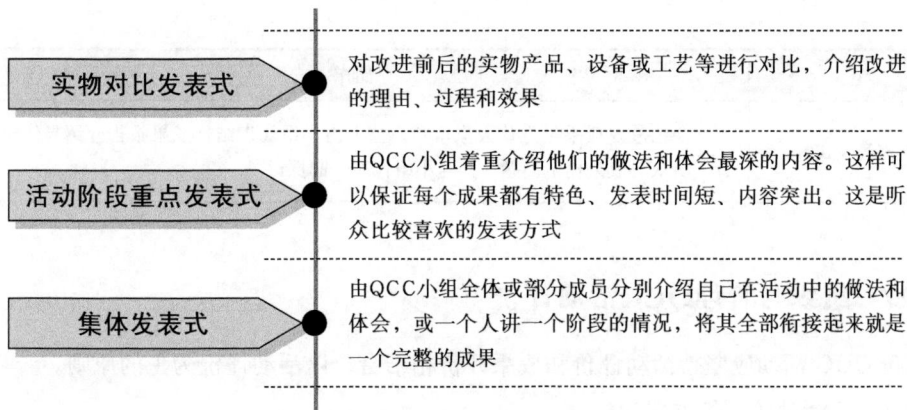

图 13-1 现场发表的方式

2．大会发表

大会发表是常用的发表形式，具体的操作方式如表 13-2 所示。

表 13-2 大会发表的方式

形式	操作方式
评选表彰式	出于评选、表彰优秀QCC小组并向上级推荐的目的，可采取下级推荐、本级认可、重点评审、评委选拔、大会表彰、公布向上级推荐的结果、领导授奖的方式。会议现场程序如下 （1）致开幕辞 （2）宣布评选方法 （3）介绍评审组成员和会议程序 （4）发表成果 （5）提问，答辩 （6）成果讲评和案例分析 （7）公布评选结果及向上级推荐的优秀成果名单 （8）领导颁奖并讲话 （9）会议总结，提出今后任务、要求等
发表分析式	由评委按评价标准对上报的成果材料进行打分，并综合评价其优缺点。评委会研究确定入选的成果，并确定几个有倾向性、代表性和特色的成果作为案例发表，最后由评委逐个评价
专家与群众相结合式	为了增强群众的参与度和评选的公正性，可采取候选小组发表、评委打分定名次、会议代表投票决定的专家与群众相结合的方式。对群众支持率达到75%及以上的当选小组要给予一定的奖励

（续表）

形式	操作方式
交流经验式	会前散发成果报告让大家审阅，会上由小组代表结合成果报告介绍具体做法和体会，听众对成果提出问题，并与小组代表一起探讨

327　组织与管理QCC活动评价

评价 QCC 活动应坚持活动评价和成果评价相结合，以活动评价为主的原则。

1. QCC 活动的评价方式

依据不同的对象，品质经理在评价 QCC 活动时应采取不同的方式，具体如表 13-3 所示。

表 13-3　QCC 活动评价方式

评价对象	评价时机	评价方式	评价目的
QCC小组活动	日常评价	推动部门或主管负责组织评价	协助QCC小组进行日常活动，掌握QCC小组活动过程
	完成一个课题时	自我评价、现场实地评审、发表会评审	对一个课题的解决方案和成果加以评价，了解其优点，克服其缺点
	定期（每年）	自我评价	经过长期活动后，自我评价其素质和整体贡献程度
部门推行状况	定期（半年或每季度）	部门负责人或推行委员会指派评审	了解本部门推行的做法及其绩效，评定其对企业的贡献
企业活动状况	定期（每年或每一阶段）	自我评价或外聘专家协助评审	掌握企业推行现状，定期检查问题点，作为今后的参考

2. 活动评价方法

（1）分阶段评价法。分阶段评价的项目大致可分为课题、现状分析、对策与实施、效果、巩固措施、发表水平这六大项。这六大项目还可以进一步分解为若干个中项和若干个小项。

（2）综合评价法。对活动的综合效应进行评价，具体评价内容如表 13-4 所示。

表 13-4　QCC 活动综合效应评价

评价标准	实施内容
活动的真实性	主要表现为员工、主管对活动的认可，可通过现场检查来确定的，如QCC的日常活动、成员的努力程度、工作的实效、有无原始活动记录、成员的培训教育情况等
活动的全员性	在活动的全过程中，每个成员是否都积极参与，既有明确的分工又有紧密的配合，努力为实现课题目标出力献策
目标的先进性	目标的先进性在很大程度上可以反映课题的难易程度。一般来说，目标越先进，课题难度越大，反之则越小
活动的科学性	主要包括活动程序、分析问题和所使用的技术方法的科学性等。是否按照PDCA循环的科学程序开展活动，在分析问题、观察问题和解决问题时，是否符合逻辑，思路是否清楚，是否采用了科学方法
活动的有效性	创造的可计算的直接经济效益、间接效益或社会效益，以及成员通过活动在思想、技术、管理素质、品质意识、问题意识、参与意识、改进意识方面的提高，以及职业道德、责任心、事业心的增强等
活动的连贯性	是否在完成了一个课题后又不断地寻找新的课题，进行不间断的PDCA循环，不断地取得支持并开展多种形式的活动，增强凝聚力和吸引力

3．活动评价的记录

在评价完成后，品质经理要将评价结果以表格的形式展现出来（如表 13-5 所示），便于全面了解整个活动。

表 13-5　QCC 活动评价表

QCC小组名称：　　　　　　　　　　　　　　　　　　　评价日期：

评价项目		评价基准	得分					备注
活动状况	定期检查状况	①注意有无形式化的活动 ②是否准时检查及发言状况 ③脑力激荡法运用是否适度	10	8	6	4	2	
	组员合作及分工情形	合作是否真诚，分工是否合理	10	8	6	4	2	
	发表会	资料是否充分，有无运用图表	5	4	3	2	1	
	报告、记录、申请表	①有无明确记述 ②撰写方式是否吸引人	5	4	3	2	1	

（续表）

	评价项目	评价基准	得分					备注
有形效果	合乎组织的目标与计划	①计划是否具体、明确 ②交货是否准时	5	4	3	2	1	
	目标达成率	达成率高低	10	8	6	4	2	
	品质不良率的降低	降低了多少	10	8	6	4	2	
	节省金额	效果换算为金额	15	12	9	6	3	
	改善提案被采用件数	本小组提出的改善提案被采用件数	10	8	6	4	2	
无形效果	工作士气是否高昂	分工合作的主动性	10	8	6	4	2	
	工作积极性	是否主动吸收有利于完成目标的新知识	5	4	3	2	1	
	品质意识与成本观念	品质意识与成本观念是否得到提升	5	4	3	2	1	
评语						评价人：		

第二节　QCC活动的开展

328　QCC小组的命名与注册登记

1．小组的命名

在第一次 QCC 小组会上，小组成员必须给小组命名。给小组命名没有固定的规则，但名字必须凝聚全体组员的共识。

2．QCC 小组的注册登记

（1）QCC 小组成立后，小组成员要向主管部门注册登记。注册登记时要填写"QCC 小组注册登记表"和"QCC 小组课题登记表"，（见表 13-6 和表 13-7）。

表 13-6　QCC 小组注册登记表

部门		组名	
车间（科室）		成立日期	

（续表）

工序		登记日期		
班组		类型		
接受TQM教育＿＿＿＿小时		人数		
组长		副组长	顾问	
职务		职务	职务	
成员				
序号	姓名	性别	职务	备注
本年度课题		目标值		
主管部门意见：				

表 13-7　QCC 小组课题登记表

部门（车间）		班组		组长	
名称		课题名称		副组长	
登记日期＿＿＿年__月__日 计划完成日期＿＿＿年__月__日					
问题现状			目标		

（续表）

需要协助部门	协助项目和内容
	主管签字： ___年__月__日

（2）QCC 小组的注册登记不是永久性的，通常每年都要重新登记和验收。如果 QCC 小组停止活动持续长达半年或一年且没有任何成果，应予以注销。

329　召开QCC小组会议

企业召开 QCC 小组会议是为了明确活动计划、确定活动内容，因此有必要定期召开。召开 QCC 小组会议的要点如下。

1．时间

开会频率为每周一次或每两周一次，每次时间不宜过长，约 50 分钟即可。可在上班的空当时间进行，如停机、待料时间或下班后，也可在午休时间进行。

2．地点

若在企业内开会，地点一般为会议室、培训室、餐厅、工作现场、楼梯间或草地上；若在企业外开会，可选择烧烤区、溪边或餐馆等场所。

3．准备

(1)开会一周前,组长必须依照 QCC 小组活动的计划,了解状况及问题点,决定讨论内容,并准备开会相关事宜。

（2）决定日期、场所后，呈请上级领导批准，必要时请上级领导列席指导。

（3）开会前三日以书面形式通知组员参加。

（4）开会前要确认出席组员、场所等信息。

4．正式开会

（1）由组长说明本次会议的讨论事项。

（2）一定要用脑力激荡法让组员充分发言讨论。

（3）一个事项讨论结束后再讨论另一个事项。

（4）必要时请组员报告上次会议分配的工作的完成情况。

（5）组长将决议事项分配给相关组员。

（6）请求上级领导、辅导员指导。

（7）指派一人负责全程记录，QCC会议记录表如表13-8所示。

表 13-8 QCC 会议记录表

委员：			
组员： 所属单位： 组长： 辅导员：			
活动题目：			
集会时间：____年__月__日__时__分至____年__月__日__时__分			
地点： 集会次数：第____次 主席：			
出席人数： 名（含辅导员） 记录：			
缺席名单：			
本次会议重点： □题目选定 □效果确认 □追求的目标 □标准化 □现状分析 □总检讨 □提出对策 □研习会 □对策检查 □其他			
会议内容：			

5．培训

（1）必要时可利用会议时间安排一些培训，以提高组员的业务能力。

（2）内容可包括QC手法、QCC小组精神及意义、开展方法、提出对策的创造性思考法、数据的收集、新标准书的宣传引导等。

330 QCC活动——选定课题

QCC活动能否取得成功往往取决于小组选定的课题是否恰当。选定课题时要注意以下事项：

（1）课题要先易后难；

（2）课题要具体明确，避免空洞、模糊；

（3）课题要有依据，注意来源。

课题一般来自工作中的问题，主要涉及效率、品质、浪费、成本等，具体可参考表 13-9。

表 13-9　QCC 活动主题参考表

项目	问题
维持与提高品质	（1）提高平均品质 （2）减少变异 （3）减少异常材料 （4）减少投诉 （5）减少不良品 （6）改善制程，提高品质 （7）遵守交货期的规定 （8）提高可靠性
降低成本，节省能源	（1）节约材料、零件 （2）减少单位使用量 （3）提高产出率 （4）减少维护费用 （5）精简人力 （6）灵活运用时间 （7）减少库存量 （8）加强仓储管理 （9）节省能源 （10）提高热效率
提高生产效率，加强维护	（1）提高生产量 （2）提高设备的作业率 （3）提高生产效率 （4）缩短工期 （5）缩短作业时间 （6）增强制程控制 （7）改善工厂布置 （8）改善作业方法 （9）改善维护方法 （10）维护设备

（续表）

项目	问题
提高士气	(1) 美化环境 (2) 确立工作信条 (3) 激励每名员工提高工作能力 (4) 鼓励每名员工提出改善提案 (5) 创造美好的工作环境 (6) 愉快地推行自主管理活动 (7) 加强品质和成本意识
确保工作安全	(1) 消除不安全操作 (2) 消除设备安全隐患 (3) 消除因疏忽而引起的事故 (4) 对安全标志的彻底了解 (5) 加强作业前的准备工作 (6) 改善工作环境

331　QCC活动——调查现状

调查分析的目的是通过一系列统计和分析手段，掌握必要的材料和数据，找出发生品质问题的原因，为确定目标值打下基础。QCC 小组在调查分析时要注意以下两点。

（1）调查必须客观。

（2）调查的对象必须是主要问题。

332　QCC活动——设定目标

QCC 小组通常利用 5W2H 法来设定活动目标，5W2H 的内涵如表 13-10 所示。

表 13-10　5W2H 的内涵

5W2H	内容	质问
What（什么）	(1) 去除不必要的部分和动作 (2) 改善对象是什么 (3) 改善的目的是什么	(1) 要做什么 (2) 已经做了什么 (3) 应该完成什么 (4) 还能做什么 (5) 还应该做什么

(续表)

5W2H	内容	质问
Where（何处）	(1) 改变场所或改变场所组合 (2) 作业或作业者是否处于正确状态	(1) 在何处做 (2) 为什么在那里做 (3) 在别的地方做是否更有效率
When（何时）	(1) 改变时间、顺序 (2) 改变作业发生的时间	(1) 何时来做 (2) 为什么在那时做 (3) 是否在别的时间做更有利 (4) 必须在何时做
Who（谁）	(1) 人的组合或工作的分担 (2) 重新检讨作业者之间或作业者与机器、工具之间的关系	(1) 是谁在做 (2) 为什么要由这个人来做 (3) 是否可由他人来替代 (4) 有谁可以做得更好
Why（为何）	(1) 先质疑所有的事情，再做深入的研究 (2) 对上述质疑进行检讨，并找出最合理的改善方案	(1) 为什么要这样做 (2) 为什么要使用目前的机器来做这种工作 (3) 为什么要按照目前的步骤进行
How（如何）	(1) 使方法、手段更简单 (2) 改变作业方法或步骤，采用所需人员更少、所需熟练度更低、费用更低的方法	(1) 为什么要这样做 (2) 是否没有其他可代替的方法 (3) 什么样的做法才是最好的
How much （花费多少）	(1) 了解企业生产所需的所有费用 (2) 制订合理的计划	(1) 大约需要花费多少资源 (2) 能否减少费用 (3) 采取什么样的措施才能减少支出

QCC 小组在设定目标时应注意以下事项：

(1) 目标值应从实际出发，目的是解决实际问题；

(2) 目标值要明确并与主题保持一致；

(3) 目标要量化，但也不宜太多，每次的目标值最好只有 1 个，最多不超过 2 个；

(4) 要经过 QCC 小组全体成员的同意。

333　QCC活动——分析原因

在调查分析的基础上，QCC 小组须对初步确定的问题原因进行验证和进一步筛选，最终确定问题的主要原因。对于产品质量问题，可从人、机、料、法、环这五个方面（4MIE）进行分析。4M1E 分析表如表 13-11 所示。

表 13-11　4MIE 分析表

因素	具体分析
人员（Man）	（1）是否遵照作业标准 （2）工作效率是否达到了要求 （3）是否具备问题意识 （4）是否负责任 （5）能力能否达到要求 （6）经验是否足够 （7）工作是否适合 （8）是否具有改善工作的意识 （9）人际关系是否良好 （10）健康情况是否良好
机器设备（Machine）	（1）生产出来的产品是否符合规格 （2）产能是否达到要求 （3）是否有适当的润滑 （4）是否有适当的检验 （5）机器零部件是否经常发生故障 （6）精密度是否符合要求 （7）是否发出不正常的声音 （8）配置是否适当 （9）机器设备是否足够 （10）生产流程是否顺畅
材料（Material）	（1）数量是否正确 （2）品级是否符合要求 （3）是否掺有杂质 （4）存货水准是否适当 （5）是否存在浪费的情形 （6）搬运作业是否适当 （7）能否不存留在制品 （8）存放的方式是否适当 （9）品质的标准是否适当

（续表）

因素	具体分析
作业方法（Method）	（1）标准是否适当 （2）标准是否在不断改进 （3）能否确保品质 （4）是否有效率 （5）工作顺序是否恰当 （6）工作的准备过程是否充足
环境（Environment）	（1）是否安全 （2）温度与湿度是否适当 （3）照明与通风的情况是否良好 （4）粉尘、气味、噪声是否严重 （5）地面、墙面是否干净、整洁 （6）灭火装置配置是否合理 （7）安全通道是否通畅 （8）消防设备维护是否良好

QCC 小组在分析原因时，常用因果图、关联图等；确定主要原因时，可用排列图、矩阵图等。

334 QCC活动——制订对策计划

在确认主要原因后，QCC 小组要针对主要原因采取措施，并拟订一份对策计划表。计划表的内容包括需改善的项目、问题与现状、设定的目标、对策、责任人、预定完成时间等，如表 13-12 所示。

表 13-12 对策计划表

序号	需改善的项目	问题与现状	目标	对策	责任人	预定完成时间

QCC 小组制订对策计划时要注意以下两点：

（1）对策要具体，能够实施和检查；

（2）对策要由不同组员提出和承担，做到全员参与，不能只由少数人负责。

335　QCC活动——实施改进对策

对策的责任人应承担指导的责任，并控制实施过程。实施对策时还应对相关人员进行教育培训。实施对策时要注意以下几点：

（1）严格按照对策计划行事；

（2）保持经常性和全员性；

（3）在实施过程中做好记录和数据收集；

（4）如果在实施过程中出现了新问题，导致原先对策无法实施，须及时修改对策，经小组成员讨论后，再付诸实施。

336　QCC活动——检查实施效果

检查的目的是确认实施的效果，其方法是对比活动前后的状况。检查实施效果时要注意以下几点：

（1）用数据和事实说话；

（2）进行多层次、多方位、多种方法的对比；

（3）确认效果是否可以维持；

（4）分析是否会产生反效果；

（5）对于某些特定的检查，应邀请职能部门的代表参与。

QCC 小组如果通过检查发现未获得预期效果，应重新检讨，必要时须重新制定对策。

337　QCC活动——制定固定措施

QCC 小组若发现实施效果良好，应继续保持下去，将实施方法标准化，制定标准操作程序，并报相关主管确认。

QCC 小组将作业方法标准化后，必须对全体人员进行培训，使其真正掌握并遵守。

第三节　QCC活动中的常见问题

338　选择活动课题时的常见问题及其解决办法

1．常见问题

以下是选择QCC课题时几种常见的问题。

(1) 课题用语错误。

(2) 课题与主体活动内容不相符。

(3) 课题牵涉其他部门，没有能力推动。

(4) 课题太大，需要的时间过长。

(5) 课题、问题、目标这三者不统一。

(6) 理由不充分，没有说明开展课题的必要性。

2．解决办法

(1) 课题应该是当前的关键问题。

(2) 课题要经全员反复讨论，并形成共识。

(3) 课题要选择身边的问题，先易后难。

339　设定目标时的常见问题及其解决办法

1．常见问题

设定目标时应采取慎重的态度，在整理、分析已得到的数据或事实后，通过讨论确定目标。目标定得太随便，便会引发以下问题。

(1) 目标定得不明确，定性不定量，活动后无法进行考核。

(2) 目标定得过高或过低。

(3) 目标与收集的数据不符合，实际数据已超过目标值。

(4) 未经全员讨论，没有形成统一目标。

2．解决办法

(1) 确定目标时要以收集的数据和事实为依据，目标要经过努力才能达到，既不能定得过高，也不能定得过低，还要体现先进性和可行性。

（2）尽量将定性的目标转化为定量的目标值。

（3）目标要直接、清楚，并要说明其必要性。

340　调查分析现状时的常见问题及其解决办法

1．常见错误

QCC 小组往往只利用已掌握的情况以及已发生的事实和统计资料决定活动的目标，而在这个过程中经常会出现以下问题。

（1）没有可收集利用的数据。

（2）收集的数据太少，代表性差。

（3）未查阅现有的统计资料和图表。

（4）对现场、实物观察得不彻底。

（5）现状数据与目标值起点不匹配。

（6）把寻找要因的步骤当作现状分析。

（7）未真正了解与有效运用分析所用的技术和方法。

2．解决办法

（1）整理现有数据和资料。

（2）以统计图表的形式分析现状。

（3）对现场、产品应进行详细的观察与分析。

341　确定要因时的常见问题及其解决办法

1．常见问题

QCC 小组必须在分析现状的基础上，对问题进行分析并确定主要原因。但是，有些QCC 小组却忽略了这点，从而引发以下问题。

（1）未彻底追查主要原因。

（2）未针对人、机、料、法、环进行深入分析。

（3）分析过程过于简单。

（4）分析内容不明确。

（5）成员未参与分析。

（6）缺少有力的验证工作。

（7）分析问题时没有与现状相结合，前后不连贯。

2．解决办法

（1）再次对要因进行分析，从影响现状的各项目（如人、机、料、法、环）中寻找真正的要因。

（2）运用系统的方法再次进行分析，将现状细化。

（3）最好运用统计方法或实验来确定主因。

342 制定对策时的常见问题及其解决办法

1．常见问题

QCC 小组制定对策时常常依据确定的主要问题来制定改善措施，但由于构思不缜密或过于草率，使整个 QCC 活动的效果并不理想，常见的问题有以下几个。

（1）与现状分析连贯不起来。

（2）要因与对策之间的关系不对应。

（3）内容表达不清楚、不具体。

（4）工作改善方法太过理想化。

（5）针对全部原因不分主次地制定对策。

（6）对策内容过于简单。

（7）对策与活动主题没有关系。

（8）没有正确、有效地运用 IE 手法[①]与 QC 七大手法。

（9）没有经过全体成员讨论决定。

2．解决办法

（1）围绕要因展开分析并制定对策，对策要有针对性。

（2）在制定措施时要注意将专业技术和管理技术统一起来。

（3）对策的初始方案最好由所在岗位的成员提出。

（4）对策一定要经过讨论再确定，并落实到执行人。

---

① IE手法是以人的活动为中心，以事实为依据，运用科学的分析方法对生产系统进行观察、记录、分析，并对系统问题进行合理化改善，最后对结果进行标准化的方法。

343 实施改进对策时的常见问题及其解决办法

1．常见问题

（1）没有认真落实。

（2）在实施过程中，没有区别对待一般措施和主要措施。

（3）改进方法太笼统、不明确。

（4）对策脱离实际情况。

（5）实施过程中未做适时的定期检查。

（6）实施过程中出现了新的情况。

（7）在各实施阶段没有及时收集数据。

（8）实施手法运用不当。

（9）有实际的活动，但仅通过文字进行记录，缺少图片。

2．解决办法

（1）在制定对策后，根据计划进度要求进行检查，定期整理、分析数据和材料。

（2）发现异常或无效情况时须及时召开会议，确定补救办法。

（3）在实施对策的过程中一定要定期召开会议，追踪实施效果。

（4）组长要特别关心对策的实施情况，随时发现问题，及时指导。

344 检查效果时的常见问题及其解决办法

1．常见问题

效果通常体现在绩效上，因此检查效果时往往会发现不符合事实的虚假数据。常见的问题如下。

（1）绩效与 QCC 主题没有关系。

（2）绩效核算方法不正确。

（3）活动课题没有明确的目标。

（4）成果没有经过全员确认，只有组长或少数人知道。

2．解决办法

（1）用图表表示绩效，活动前后要进行对比。

（2）尽可能将质量的提高以金额表现出来，用经济语言说明效果。

（3）要把无形效果与有形效果融为一体。

345　标准化时的常见问题及其解决办法

1．常见问题

通过QCC活动将有效的作业方法纳入企业标准化体系的成功案例较少。很多企业开展QCC活动往往是为了发表或评分，仅仅建立文字上的标准化，事实上并没有真正将标准作业依程序纳入标准化文件。问题原因如下：

(1) 有标准化的说明，但没有纳入标准化文件；

(2) 标准写出来了，但没有坚持执行；

(3) 建立的标准作业在实施的过程中找不到凭证；

(4) 标准化的内容不具体，看不出标准化的要点是什么；

(5) 成员没有参与标准化的制定过程；

(6) 标准化后缺少进一步的教育。

2．解决办法

(1) 把有效的改进方法纳入相关的技术、管理或作业标准、规范、规程等文件中。

(2) 由措施执行人起草标准。

(3) 完成标准化后，一定要说明标准修改前后的差异，并明确弃旧立新的时间。

346　QCC活动整体角度常见的问题及其解决办法

1．常见问题

前面介绍了每一个活动步骤中一些常见的问题，下面是QCC活动整体角度一些常见的问题。

(1) 活动过程丧失了PDCA循环的科学性。

(2) 使用的工具不准确或者失效。

(3) 活动排序不当，前后不连贯。

(4) 数据代表性不理想、不充分。

(5) 组长组织活动不够严密。

(6) 组员对活动了解不足。

2．解决办法

(1) 事实和数据要清晰。

(2) 记录要完整，活动要写实。

（3）要运用 QC 手法了解每个工具的功能和适用性。

（4）组长要随时关心组员在活动中的参与程度及遇到的困难，并核查相关活动资料和数据。

（5）随时掌握活动进度，按时召开小组会议，按时撰写成果报告，按时做好统计报表。

第十四章　品质管理提升

导读 >>>

品质经理要增强员工的品质意识，有效管理各类品质信息，组织开展QCC活动，以提升品质管理水平。

Q先生：A经理，请问怎样才能提升员工的品质意识呢？

A经理：你可以对员工进行品质培训，开展品质考核，同时利用各类品质信息，为品质管理工作提供帮助。

Q先生：A经理，我认为QCC活动对提高品质管理水平具有非常重要的意义，我打算在公司里推行QCC活动，您觉得这个想法怎么样？

A经理：我认为你这个想法很好。QCC活动能够扩大品质管理的范围，将生产一线的员工吸纳进来，使他们自发地维护生产品质。一旦QCC活动产生良好的结果，就可以组织企业全体员工集体学习。

第一节　开展品质培训

347　制订品质培训计划

1．了解培训需求

人力资源部每年年末都会将培训申请表分发到各个部门，各个部门则根据本部门的工作需要，填报下一年度的培训计划。

2．制订培训计划

人力资源部将企业各个部门的培训计划汇总起来后，与品质部协商制订年度品质培训计划，经总经理批准后实施。

年度品质培训计划包括以下内容：

（1）培训对象，包括部门、岗位、人数；

（2）培训内容，包括理论知识及操作技能；

（3）培训费用；

（4）培训时间；

（5）培训形式，包括企业内部上课、外请专家讲课、派员工到外单位或大专院校学习、现场操作示范等；

（6）考核方式。

348　经营者品质培训内容

对经营者进行品质培训是非常困难的，通常品质部的负责人不可能对经营者施行教育，最好从外部选聘知名的讲师。对经营者进行品质培训的内容如下：

（1）经营者所应负的品质责任；

（2）经营者的品质理念；

（3）品质管理的具体做法；

（4）经营者对品质保证体系所应提供的支持；

（5）了解一些基本统计方法，如管制图的使用方法。

349　管理人员品质培训内容

对管理人员进行品质培训主要包括以下内容。

（1）统计调查表法。这是利用专门设计的统计表对质量数据进行收集、整理和分析，了解质量状态的一种方法。

（2）分层法。这是将调查收集的原始数据，根据不同的目的和要求，按某一性质进行分组、整理的分析方法。

（3）排列图法。这是利用排列图寻找影响质量主次原因的一种有效方法。

（4）因果分析图法。这是利用因果分析图系统分析某个质量问题（结果）与其产生原因之间有何具体关系的有效工具。

（5）直方图法。它是将收集到的质量数据进行分组整理，绘制成频数分布直方图，用以描述质量分布状态的一种分析方法。

（6）控制图。控制图的用途主要有两个：过程分析，即分析生产过程是否稳定；过程控制，即通过控制生产过程来实现质量管理。

（7）相关图。这是在质量控制中，用来显示两种质量数据之间有何具体关系的一种图形。

350　一般作业人员品质培训内容

现场的组班长等工作人员要尽可能向所有作业人员介绍关于品质管理的概念、QC七大手法、管制图的概念及使用方法，以及5W1H等方法、程序。

具体来说，针对一般作业人员的品质培训内容包括作业标准、作业指示书、管制图、关于品质与作业改善的文件等。

在培训这类人员时，不能强迫他们接受自己不了解的东西。这些人员主要以遵守作业标准、理解管制图为主，所以应该教导他们认识到这些事项的重要性。在班组长教育上尤其要注意以下几点。

（1）班组长必须是有能力和自信的人，必须使他们明白如何做才会对自己有帮助，如何才能灵活运用长期积累的经验。

（2）最好不要增加劳动强度。品质管理教育的第一步就是让他们明白自己以前做了哪些没有必要的、无意义的工作，并且使他们了解品质管理的目的就是减少无意义的作业。

（3）要让班组长觉得要想生产出一个品质优良的产品，自己肩负着很重的责任。

（4）明确作业标准的意义。

（5）明确组长应该发挥的作用。

（6）使他们明白所有产品的价值都因为品质管理而得到了提升。

（7）不能让其产生"品质管理只是流行一时"的想法。

351 品质意识的提升教育

一般作业人员若能真正形成品质意识，就不会违反各种重要的作业规范、程序，而且也能一直保持良好的品质意识。

1．灌输品质意识的要求

向初、中级管理人员灌输的品质意识有以下几点。

（1）购入不好的材料，就难以生产出好的产品。

（2）不依照标准的作业方法操作，不良率就会升高。

（3）工作场所不整洁，就会生产出更多的不良品。

（4）不注意保养机器、工具、模具，就生产不出好的产品。

（5）不良品多，效率就低，奖金就会受影响。

（6）不良品多，经常返修补货，就会延误交期，就得加班赶生产。

（7）不良品多是一件不光彩的事情。

2．品质意识的宣传方法

（1）奖励优秀的作业人员。企业可以从一般的作业人员当中选出优秀者并给予其奖励。奖励虽是小事，但一定要实施。

（2）制作刊物。企业可以设置品管栏或制作品管特集，并允许一线工作人员自由投稿。

（3）图示资料。企业可以分发附有插图或漫画的小册子。企业可以在开展教育活动的时候分发这些小册子，也可放在工厂入口处，让员工自由取阅。

（4）举办展示会或展览会。用简单易懂的图形展示不良品及其产生的原因、采取的对策，以及因不良而引起的损失等，让一线员工自由参阅。用图形或工具等展示品管的概念也是很有效的。

（5）展示或广播。展示海报或直方图、曲线图、管制图等。除了在工厂里广播安全事项，还要广播关于品管的标语及注意事项。

（6）举办演讲会、研讨会、发表会及其他相关会议。在工厂里，员工很少有机会能在演讲会或研讨会上听取专家的见解，尤其是现场的工作人员。因此，发表会有必要以同样的题目、同样的内容反复进行，可以用电影、幻灯片、录影带、现场试验等形式来引起员工的兴趣，帮助他们了解相关内容。

(7) 比赛汇报会。接受过教育的生产现场负责人可以针对自己作业范围内的管理改善成果举行比赛或汇报会。对于他们在规定时间内所获得的成果，企业要进行审查，并对业绩优良者予以奖励。

352　正式开展品质培训

品质经理和培训部门在开展品质培训时要注意以下几点。

(1) 注重教与学的互动。

(2) 注意结合企业具体情况。

(3) 在培训中穿插实例。

(4) 要注意合理安排时间。

353　考核并评估培训成果

1. 考核培训成果

培训成果考核方式有两种：一种是笔试考核；另一种是现场操作考核。对于理论性比较强的岗位，最好采取笔试考核；对于操作性比较强的岗位，最好采用现场操作考核，并做好考核成绩的记录。

2. 评价培训成果

培训结束后，品质经理必须对培训效果进行评价。评价包括两方面的内容：一方面是受训者的成绩，受训者成绩好表明培训效果好；另一方面是培训现场的情况，若每次培训都是座无虚席，受训者热情很高，则说明培训效果好。

第二节　有效利用品质信息

354　明确品质信息责任部门

品质信息是指在形成品质的全部过程中产生的各种有用的数据和资料，它是产品在设计、制造、检验、销售、使用过程中产品质量和工作质量特征的反映，也是改善产品性能，满足客户需求和改进产品质量的重要依据，还是增强企业市场竞争力的重要工具。

品质信息涉及各个部门、各项工作，因此，品质经理必须明确各个部门的责任。

（1）品质部负责企业质量管理体系、产品、外部技术信息等沟通过程的控制与综合管理，并负责信息的归档、保管工作。同时，品质部还负责质量检验、质量指标完成情况的沟通，以及过程的控制和管理。

（2）生产部负责提供产品制造过程中的品质信息。

（3）销售部负责客户沟通过程中的质量控制和管理。

（4）采购部负责采购信息的控制和管理。

品质经理应根据品质部的职责范围，通过调查列出所需信息的信息源，对各种信息可能产生的地点、信息的用途及其重要程度等列表说明。

355 对品质信息进行分类

为了对品质信息进行有效管理，品质经理可按重要性将品质信息分为 A、B、C 三类，如图 14-1 所示。

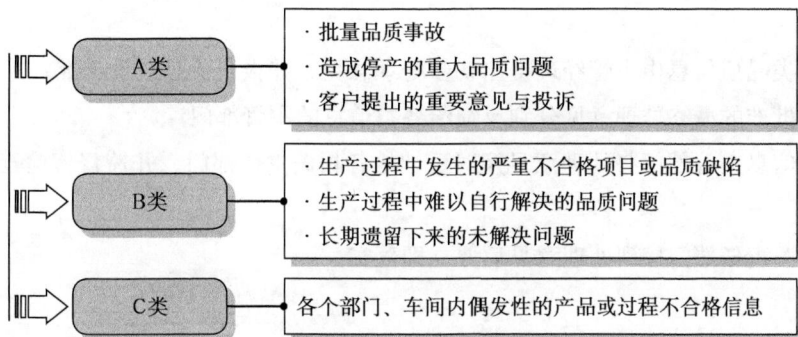

A类	·批量品质事故 ·造成停产的重大品质问题 ·客户提出的重要意见与投诉
B类	·生产过程中发生的严重不合格项目或品质缺陷 ·生产过程中难以自行解决的品质问题 ·长期遗留下来的未解决问题
C类	各个部门、车间内偶发性的产品或过程不合格信息

图 14-1 品质信息分类

356 品质信息的收集、分类和分析

1. 品质信息的收集

各个部门按职责分工及时收集企业内外部的各类信息，以及在各种报刊上刊登的与企业

生产、技术、经营相关的信息，与同行业企业建立信息网络，扩大信息来源。

2．品质信息的分类

品质部要对收集到的信息进行分类和分析，并记录分析结果。企业各个部门还应做好以下几点。

（1）品质部应对相关信息进行分析、整理后报主管副总经理，并汇总到信息中心，信息中心进行归类、分析后将结果报总经理。

（2）各个部门必须向其他相关部门提供准确、有效的信息。

（3）企业各个部门通过例会、简报、板报、下发文件等形式进行信息沟通。

357 反馈与处理品质信息

1．品质信息的反馈

（1）各个部门的品质信息要以"品质信息反馈单"的形式传递。

（2）品质信息反馈时间：A 类不得超过 4 小时，B 类不得超过 8 小时。

2．品质信息的处理

（1）C 类品质信息由各个部门提出初步处理意见，并报主管经理批准。

（2）B 类品质信息由品质部提出初步处理意见，并报主管经理根据实际情况提出最终处理意见。

（3）A 类品质信息由主管经理提出初步处理意见，并报企业总经理批准。

（4）经批准的最终处理意见分别反馈给各类信息的主管部门。

（5）各信息主管部门将处理意见及时反馈给各相关责任部门，并监督、检查处理意见的落实情况。

（6）相关责任部门接到处理意见后要立即落实。

358 建立品质信息统计台账

相关责任部门将处理意见的落实情况报到信息中心，信息中心按管理体系分别建立台账。信息中心建立品质信息统计台账，按月统计品质信息，于每月 5 日前统计完毕。品质信息统计台账应包含以下几个方面的信息。

（1）经营采购信息。

（2）与客户相关的信息。

（3）安全生产信息。

（4）质量检验信息。

（5）生产信息。

（6）质量管理体系信息。

（7）外来的行业技术标准和关于法律法规的信息。

（8）其他信息。

第三节　质量管理体系认证

359　推行ISO 9001体系的益处

企业推行 ISO 9001 体系不仅可以向客户证明自己拥有一个能够提供优质服务的质量体系，还能给企业带来以下益处。

（1）品质改善所带来的市场竞争优势。

（2）提高内部合格率（减少出错率及客户投诉）。

（3）提高产品质量，改进服务质量。

（4）增强对持续改进的关注。

（5）改善公司的经营状况。

（6）降低成本，优化设备性能。

（7）优化文件管理模式，防止失误。

（8）提升客户满意度。

360　推行ISO 9001体系的步骤

简单地说，推行 ISO 9001 体系有下列五个必不可少的过程：知识准备、立法、宣传、执行、监督和改进。企业可以根据自身的具体情况，对上述五个过程进行规划，按照一定的步骤，引导企业逐步迈入 ISO 9001 质量管理体系的世界。以下是企业推行 ISO 9001 体系的典型步骤。

（1）企业原有质量体系的识别、诊断。

(2) 任命管理者代表、组建 ISO 9001 推行组织。

(3) 制定目标及激励措施。

(4) 各级人员接受必要的管理意识和质量意识培训。

(5) 开展关于普及 ISO 9001 标准知识的培训。

(6) 编写质量体系文件。

(7) 质量体系文件的大面积宣传、培训、发布、试运行。

(8) 内审员接受培训。

(9) 若干次内部质量体系审核。

(10) 在内审基础上进行管理者评审。

(11) 完善和改进质量管理体系。

(12) 申请认证。

企业在推行 ISO 9001 体系之前，应结合自身实际情况，对上述各步骤进行周密的策划，并给出时间和活动内容上的具体安排，以确保实施效果。

第四节　申请产品认证

361　产品认证与质量管理体系认证的区别

产品认证是由企业可以充分信任的第三方机构证实某一产品符合规定要求（特定标准或技术规范）的程序或活动。

不少企业或许已经通过了 ISO 9001 体系认证，但对产品认证尤其是自愿性的产品认证却不够重视，这些企业很有必要了解两者的差别。产品认证和质量管理体系认证的区别见表 14-1。

表 14-1　产品认证与质量管理体系认证的区别

	认证对象不同	认证依据不同	证书和标志的使用不同
质量管理体系认证	对象是组织的质量管理体系，仅评价组织的质量管理能力是否达到认证所依据的标准	等同于 ISO 9001 系列标准的相关国家标准	质量管理体系认证证书只能用于企业宣传，不能用于企业所生产的产品。质量管理体系认证不能使用认证标志

（续表）

	认证对象不同	认证依据不同	证书和标志的使用不同
产品认证	对象是特定产品。既要对产品做型式试验，以确定产品质量是否符合指定的标准，又要对组织的质量管理体系进行评定，评定组织是否具有质量保证能力，能否持续稳定地提供合格产品	除了认证机构确定的质量管理体系要求，还包括技术依据，即申请认证产品的相关国家或行业的产品标准	可将产品认证证书用于宣传，还可根据认证机构的要求在通过认证的产品上使用认证标志

362　国外产品认证介绍

（1）CE 标志（欧盟）。CE 标志是产品在欧盟境内销售的市场准入证明，目前有 20 多条欧盟指令规定了 CE 涵盖的产品范围及相关的安全要求。

（2）GS 标志（德国）。在欧洲，GS 标志是最常见的第三方产品质量和安全认证标志。GS 标志的适用范围十分广泛，主要包括家电产品、信息产品、电动及手动工具、影像及音响产品、灯具产品、电子检测仪器、健身器材、玩具、办公室家具等。

（3）VDE 标志（德国）。VDE 标志是德国电气工程师协会（VDE）下设的 VDE 试验与认证研究所认证时使用的标志。VDE 标志主要适用范围为各类电工产品、电子元器件产品等。

（4）BSI 产品认证（英国）。BSI 产品认证标志有两种：一种为合格认证标志；另一种为安全认证标志。

（5）UL 标志（美国）。美国保险商实验室认证标志。进入美国的货物，很多都需要有 UL 标志。

363　产品认证的模式

一般产品的认证模式为"型式试验 + 初始工厂审查 + 获证后监督"。

1．型式试验

企业应制作申请认证产品的样品，并将其送到经授权的国家级产品检测机构（由中国合格评定国家认可委员会授权），由其按产品标准进行型式试验。产品样品必须通过型式试验，由国家级产品检测机构认定符合认证产品标准。

2．初始工厂审查

企业必须通过产品一致性审查、批量生产符合标准的产品的工厂质量保证能力审查，具体内容如下。

（1）企业应配备满足批量生产符合标准的产品的基本生产条件（包括生产设备、检测设备、厂房、库房和人力资源等）。

（2）企业应建立确保批量生产符合标准的产品的工厂质量保证体系，并予以初步实施。

（3）企业应对认证产品一致性进行控制，确保企业现在生产的申请认证产品能达到认证产品标准要求（即与通过型式试验的合格样品一致）。

认证机构委派工厂审查组（含产品技术专家）对企业进行现场审查，经审查符合要求，则工厂审查通过（说明企业具备了批量生产符合标准的产品的质量保证能力），认证机构颁发认证证书，企业即可在产品上粘贴产品认证标志，通过标志向客户证明该产品已通过国家权威机构认证。

3．获证后监督

颁发认证证书后，认证机构要定期对企业认证产品进行监督复查。监督复查的目的是复查企业批量生产的认证产品是否仍能满足认证标准要求，确定认证证书能否继续使用，产品能否继续使用产品认证标志。

监督复查内容包括：从上次工厂审查（监督复查）到本次监督复查期间，企业是否严格按照建立的工厂质量保证体系对认证产品实施质量控制审查，以及针对认证产品的一致性检查。

364　申请认证需提供的材料

申请企业应向认证机构提交一份正式的、其授权代表签署的申请书，申请书及其附件应包括以下内容。

（1）申请认证的范围。

（2）申请企业同意遵守认证要求，提供评价所需要的信息。

（3）申请企业简况，如企业的性质、名称、地址、法律地位以及相关的人力和技术资源。

（4）关于质量、环境、职业健康安全管理体系及其活动的一般信息。

（5）对拟认证体系标准删减的说明或其他引用文件的说明。

（6）申请产品质量认证时，还应提供申请认证的产品、认证制度和每种产品认证所依据的标准。

365 企业取得产品质量认证的步骤

企业取得产品质量认证的步骤如下。

1．申请

首先，企业申请产品质量认证时要向具有认证资格的产品质量认证机构提交书面申请。申请书格式由国家质量技术监督局统一规定，其主要内容包括申请单位的基本情况，申请认证产品的名称、规格型号、商标、产量、产值等情况。

其次，申请企业还要做到以下几点。

(1) 申请企业愿意遵守我国产品质量认证法规的规定，依法接受检查及监督。

(2) 企业递交申请书的同时，还应提供申请认证产品的企业质量保证体系手册副本及认证采用的标准和相关技术资料。

(3) 申请书经审核被接受后，由认证机构向申请企业发出接受认证申请通知书。

2．审查和检验

(1) 产品质量认证申请被接受后，认证机构会组织对企业进行质量体系审查，审查的目的在于检查、评定企业的质量保证体系确实具备保证企业持续稳定地生产符合标准要求的产品的能力。

(2) 审查合格后，由认证机构委托符合法定条件的产品质量检验机构对申请认证的产品依照认证标准进行抽样检验。

3．批准

(1) 企业通过质量体系审查和产品样品检验后，认证机构负责对企业质量体系检查报告和样品检验报告进行全面审查，依法对符合规定条件的产品批准认证，颁发认证证书，并允许企业在该产品上使用认证标志。

(2) 对于经审查不符合规定的企业，认证机构会书面通知申请企业，并说明理由。

如果企业能在 6 个月内采取有效措施予以改正，经认证机构复查，确实达到规定条件的，认证机构仍可予以批准认证、颁发认证证书。

(3) 对于经复查仍达不到规定要求的企业，认证机构通知企业撤回申请。